国家社科基金
后期资助项目

大学生体育生活化研究

Research on College
Students' Mixing Sports into Life

黄美蓉 著

社会科学文献出版社
SOCIAL SCIENCES ACADEMIC PRESS (CHINA)

国家社科基金后期资助项目
出版说明

　　后期资助项目是国家社科基金设立的一类重要项目，旨在鼓励广大社科研究者潜心治学，支持基础研究多出优秀成果。它是经过严格评审，从接近完成的科研成果中遴选立项的。为扩大后期资助项目的影响，更好地推动学术发展，促进成果转化，全国哲学社会科学工作办公室按照"统一设计、统一标识、统一版式、形成系列"的总体要求，组织出版国家社科基金后期资助项目成果。

全国哲学社会科学工作办公室

目 录

序 一 ………………………………………………………… 丁三青 1
序 二 ………………………………………………………… 程志理 1

绪 论 ……………………………………………………………………… 1
  一 选题背景与选题意义 …………………………………………… 1
  二 研究内容与研究方法 …………………………………………… 6
  三 研究思路与技术路线 …………………………………………… 9
  四 研究综述 ………………………………………………………… 10
  小 结 ………………………………………………………………… 28

第一章 大学生体育生活化的内涵、特征及发展历程 ……………… 29
  第一节 相关概念解析 ……………………………………………… 29
    一 体育生活化 …………………………………………………… 29
    二 终身体育 ……………………………………………………… 32
    三 体育生活方式 ………………………………………………… 34
    四 体育生活化、终身体育与体育生活方式概念辨析 ………… 34
  第二节 大学生体育生活化的内涵与本质 ………………………… 35
    一 体育生活化的内涵 …………………………………………… 35
    二 体育生活化的本质 …………………………………………… 37
    三 大学生体育生活化的概念与内涵 …………………………… 39
  第三节 大学生体育生活化的特征 ………………………………… 42
    一 体育生活化的特征 …………………………………………… 42
    二 大学生体育生活化的根本特征 ……………………………… 43

第四节　大学生体育生活化的发展历程 …………………… 44
　　一　体育生活化的历史嬗变 …………………………………… 44
　　二　我国大学生体育生活化的发展历程 ……………………… 54

第二章　大学生体育生活化的功能、价值与现状 …………… 65
第一节　大学生体育生活化的功能与价值 …………………… 65
　　一　个体人本价值：人的全面发展与生命质量的提升 ……… 66
　　二　社会服务价值：促进社会可持续发展 …………………… 74
　　三　学科发展价值：推动大学体育健康发展 ………………… 76
　　四　帮助大学体育走出合理性危机 …………………………… 79
　　小　结 …………………………………………………………… 88
第二节　我国大学生体育生活化现状透视 …………………… 88
　　一　我国大学生体育生活化现状调查 ………………………… 88
　　二　问题描述 …………………………………………………… 112
　　三　原因剖析 …………………………………………………… 123
　　小　结 …………………………………………………………… 145

第三章　大学生体育生活化的影响因素与行动路径 ………… 147
第一节　我国大学生体育生活化社会生态模型构建 ………… 147
　　一　影响因素理论分析 ………………………………………… 148
　　二　模型构建 …………………………………………………… 158
　　三　基本假设 …………………………………………………… 170
　　四　验证假设 …………………………………………………… 170
　　五　影响因素对大学生身体锻炼影响的实证 ………………… 180
第二节　我国大学生体育生活化行动路径 …………………… 185
　　一　转变理念 …………………………………………………… 187
　　二　转化制度 …………………………………………………… 191
　　三　完善行动 …………………………………………………… 197
　　小　结 …………………………………………………………… 219

第四章 结论与展望 …………………………………………… 220
- 一 研究结论 ………………………………………………… 220
- 二 研究创新 ………………………………………………… 221
- 三 主要不足 ………………………………………………… 222
- 四 研究展望 ………………………………………………… 222

参考文献 …………………………………………………………… 224

附录1 ……………………………………………………………… 235

附录2 ……………………………………………………………… 242

附录3 ……………………………………………………………… 247

后　记 …………………………………………………………… 248

序 一
体育生活化：破解大学生体育教育困境的新出路

　　黄美蓉博士的专著《大学生体育生活化研究》即将由社会科学文献出版社出版，她嘱我写序。这些年，每个博士生的著作出版，都希望我写序，我都答应了，并且认真去写。因为我把写序看作自己再学习、与学生再对话的事。

　　黄美蓉的本科、硕士都是在扬州大学度过的，其间，她从事体育心理神经免疫学研究，熟悉实验研究。硕士毕业后，到中国矿业大学从事体育教学工作。攻读博士以后，我建议她进行大学生体育生活化的研究。这对她来说，难度很大，因为，其一，这是跨学科的研究，需要扎实的管理学、高等教育学、教育哲学、社会学等学科知识，"重新学习"是必须的。其二，学术界对"大学生体育生活化"研究得很少，只有少量的关于大学生体育生活方式的研究，或轻描淡写地进行概念界定。这些研究虽然为黄美蓉的研究提供了一定的借鉴，但是所提供的帮助并不多。特别是要进行英文文献检索时，体育生活化究竟怎么翻译成英文，也产生了争议。黄美蓉用了两年的时间才搞清楚"什么是大学生体育生活化"的问题，又用了两年的时间来研究大学生体育为什么要生活化的问题，还用了一年的时间回答大学生体育如何生活化的问题。2014年12月，黄美蓉完成了博士论文，并且顺利通过答辩。在接下来的5年多时间里，黄美蓉对论文各个部分进行了多次的修改和补充，增加了许多文字。特别是2016年在美国南佛罗里达大学做访问学者期间，构建了大学生身体锻炼影响因素社会生态模型，再次考量了我国大学生体育生活化影响因素模型，发表了数篇高水平学术论文。2017年，黄美蓉成功获得了国家社科基金后期资助项目（"我国大学生体育生活化研究"），可谓"十年磨一剑"。10年学术磨砺的个中滋味可想而知。

这部著作是黄美蓉在博士论文基础上修改完善的成果,也是国家社科基金后期资助的结题成果。作为黄美蓉的导师和"学术伙伴",虽然这部专著我多次进行了研读,但是再读这部专著,有了更多新的认识。应该说,这是一部对大学体育教育领域和体育管理学领域进行新探索的专著。

一 新的视角:高等教育价值视角的引入

从高等教育价值的视角研究大学生体育生活化,是一个全新的视角。该书认为,我国高等教育的核心价值观是在社会发展价值、学科发展价值和个体人本价值三种取向统整的基础上更强调学生个体的价值。该书从高等教育价值观出发,考察了大学生体育生活化的价值,分析了大学生体育生活化在个体人本价值、社会发展价值和学科发展价值层面的意义及必要性。个体人本价值包括:人的全面发展、生命质量的提升、生活尊严的提升。社会发展价值包括:从人的发展的角度看,大学生体育生活化为社会发展提供高素质的人才;从经济发展的角度看,大学生体育生活化为推动体育产业发展提供科学技术;从政治的视角看,大学生体育生活化满足了社会可持续发展的需要。学科发展价值包括:确立大学体育学科地位;推动大学体育学术研究;促进体育学科专门人才培养。

为进一步夯实大学生体育生活化的价值观,黄美蓉博士从纵向依据我国高等教育发展的几个重大转折时期,从高等教育价值的视角,把大学生体育生活化在我国高等教育各个历史时期的表现及特征进行了梳理与归纳,分析了其中的教训,从而在历史的纵深上夯实了当代大学生体育生活化的价值观。

随后,黄美蓉对高等教育价值观从"两点论"发展到"三点论"着手,重新审视了我国大学生体育生活化的现实困境。通过考察,她认为,当前我国大学生体育生活化的进程仍受"两点论"(即社会本位和学术本位)的价值制约,仍然忽视了个体人本价值,主要表现为:大学体育重"竞技化"、唯"形式化"、偏"商业化"的社会发展价值凸显;大学体育学科知识化、评价数字化、技能机械化的学科发展价值占主导;大学体育被大学生学习目标、娱乐目标、就业目标、交往目标边缘化。因此,她提出,为了促进我国大学生体育生活化的均衡发展,大学体育教育要建立一个有机融合的价值格局形式,要以"三点论"为指导,构建以个体人本价值为主体、以社会发展价值和学科发展价值为两翼的"一体两翼"的大学体育教育价值结构。新的视角拓展了体育生活化研究的空间。

二 新的观点:大学生体育生活化概念、内涵和特征的分析

对体育生活化概念的界定关乎体育生活化相关的运作机制和管理体制。所以,准确界定"体育生活化"的概念对体育生活化的理论研究与实践操作具有重要的意义。学界关于"体育生活化"的界定有两种主流观点:第一种观点以卢元镇、韩丹和王广虎为代表,认为体育生活化是体育惯习与行为的养成,是人人主观自愿地随时随地都在健身;第二种观点以梁利民、肖焕禹和裴立新为代表,认为体育生活化是生活方式。黄美蓉博士对学界的已有研究进行再研究,发现已有概念存在"种差"和"属"的偏颇。根据概念界定的方法及流程,她重新界定了体育生活化的概念,提出体育生活化是体育在日常生活中自觉的过程与结果。该书在辨析体育生活化与大学生体育生活化是一般与特殊、共性与特性的关系的基础上,提出:广义的大学生体育生活化是体育在大学生日常生活中自觉的过程与结果,狭义的大学生体育生活化是体育行为在大学生日常生活中自觉的过程与结果。

该书诠释了体育生活化中的"体育"、"生活"和"化","体育生活化"的"目的"、"方式"和"属"。认为,体育生活化是体育向生活的回归,是体育与生活的融合,是体育自觉的过程与结果。作者指出,大学生体育生活化的内涵要求大学体育必须以"大学生"为本、大学体育必须去商业化、去工具化、必须弘扬体育的价值理性,必须以"生活"为价值取向。在阐明体育生活化特征的基础上,该书归纳了大学生体育生活化的四个特征:大学生体育时常性、大学生体育与生活相融性、大学生体育价值多元性和大学生体育参与自主性。上述研究,以剖析大学生体育生活化是什么为基础,为从社会系统论对大学体育的系统考察打下了基础,为对大学生体育生活化现状的考察提供了依据。

该书梳理了体育生活化的演变过程。体育生活化的形态演变过程:从萌芽阶段"生产"生活化到游戏"娱乐"生活化,再到体育价值遮蔽的

工作生活化，最后发展到关注生命的体验生活化阶段。体育生活化的目的变化过程。从劳动目的性演变到游戏目的性，再从目的性体育演变成手段性体育，最后发展到回归阶段的生命需要理性融合，即体育目的性与手段性的理性融合的过程。体育生活化的价值取向变化过程：由生存人本价值取向到精神人本价值取向，再到工具价值取向，最后到工具体育与人本体育的理性价值融合。在此基础上，作者指出，体育生活化是人的主体性活动的过程和结果，"劳动""游戏""健康""生命"是体育生活化的基本要素，这些要素是在人类社会发展的不同阶段出现的，它们在人的活动即生产、娱乐、（工业生产线上）工作、体验中得以体现。但是他们并不会因为后者的出现而消失，后者的出现是对不同时期的体育生活化内涵的进一步充实，是对体育生活化内涵的进一步完善。这是体育生活化逐渐丰富的螺旋上升的过程，从简单到复杂、从单调到丰富的过程。因而现今及未来体育生活化是集"劳动、游戏、健康、生命"于一身，缺一不可。应该说，上述研究中的不少观点是富有新意的。

三　新的方法：运用社会系统危机理论分析大学体育系统

作者从问卷调查中获得了大量第一手资料。调查对象包括"985"和"211"高校、普通本科高校、高职高专院校，发放了4000份问卷。调查内容包括：大学生体育时常性现状、大学生体育与生活相融性现状、大学生体育价值多元性现状、大学生体育参与自主性现状。这些调查又细分为对不同高校、不同专业类型、不同性别、不同年级大学生体育生活化现状的调查与分析。结果表明：大学生体育锻炼行为的时常性与体育生活化的要求有很大差距。相当一部分大学生体育参与不是发自内心的需要，与体育生活化要求的大学生体育参与的自主性有较大的差距。上述调查印证了国家2015年发布的《2014年国民体质监测公报》中的结果。

该书从高等教育管理学的视角分析了大学生体育生活化不容乐观现状的原因，包括：理念偏差，即高校没有形成自己的体育理念，表现为对大学体育使命与大学使命的一致性的忽视，体育对大学生教育价值的忽视；大学体育主体相关观念，即大学生对体育认知（包括身体观、体育观、健康观）的偏差。制度偏颇，大学生体育制度软化，表现为制度不完善，制度研究不足，大学体育政策与大学生体育锻炼时常性不显著相关，大学体育政策立意偏差，大学体育政策配合度偏低，大学体育制度目标偏颇，大学体育政策执行不力等。行动异化，即大学体育遗忘现实生活，大学体育脱离大学生的生活目标，大学体育剥离生活底蕴（体育娱乐化、体育工具化、生活主体的缺失、体育陷入功利主义）。

在上述研究的基础上，该书把社会系统危机理论引入大学体育研究领域，依据表明某一社会系统陷入危机的三个重要指标，对大学生体育这一社会子系统的现状进行了分析。通过分析，认为当下大学生体育已经陷入了系统危机，具体表现是：社会成员对大学体育的社会认同发生了质变（第一个指标），社会系统对大学体育的控制功能失效（第二个指标），大学体育的组织原则遭到破坏（第三个指标）。作者进一步分析了大学生体育这一社会子系统陷入危机的具体原因：大学生体育专业工具化、商业工具化、政治工具化、大学生体育脱离大学生生活目标等。这是社会系统危机理论在大学体育研究中应用的新的尝试。

作者坚信：大学生体育生活化能够帮助大学体育走出危机。这一论断基于作者以下的分析：大学生体育生活化确立以生活为价值取向的原则和以提升大学生素质为本的原则，实际上就是确立了大学体育的组织原则；大学生体育生活化的基本特征能够促进大学生和大众对体育生活化产生积极情感并促进他们对体育生活化的认同，从而促进社会成员对大学体育的社会认同，从而提高社会系统对大学体育的控制效率。因此，以大学生体育生活化来引领大学体育的发展，是我国大学体育走出困境的必由之路。

四 新的路径：依据社会生态模型构建大学生体育生活化的行动路径

黄美蓉博士梳理和分析体育生活化影响因素的相关文献，发现学术界还没有对大学体育教学生活化、大学体育生活化、大学生体育生活化等影响因素的研究。她从动力系统的角度对大学生体育生活化影响因素进行了详细的分析，构建了由学校外在拉力和大学生自身内在驱力构成的大学生体育生活化的动力系统，并指出，内外力共同作用于大学生体育生活化。

该书以社会生态理论模型为指导，建立我国大学生身体锻炼影响因素模型。用因子分析检验模型，可以更清晰地看出影响我国大学生身体锻炼的因素分布与权重，从而为实践操作提供方法参考。

专著引用了全面的、综合性的社会生态模型分析框架。应该说，社会生态模型在健康行为研究领域的应用已得到学界公认。但国内研究方法为单一的文献研究法，未能进行较深层次的、较全面的探索、分析和研究，也没有构建大学生体育生活化影响因素的社会生态模型。黄美蓉博士运用多种方法，结合社会生态模型理论、大学生体育生活化影响因素模型进行构建、实证和验证，厘清了大学生体育参与的促进机制。通过研究，确定了我国大学生体育生活化影响因素聚类成大学生个体因素、社会因素和环境因素3个主因子20个具体条目。这3个主因子权重排序依次是：大学生自身因素、社会因素、环境因素。

依据社会生态模型构建的影响因子分布与权重结果，该书构建了我国大学生体育生活化的行动路径，即转变理念、转化制度和完善行动。首先要转变理念。大学生体育生活化的理念要从价值的分离走向众价值的融合，以个体人本价值为"体"，以社会发展价值和学科发展价值为"两翼"，齐头并进，形成"一体两翼"的格局。其次要转化制度。国家应建立社会体育全民终身制，即全民性和终身性；学校体育建立融合一贯制，即大学体育要融合、学校体育要一贯。最后要完善行动。政府要变干预为监督——还大学体育以自由；变过程管理为目标管理——还大学体育以自主。大学体育管理机构要重心下移——突出大学生主体性；强调大学体育环境设施与大学主体文化相配合；大学生要把生涯规划与主体需要相结合，把大学体育与大学生身心评价和发展相结合，把大学体育与大学生活质量评估相结合，把大学体育生活与人际交往相结合。应该说，以上对策路径既具有创新性又具有可操作性。

当然，这部专著也还存在一些值得商榷的地方，如在价值层面还需要进一步强化新时代大学生的价值观特征的研究，在模型方面还需要进一步加强数据选取的科学性。这些不足之处，黄美蓉自己也明显地感觉到了，并且决定在后续的研究中将尽力完善，将大学生体育生活化的研究进一步深化。正如她自己所言：今天，大学生体育生活化程度影响着高等教育人才培养质量和新一代国民素质，关系到全民健身的实现，关系到"2030健康中国"战略的执行，更是国家和民族生命力、文化力和创造力的重要保证。"体育生活化作为哲学命题，值得更加系统和深入研究。后续研究可以对新时代大学生体育生活化价值进行符合大学生特征的探析，以期能够让更多的人坚信大学生体育生活化不仅仅是大学生个体的事、家庭的事、大学的事，更是国家、民族的事，更是全人类的事。"

丁三青

2019 年 7 月

序 二

黄美蓉博士的专著《大学生体育生活化研究》，获得国家社科基金后期资助，即将出版，邀我为序。

这本专著是在博士论文的基础上，深化加工完成的。黄博士在做博士论文设计的时候，与我联系，"大学生体育生活化"这个命题是一个现实问题，也是体育运动在社会文化进程中颇有时代感的课题。如果追究体育生活化这个表述背后的观念，其实是体育手段论与体育目的论转化的价值观变迁。我在20世纪90年代初写过一篇论文，叫《余暇运动论》，就是讨论此问题的。时过二十多年黄博士能把这个命题作为博士论文的选题，我还是蛮欣慰的。

《大学生体育生活化研究》从学理上探讨了体育生活化概念的内涵本质、体育生活化研究历程、体育生活化历史嬗变，把体育生活化的理念在大学生体育这一实践领域中进行检验。该书分析了大学生体育生活化的必要性、大学生体育生活化历史演变、大学生体育生活化现实困境及原因、大学生体育生活化促进机制、大学生体育生活化政策分析、大学生体育生活化困境与出路。

在高等教育由大众化走向普及化的今天，大学生体育生活化程度如何，是影响着高等教育人才培养质量、影响着新一代国民素质的重要课题。本书基于教育即生活理论、高等教育价值理论和社会生态模型理论等，以大学生体育与日常生活的关系为切入点，以"提出问题—分析问题—解决问题"为研究明线，以"价值"为研究暗线，采用文献研究法、历史研究法、因子分析法等对大学生体育生活化是什么、大学生体育为什么要生活化、大学生体育怎样生活化进行了研究。专著界定和明晰了大学生体育生活化的内涵、本质与特征，探析了大学生体育生活化的发生和发展，回答了大学生体育生活化是什么的问题；考察了大学生体育生活化现状及原因，剖析了大学生体育生活化功能与价值，回答了大学生体育为什么要生活化的问题；构建了大学生体育生活化影响因素模型，提出了大学生体育生活化行动路径，解决了大学生体育如何生活化的问题。

本书在明确界定大学生体育生活化概念、内涵的基础上，对我国大学生体育生活化进行理论解读，并对大学生体育生活化价值观的嬗变、现状进行了系统和全面的研究。本书采用定量研究与定性研究相结合的方法，建立了我国大学生体育生活化模型，并通过因子分析和结构方程模型，对社会生态模型进行检验，从中清晰地看出影响我国大学生体育生活化的因素分布状态和重要性状态。根据研究得出影响我国大学生体育生活化的核心因素，从理念、制度和行动三个角度，从政府、大学生和大学三个层面，分析并提出了转化理念、转变制度、完善行动的大学生体育生活化的路径。

大学生是青年一代的代表，大学生体育生活化现象的研究，是现代体育与现代生活方式的关系研究。我们知道2024年巴黎奥运会首次把街舞纳入比赛项目，街舞要进奥运会了，一系列的新型运动项目都会进奥运会，这是奥林匹克改革计划的一部分，是奥林匹克运动在新时代的新举措，是奥运会现代性走向的标志，是现代体育发展的必然。街舞让我认识到hip-pop的魅力，对身体开发的无限可能性，这就是我为何要研究身体认知，要把"体认"纳入认知科学体系的道理。嘻哈文化是创造性的，真正的自由奔放，是人的本质力量对象化的审美。街头就是一个大舞台，如何招徕视线，街舞做到了，争奇斗艳，竞争在无言中，一切都发生得那么瞬息万变。在DJ的节奏中，舞者表达无限，意想不到的惊喜，永不衰竭的表演，惊心动魄，惊艳无比，唯"夺目"二字才足以描摹。观赏、参与、体验是体育旅游一体化的标志，我们在街舞这种现代青年人的运动方式中，看到了大学生体育生活化的具象。

刚刚研读了中共中央国务院印发的《关于深化教育教学改革全面提高义务教育质量的意见》，除体育免修学生外，未达体质健康合格标准的，不得发放毕业证书。开齐开足体育课，将体育科目纳入高中阶段学校考试招生录取计分科目。科学安排体育课运动负荷，开展好学校特色体育项目，大力发展校园足球，让每位学生掌握一两项运动技能。这是体育生活化的行动令，也是指航灯。政府在基础教育中对体育提出如此具体的目标与任务，可见其重要性。John Maltby 等人合著的《人格、个体差异和智力》一书，提供了智商分数的正态分布，人类假如平均智商是 100，标准差是 15，那么智商达到 140 的人应不在少数，真实的情况是这些爱因斯坦级智商的人都烟消云散了。因此，教育改革势在必行。当前还存在人们对成功教育观念理解偏差的现象，以为文化学习接受高等教育就是成才，忽视体育运动，学校体育课与课外体育活动时间被文化学习侵占，与"健全的思想寓于健康的身体"的身心协调发展理念相违背。正因为此，强调"体育生活化"具有现实的纠错价值。

在黄美蓉读博期间，我们讨论了博士论文写作的基本学术规范，以及体育学研究中的常见问题。

体育学术界追求完备的确定性知识或者体系，是有历史的，我刚刚迈入体育界时，极限论与人种论甚嚣尘上，运动极限论现在提得少了，但是人种论依然如故，这就是追求知识确定性的典型案例。我们是人，只要是人，就不可能完全理解无限。知识完备的虚妄，就是人的理性僭越行为。想想科学家还是尊重世界的神秘性，强调"测不准原理"。要知道被我们定义的对象，未必是客观的对象，主要是一种我们称之为知识的想象。人类的认识论史就是纠错的历史，比如"地心说"一千多年不被怀疑，最终还是被"日心说"取代了。

学术研究中的思想，如果回到学术史来看，是永远嵌入具体的时空情景中的，抽离出来的任何思想的理论表述，都天然地有局限性或者不可解释性。我在做体认研究中，理解了思想的"嵌入性"特征，因为思想是主体性存在，这是具身情景感使然，也是意识的具身性特征。

体育学研究中概念的牵强附会，往往是追求知识完备性的思维方式所致，比如抢花炮、抛绣球、五禽戏，这些在文化流变中形成的传统的身体运动式样，与"体育"关涉不多，而我们偏偏要把它们强行纳入"体育"麾下，只好制造出一些莫名其妙的"+体育"，比如"传统体育"、"少数民族体育"、"民俗体育"、"养生体育"，等等，只要是身体活动就都"体育"了。科学体系要求逻辑的"通"，人文叙事要求情感的"真"，当然学问最高境界是"真而通"，体育学不研究"运动行为"而追逐"人体"，要抢医学生物学的饭碗，就是"不真又不通"。实践是检验真理的标准，体认是认识的根基，唯有回到情本体，四季乘以日夜，那是全方位的关爱。对学术史而言，那些创造性的学术冲动，远比追求完备的确定性知识体系更精彩。

我们还讨论了学术论文与议论文的区别。体育学术研究中，议论文之盛不是大家不知道材料论证对于学术多么重要，主要的还是学术偷懒的心理在作怪，其实学术本来就是清苦之事，与热闹无缘。做学术唯有下笨功夫可能才有一点收获，因为笨功夫的东西能留下来。下临时功夫的，四舍五入，永远被四舍掉，五入不了，于是留不下来，每次归零，每次被格式化。笨功夫有积累感，就是从底盘一层层往上累积，像个梯田一样，为此，聪明人才下笨功夫。

是为序。

程志理
2019 年 7 月 10 日

绪　论

一　选题背景与选题意义

1. 选题背景

体育作为一种社会现象，是人类完善自我身心与开发自身潜能的一种特殊的实践活动。体育也是人类的基本活动，与人类的产生和进化有着密切的联系。它包括人的肢体活动和人的思维活动两个因素。人的肢体活动起源于劳动。马克思说："这全部所谓世界历史不外是人类经过人的劳动创造了人类。"[①] 劳动中人类肢体活动从无到有、从少到多、从粗到细的过程，和人类的思维从个别到多样、从具体到抽象的过程正是人类产生和进化的过程。正是包含人的肢体活动和思维活动的体育促进了人类的进化。

体育是人类文明的重要组成部分和体现。体育存在和发展的状况，在很大程度上既是一个国家、民族的文明程度，也是一个国家、民族的发展程度。体育的主体是人，体育的客体还是人，体育是一个主客体无法二分的完美的一元呈现，正是这种完美呈现使得体育与人类共始终。人类直立行走和语言的产生是体育中肢体活动和思维发展的结果，而这标志着人类开始踏上文明发展之路。随着体育中肢体活动和思维活动的进一步发展，体育起到了强身健体和满足精神需要的作用，体育促进了古代文明的进步。体育与政治、经济、文化、科学等社会因素的相互制约，使得体育以全新的态势加入现代文明的行列中来。体育通过促进人的身体素质、心理素质、道德素质和社会适应来促进人的现代化，而人的现代化是现代文明的重要内容。体育作为个体与个体、个体与群体、群体与群体关系的纽

[①] 马克思：《1844年经济学—哲学手稿》，人民出版社，1979，第49页。

带，促进了社会生活方式和社会生产方式的文明，而这些都是现代文明的内容。因此，体育促进了现代文明的发展。

体育从个体层面出发，倡导的不仅仅是通过体育活动激发大众的体育兴趣，在体育活动过程中陶冶人们的情操；也是要倡导在体育活动过程中，尊重个人意愿，满足人们的身心健康、休闲娱乐、社会交往等全方位的需要，提高人们的生命和生活质量。在个体层面，体育还倡导释放人们体内的能量库，提高人们的社会适应能力；在自觉的体育参与过程中，使得人们的精神得到陶冶，使得人们的心灵得到净化，使得人们的情感得到升华，使得人们的思想水平、道德水平和能力水平得到发展。因此，体育能促进人自身内在与外在的和谐发展，能促进人与外界自然环境的和谐发展，也能促进人与外在的社会环境的和谐发展，即体育的过程是在促进人与物的关系和促进人与人的关系和谐发展的基础上，达到人自身内外统一的过程。科学进行体育活动能有效地预防、治疗现代"文明病"。

自人类教育活动产生以来，体育就是教育的最重要组成部分。众多教育家和体育学家认为：体育不但是教育的重要组成，还是五育之首。蔡元培将体育提高到道德修养以及民族素质的高度来认识。他在谈及体育与德育的关系时指出：对于个人而言，"凡道德以修己为本，而修己之道，又以体育为本"。[①] 张伯苓认为，如果"教育里没有了体育，教育就不完全"，"不懂体育者，不可以当校长"，"德智体三育之中，中国人所最缺者为体育"。他还认为：要寓德育于体育运动，体育要社会化和生活化。[②]

目前，我国体育得到了空前的发展，竞技体育、学校体育和大众体育都取得了可喜的进展：奥运会和青奥会在我国成功举办并取得可喜的比赛成绩；学校体育制度不断完善；各种全国性学校体育活动火热开展；大众健身中广场舞和"暴走"流行等。这些都是我国体育发展的体现。随着当代体育的发展，"体育生活化"被提出来（1991）。这一概念提出后，引起学者们的关注，但20多年来，"体育生活化"的理论研究一直没有取得长足且深入的发展，尤其是大学生体育生活化更是没能引起人们的足够重视。1995年多位大学校长联名上书要求取消大学体育课程，这一呼声至

[①] 胡旭：《蔡元培"完全人格首在体育"的思想及实践研究》，《学校党建与思想教育》2009年第36期。

[②] 储召生：《张伯苓：不懂体育者，不可当校长》，《中国教育报》2014年7月31日，第3版。

今从未间断。他们认为体育课程没有使得学生养成良好的体育习惯，没有形成科学的体育生活方式，也没有使得学生掌握 1~2 项运动技能。他们的观点有合理之处，但忽视了大学体育课程存在的合理性。这反映了教育界和理论界对大学生体育生活化这个问题的认识是有失偏颇的。

另外，我国当前大学生的身体健康素质却令人担忧。教育部和国家体育总局于 2006 年公布了《第二次国民体质监测报告》，报告显示：学生身体素质呈现出明显的下降趋势……大学生的视力不良率高达 83%。[①] 2010 年对国民体质进行监测，结果表明：我国大学生身体素质持续 20 年下降，且保持下降趋势。[②] 北京大学 2011 级学生军训期间，近 3500 名学生累计看病超过 6000 人次，……晕倒者众多。[③] 大学生体质下滑的趋势还在持续。近年来大中学生军训过程中的"冲突"不断发生（其中反映了学生自身身体素质的问题）。《2012 年全国教育事业发展情况》显示：全国共有高等学校 2790 所，各种形式高等教育总规模达 3325.2 万人。[④] 在高等教育由大众化走向普及化的今天，大学生群体育生活化的程度如何，是影响着高等教育人才培养质量、影响着新一代国民素质的重大课题。

学生身体素质差，原因固然是多方面的，但与学校体育的关系却最为密切。而考察学校的体育，我们可以发现，问题不少。而这些问题又与大学生体育生活化密不可分。

（1）大学体育理念泛化。当前，我国大学体育理念上是要"以大学生为本"，要体现人的自主性和选择性，拓展体育社会化和生活化，形成独特的体育思想和发展道路。但实际上，是相对模糊的，且全国各个高校没有形成自己的体育理念。美国大学体育的核心理念主要包括对大学生体育价值的肯定、对大学生体育传统的尊重、对学生运动员学业标准的严格要求、对体育参与的强调等。德国大学学校体育的理念是：身体运动，能够唤醒人们意识到体育中蕴含的人的价值观，增进健康和提高身体效能，

[①] 《树立"健康第一"的学校体育新观念》，http://www.360doc.com/content/09/0617/11/161254_3927434.shtml。

[②] 王东：《国民体质监测报告发出警告：大学生体质在下降!》，《光明日报》2011 年 9 月 14 日。

[③] 《北大 3500 名学生军训两周看病者超 6000 人次》，http://news.163.com/12/0916/18/8BHUNQKU00011229.html。

[④] 《2012 年全国教育事业发展情况》，教育部门户网站，2013 年 10 月 23 日。

调节人们的情趣和行为方式，以及改善自身的健康状况和寻找运动中的乐趣。① 换言之，体育不只是为了健康，还应当是生活的内容。体育生活化也不仅仅是体育技能、人格培养等。实质上是要通过这些使大家感到自己在参与，感到生活的某种需要得到了满足。我国大学体育理念模糊表现为：第一，大学肯定了体育活动，却忽视体育对学生的教育价值，轻视体育竞赛活动在培养和锻炼大学生令人推崇的品行方面的作用。不能明确大学体育的使命也是大学自身的使命。第二，怀疑体育运动在教育学生当中扮演的必不可少的重要角色，忽视体育锻炼在大学人才培养目标实现中所起到的作用。第三，大学生运动员不能与大学生共同分享比赛经历和成绩，其在推动大众和普通大学生体育参与特别是在促进大学生体育生活化方面，感染力较低。

（2）大学生体育制度软化。我国关于大学体育的有关规章制度还不够完善。第一，适应现代大学制度的大学生体育管理体制和运行机制还在探索之中，特别是各个大学自己制定的关于本校的体育制度还不完善。关于大学生运动员及体育比赛的制度、关于大学生课外锻炼的制度、关于大学生体质的监测制度等都或多或少存在不完善、不明确和不周密的情况。第二，即使是存在相关制度，也有不能详细描述清楚具体要求和办法的情况，因此，在实际的执行当中也是"弹性化"执行。第三，大学生体质监测制度不完善。特别是对测试结果的反馈、分析、应对措施等都没有形成一定的制度。另外，在高校评价体系和大学的人才评价体系当中缺乏必要的体育、体能指标，缺少针对学生体质健康水平的指标，更没有关于大学生体育生活化的指标。正因为如此，2014年8月底教育部印发了《国家学生体质健康标准（2014年修订）》（以下简称《标准》）。《标准》规定，大学毕业时，测试成绩仍达不到50分者将按结业或肄业处理。

（3）大学生体育行动异化。主要体现在三个方面：第一，大学体育与大学生生活在一定程度上脱离。部分院校出现大学生课内"无体育"，考试"无体育"，课外"无体育"，校外更是"无体育"。大学体育对最常见的大学生体质下降、交际困难、网络依赖、角色转换与适应障碍、学习与

---

① 王海源、管庆丽：《对德国大学健身体育的认知与诠释》，《中国体育科技》2005年第4期，第126~129页。

生活的压力等问题显得力不从心且束手无策，即大学体育的生活化功能不足。第二，大学体育工具化。大学体育在大学生生活中转变为课程制度下拿学分的工具、转变为大学生管理过程中为转移分散大学生精力而组织活动的工具，这是大学生体育生活化行动异化的结果。第三，大学体育比赛成为少数运动员与教练员的事，和其他大学生关系不大。为数不少的大学生对本校高水平运动队一无所知，对自己学校高水平运动队具体情况更无了解，广大师生不能分享校运动队的比赛过程和成绩。在课外体育活动中没有学校校队的身影，校队成员不是学校中的体育骨干，而是学校参加比赛的骨干。他们的课余运动训练不能有效带动更多的学生参与到课外体育活动中去，难以促进大学生体育生活化。

大学生体育理念的泛化、制度的软化和行动的异化，充分说明了在大学生体育生活化方面，理论研究需要深化，制度设计需要完善，大学生体育行为需要引导。因此，无论是国家提出"全民健身"，教育部提出"学生阳光体育运动"，还是大学内部的各种体育改革，如果不涉及体育的核心部分，成效都不会很明显。本研究希望通过寻求有效的研究视域和理论方法，试图回答大学生体育生活化究竟是怎样的一种现象，大学生体育生活化的价值和意义何在，如何才能进一步促进大学生体育生活化等问题。

2. 选题意义

（1）理论意义

第一，通过对大学生体育生活化理论的探索，完善现有大学生体育生活化理论、大学教育理论和大学体育理论，拓展相关理论研究的空间。第二，深度分析我国大学生体育生活化的影响因素，构建我国大学生体育生活化的模型，在理念转变、制度创新、完善行动等方面，为我国大学生体育发展提供一种新的理论依据和支撑。

（2）实践意义

第一，对于大学生个体而言，本研究通过深入分析、解读，可以促进大学生在日常生活中充分理解并愿意不断学习和践行体育的精髓，让体育走入大学生日常生活，养成体育习惯，形成体育自觉，提升锻炼能力，提高大学生的生命质量，形成终身锻炼的良好意识，为大学生形成体育行为习惯提供方法和路径，进一步实现大学生体育自觉行为对大众体育行为的引领作用。

第二，对于大学体育相关部门而言，本研究在理论探索和实证分析的基础上，提出相应的大学生体育生活化的举措，为高校结合自身实际改革大学体育教育教学、制定大学生体育生活化的制度和政策以及切实可行的大学生体育生活化的行动路径，提供政策、方法和路径的借鉴，也为政府相关部门的科学决策提供依据。

二 研究内容与研究方法

1. 研究内容

首先是对相关概念进行界定及辨析。与大学生体育生活化相关的三个概念分别是体育生活化、终身体育和体育生活方式。三者之间既有紧密的联系，也有明显的区别。广义的体育生活化是体育在人们生活中自觉的过程与结果，狭义的体育生活化是体育锻炼行为在大众日常生活中自觉的过程与结果。广义的大学生体育生活化是体育在大学生生活中自觉的过程与结果，狭义的大学生体育生活化是体育锻炼行为在大学生日常生活中自觉的过程与结果。体育生活化与大学生体育生活化是共性与个性、一般与特殊的关系。大学生体育生活化的内涵是要求大学体育以"大学生"为本，以"生活"为价值取向。大学生体育生活化包括个体人本价值、社会发展价值和学科发展价值。在人的全面发展和生命质量的提升中体现生存、娱乐、健康和生命的个体人本价值。人的可持续发展促进了社会的可持续发展。除此之外，从经济视角看，体育生活化可以成为新的经济增长点；从政治角度看，体育生活化可以促进国家和社会的安定团结。

本研究从纵向梳理了体育生活化及其价值的演变历程。体育生活化经历了以下四个阶段的嬗变：①初民时期的劳动生活化：生存人本价值取向；②基本生活资料得到满足后的游戏生活化：精神人本价值取向；③进入工业文明时代的工作生活化：工具价值取向；④现代性危机暴露后的体验生活化：理性价值取向。从价值视角考察得出：大学生体育生活化历经了民国时期健身强国价值萌发阶段、健身强国价值凸显、大学生体育生活化价值被政治化、大学体育以学科发展价值为主导、大学生体育生活化价值多元化趋势五个时期。根据调查数据分析，大学生体育生活化特征视域下我国大学生体育生活化的现状不容乐观。现今大学生体育生活化问题表现为大学生体育专业工具化、政治工具化和商业工具化；大学生体育表现为脱离了大学生的日常生活目标。在此基础上，从理念、制度与行动三个层面对大学生体育生活化现实存在问题的原因进行深度剖析。

我国大学生体育生活化促进机制研究是我国大学生体育生活化研究的核心环节，也是促进大学生体育生活化路径构建的前提。社会生态模型用于影响因素研究更具实用性和科学性。因此，本研究用经验的方法和德尔菲法，分析了我国大学生体育生活化的动力系统。创建了由个体因素、社会因素和环境因素三个层面，体育价值认知、体育自我效能、社会支持、社会媒体、气候条件、体育设施6个因子和39个具体影响因素构成的我国大学生体育生活化社会生态模型。根据这个模型，笔者编制调查问卷，运用因子分析确定问卷的信效度，表明问卷有效可信。经过两次探索性因子分析，萃取6个因子和20个具体影响因素。用验证性因子分析确定了模型中影响因子的权重。

最后，提出了我国大学生体育生活化的行动路径。本研究是从理念转变、制度转化和完善行动三个方面来构建路径的。首先，要转变理念。大学生体育生活化从价值的分离走向"众价值"的融合，以个体人本价值为"一体"，以社会服务和学科发展价值为"两翼"，齐头并进。大学生体育生活化最终的目标是，体育自觉的实现。其次，制度要转化。国家建立社会体育全民终身制，学校建立学校体育融合一贯制。最后，从政府、大学和大学生三个层面来完善。要求政府变干预为监督——还大学体育自由；变过程管理为目标管理——还大学体育自主。要求大学体育管理机构重心下移——突出大学生主体性；强调大学体育环境设施与大学主体文化相配合；科学建设和管理大学体育物质基础。大学生要提升体育认知，提高体育自我效能，合理发展自身需要。

2. 研究方法

本研究结合定性研究方法和定量研究方法，采用文献研究法、历史研究法、调查研究法、德尔菲法、因子分析法、层次分析法、回归分析法和逻辑分析法等。所采用方法与本研究的研究旨趣相一致。

（1）文献研究法

通过查阅体育学、人类学、教育哲学、教育学、心理学和社会学等领域的专著，及1985~2018年中国期刊全文数据库、中国优秀博硕士学位论文全文数据库、维普中文科技期刊数据库和sport discus数据库的电子检索，获得相关期刊论文资料。充分利用Google、百度、雅虎等互联网搜索引擎及时收集与本研究相关的报章资料和最新研究资料，并对它们进行梳理和深入分析，试图发现已有相关研究的特点和不足。

（2）历史研究法

采用历史研究的方法，追溯体育生活化的起源、发生、发展的过程，寻找到体育生活化各个发展阶段上的典型特征，试图在厘清体育生活化历程的基础上，通过对国内已有的典型大学体育史的深度研究，如《北京大学百年体育史》，寻找我国大学生体育生活化的发展脉络；总结其不同的发展阶段以及各个阶段的典型特征，从而实现对大学生体育生活化的历史借鉴。

（3）调查研究法

本研究在探析我国大学生体育生活化影响因素的基础上，设计了调查问卷。在预测验的过程中，筛选了《我国大学生体育生活化调查表》的条目，检验了问卷的信度和效度。在正式测验的过程中，使用了《我国大学生体育生活化调查表》，并进行了横向调查研究，采用了分层随机抽样，选择我国的普通大学生施测，从而确定影响我国大学生体育生活化的关键影响因素，以验证定性分析的结论。使用了德尔菲法，专家集体成员在互不见面的情况下，对我国大学生体育生活化影响因素指标的重要性程度达成了一致的看法。专家筛选方法指的是请专家对根据理论模型中指标设计的问卷咨询表中的问题进行判断和选择。专家根据自己的知识经验进行选择，具有一定的主观性，但众专家意见的合成在一定程度上也具有参考性和指导性，依据专家们的意见，删除那些不能较好地反映评价对象的指标，保留专家认可的指标。

（4）因子分析法

应用社会科学统计软件SPSS15.0对所有调查数据和实验数据进行描述性统计、探索性因子分析，再采用LISREL18.7进行验证性因子分析，建立大学生体育生活化影响因素的模型。我们用因子分析的方法是试图用少数几个影响我国大学生体育生活化的因子去描述与我国大学生体育生活化相关的许多指标或因素之间的联系，即将我国大学生体育生活化的影响因素中相互关系比较密切的几个变量归到同一类中，归纳出来的每一类变量就成为影响我国大学生体育生活化的一个因子，以较少的几个影响我国大学生体育生活化的因子来反映原来分析的关于我国大学生体育生活化影响因素资料的大部分信息，实现找出影响我国大学生体育生活化的主要因素及其影响力的目标。

（5）回归分析法

多元回归是一个因变量和多个自变量的回归模型。使用多元回归是为了进一步认识定性分析的结论，求得各要素间的数量依存关系，揭示各要素间的内在规律。它是发现一种现象或者事物的数量是怎样随着多种现象或多种事物的数量的变动而相应地发生变动的规律的一种统计方法，是建立多个变量之间线性或非线性数学模型或数量关系式的统计方法。

（6）逻辑分析法

逻辑分析法主要是指"语言的转向"之后出现的分析哲学、科学哲学中所使用的分析方法。本研究运用比较、分析、综合和推理，通过时间上的比较和空间上的比较，探讨大学生体育生活化的规律与过程。并在此基础上，充分运用思辨的方法，对大学生体育生活化各个要素进行深度剖析，从而架构整个大学生体育生活化理论的体系。

三 研究思路与技术路线

1. 研究思路

本研究以我国大学生体育生活化为主要研究对象，沿着"文献综述—确定问题—概念界定—历史考察—影响因素分析—构建模型—路径设计"的总体思路展开的。首先，文献梳理，综述了我国大学生体育生活化研究的现状，指明已有研究中存在的不足之处，引出了本研究中需要解决的问题。其次，界定了与大学生体育生活化相关的概念：终身体育、体育生活方式和体育生活化，厘清了它们三者之间的关系，从而清晰地界定了本研究的研究范围。分析大学生体育生活化的功能与价值，阐释了大学生体育生活化的必要性和重要性。最后，采用历史研究法探讨体育生活化和我国大学生体育生活化的发展历程，为阐释和分析我国大学生体育生活化的现状和发展趋势打下基础，为深度剖析我国大学生体育生活化现状的原因埋下伏笔。本研究从纵、横两个方向对我国大学生体育生活化进行了考察，然后，再剖析大学生体育生活化的影响因素，通过专家调查的方法对其影响因素进行了构架，再编制问卷，开展调查，构建我国大学生体育生活化模型。最后，从理念、制度和行动三个层面寻求促进我国大学生体育生活化进程的路径。

2. 技术路线

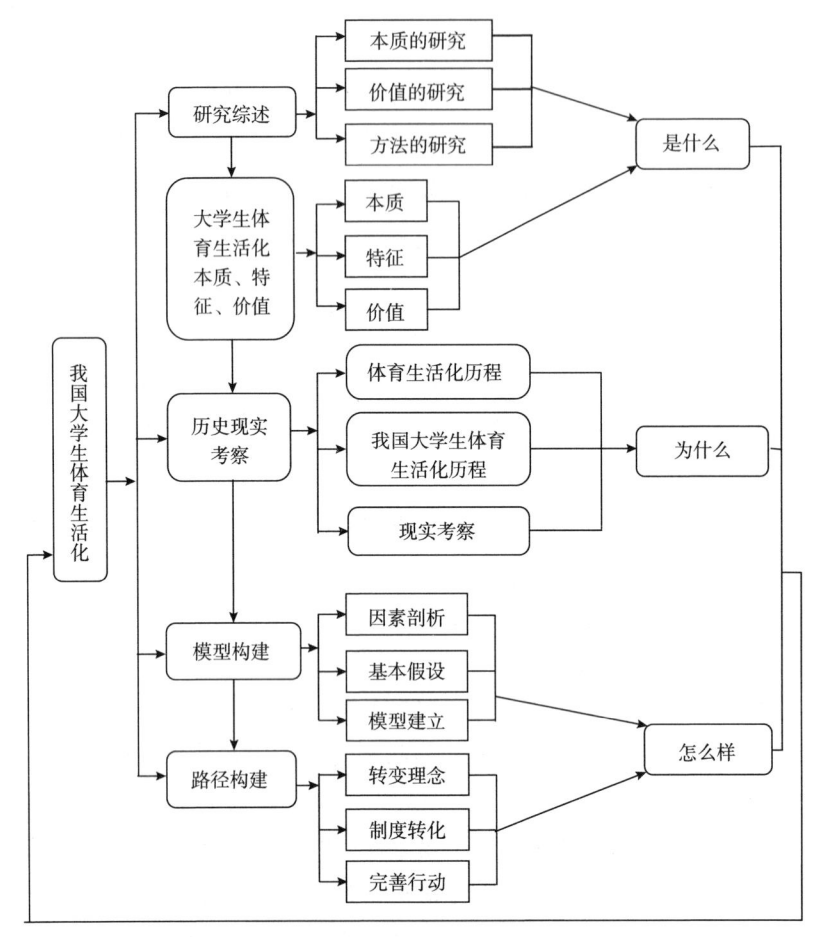

图 1-1 我国大学生体育生活化研究路径

四 研究综述

(一) 国内文献综述

1. 体育生活化本质的研究

本质就是关于"是什么"的问题，就是要探讨其内涵和确认其边界。综述相关研究发现，关于什么是体育生活化和大学生体育生活化的问题，研究者们既从体育的功能和行为方面，又从体育生活化主体、内容、表现形式、作用、方法与途径等方面进行了多维度的阐释和解读，具体包括过程说、体验说、惯习说和方式说。

（1）过程说

持"过程说"观点的学者一般都认为，体育生活化是人们在日常生活过程中随时随地健身，注重在生活过程中加入体育活动的要素。他们认为体育生活化既指体育融入人们日常生活中的一个过程，也指体育融入人们日常生活中的一种结果，即体育生活化是过程与结果的统一。[1][2] 体育生活化是人们自觉体育参与的过程和结果，体育生活化是任何外部力量强迫的体育行为都难以内化的人们日常的自觉行动。[3][4][5]

关于大学生体育生活化，马勇、李海燕从体育过程的角度提出："所谓大学体育生活化是指将大学体育与人们的社会生活结合起来，在体育过程中通过社会生活中所体现出来的体育现象及其社会价值和相关的社会功能，对学生进行生活体育的教育，以满足学生对体育的生活需要，使得体育为学生的健康发展服务。"[6] 毛晓荣提出的"学校体育生活化要与未来职业特点紧密相连"观点有失偏颇，即使要根据"教育是未来的生活的预备"这一思想，也应该是要提出"学校体育生活化要与学生未来的生活紧密联系"，而不仅仅与未来职业紧密联系。根据"教育即生活"的理念，学校体育过程就是生活的过程。而本书认为，学校体育既是生活的过程，也是未来生活的预备。

体育生活化要求体育活动渗透到人们日常生活之中，与人们生活紧密结合，成为衣、食、住、行以外的第五大生活基本要素。体育生活化不单是横切面上的"人人参加健身"，更是横切面与纵切面上的"人人随时随

---

[1] 王凯珍、李相如：《社区体育指导》，广西师范大学出版社，2005，第36页。
[2] 孙燕：《对体育生活化的思考》，《解放军体育学院学报》2004年第4期，第24～26页。
[3] 韩丹：《论体育生活化》，《福建体育科技》1991年第3期，第15页。
[4] 王广虎：《"生活世界"与社会体育的生活化》，《成都体育学院学报》2000年第4期，第1～4页。
[5] 张枝梅、李月华：《构建体育生活化社区评价指标体系理论探析》，《广州体育学院学报》2011年第4期，第17～19、36页。
[6] 马勇、李海燕：《论高校体育课程建设的改革——对大学体育教育生活化的实验研究之二》，《南京工程学院学报》（社会科学版）2004年第1期，第32～35页。

地都在健身"。"过程说"表明，体育生活化是要求体育融入、回归生活，成为生活的一部分。但是体育生活化不是一个简单的"融入"、"回归"和"成为一部分"的问题，还是一个与"自觉"密切相关的复杂问题。

(2) 体验说

体育生活化的休闲价值逐渐得到人们的认可，而其休闲价值是通过体验来获取的，即通过体育活动体验生活，这已经成为人们工作之余的重要组成部分。体育生活化的内涵是体育源自生活，它深入影响生活的各个方面。它也有丰富的外延，涉及体育与健康、体育与经济、体育与职业、体育与文化等。①"体育注重参与过程和体验，不限于规则，不追求高水平成绩，不强求场馆与器械，把活动过程和体验的价值体现出来，将体育作为一项活动形式，在余暇、休息时放松身体与精神，增进互动交流，拓展交往方式，彰显个性活力，获得认同感和时尚感。'看、侃、听'体育等也是体育生活对象。"②

大学生体育生活化的"体验说"认为，体育是学生生活的一部分。杨颖飞、和锡健和冯兆丽认为："体育生活化的主要含义是要使学校体育重返学生的现实生活，以生活为基点来考虑学校体育中的问题。具体地说，体育生活化源于学生的生活又高于学生的生活，是为了学生将来的生活。学校体育生活化要求学校体育以'学生'和'学生的日常生活'为中心。"③王建密提出："学校体育生活化是一种以学生为主体，以学校校园为空间，利用学校自身的体育设施和体育资源，在体育主管部门的指导规划下，发挥体育教师的指导作用，推进学校体育运动的开展，让体育活动成为学生生活的一部分，并以此为手段培养学生终身体育观。"④

"体验说"的观点与"体育是以身体活动为基础"的观点，是相冲突的，认为没有"身体活动"的、与体育有关的行为也是体育生活化的范畴。这种冲突却让我们更加坚定体育能够生活化的信念，因为体育是可以

---

① 刘建华：《大众体育的理性回归——体育生活化》，《解放军体育学院学报》2004年第4期，第27~28页。

② 刘建华：《大众体育的理性回归——体育生活化》，《解放军体育学院学报》2004年第4期，第27~28页。

③ 杨颖飞、和锡健、冯兆丽：《浅谈学校体育生活化的内涵特征》，《科技信息》2010年第13期，第137、145页。

④ 王建密：《学校体育生活化若干问题的思考》，《文教论坛》2007年第7期，第90~91页。

与生活中各个领域相互交叉、相互渗透的。

（3）惯习说

"惯习说"注重日常体育行为的形成并成为个体的一种生活习惯，即体育已经内化于人们的生活观念之中，成为一种基本的生活方式。肖俊在限定的体育行为基础上进行分析认为："体育生活化是体育行为融入人生活世界而形成体育生活习惯及其过程。"① 在形成习惯的基础上，裴立新认为，体育生活化是体育行为形成并融入个体或家庭生活的过程，使之成为生活中不可缺少的日常行为。② 在体育成为生活不可缺少的习惯的基础上，卢元镇认为，体育生活化是一种现代健康观念和体育观念指导下，对人们的日常生活进行全面干预的、理性的体育行为。③ 他更强调，体育生活化是一种全面干预生活的、理性的、不可缺少的习惯。"惯习说"强调的是在大学生日常生活中全面干预的、不可或缺的、理性的体育习惯。

"惯习说"注重在日常生活中养成体育行为习惯，而行为是主体的外部表现，体育生活化虽然最终要注重外部表现，但我们还要关注该观点中没提及的体育意识、精神、类型、设施等。

（4）方式说

"方式说"强调，将体育融入生活是对传统生活方式的超越和进步，体育活动虽然在人们的日常生活中不直接创造真金白银，但它是工作之余放松的过程，有助于体能的恢复和紧张心理的调整，具有超越功利的独特价值。"方式说"的观点认为，体育生活化"作为名词，与'体育生活方式'近义，即突出以体育活动为主要内容和特征的生活活动的形式；作为动词，强调体育融入生活，形成体育生活方式的过程"。④ 体育生活化就是指使体育成为人们的一种生活方式，成为更为普遍的一种社会现象，是一种推动全民健身向更高层次发展的主要方式。学者们从不同的视角，归纳出体育生活化是一种生活方式：①从作为人类生活方式组成部分的角度

---

① 肖俊：《高校公体课有效促进大学生体育生活化研究》，《中国商界》2011年第9期，第169页。
② 裴立新：《现阶段我国居民生活质量状况与"体育生活化"可行性分析研究》，《体育与科学》1999年第1期，第4~6页。
③ 卢元镇：《中国体育社会学评说》，北京体育大学出版社，2003，第323页。
④ 张雄：《关于我国体育生活化实现条件的初步探讨》，重庆大学硕士学位论文，2007，第17页。

出发，体育生活化隶属现代生活方式系统，但有相对独立性，在社会经济和社会文化等多方面发展变化的影响下，推动了传统的生活方式的变革。①②从健康文明的生活方式的视角出发，体育生活化是指将体育作为个体生活或家庭生活方式的重要组成部分，使人们自觉自愿地、经常地参与体育活动，是形成健康文明生活方式的过程。②③从作为社会现象的一类补充的视角出发，体育生活化是伴随现代文明进程中的人们建立健康积极生活方式的一种社会现象，体育生活化是人们把体育活动作为生活中有机组成部分的过程，体育生活化是人们让体育成为生活中重要内容的具体表现。③总之，体育生活化是指人们运用体育运动的形式和内容充实自己生活的方式，维护终身健康，提高自己的生活质量。④ 体育生活化含义很是宽泛，难以精确的描述，但体育生活化最终仍是要成为一种新的生活方式。⑤ 这些研究都表明了体育生活化是在变革传统生活方式的基础上演变出来的新生活方式。

关于大学生体育生活化，持"方式说"的学者从不同角度进行了阐释。①从教育目标的角度出发，"学校体育生活化要求学校体育要拥有终身体育的观念，而且学校体育要一直与学生的校外生活和未来的社会生活保持紧密的联系。通过学校体育教育让学生养成科学的体育行为习惯与健康的体育生活方式"。⑥学校体育生活化开始和最终需要聚焦的是学生能够体育生活化，而学生的体育生活化一直关注的是体育是否能够真正地走入学生的日常生活，学生个体身上是否真正地形成健康的体育生活方式。⑦这里，研究者把学校体育生活化与学生体育生活化两个概念分别提出来，

---

① 梁利民：《体育生活化的理论构架》，《上海体育学院学报》1999年第2期，第29页。
② 裴立新：《现阶段我国居民生活质量状况与"体育生活化"可行性分析研究》，《体育与科学》1999年第1期，第4~6页。
③ 肖焕禹、陈玉忠：《体育生活化的内涵、特征及其实现路径》，《体育科研》2002年第4期，第8~10页。
④ 熊茂湘、刘玉江、周特跃：《论体育生活化的实现及其实现环境》，《武汉体育学院学报》2003年第5期，第40~42页。
⑤ 李振峰：《论和谐社会视域下体育生活化的发展》，《山东体育科技》2009年第4期，第35~37页。
⑥ 丁丰斌：《论学校体育生活化趋势及实现途径》，《湖北体育科技》2006年第2期，第245~246页。
⑦ 丁丰斌：《论学校体育生活化趋势及实现途径》，《湖北体育科技》2006年第2期，第245~246页。

但是并没有就其各自的定义及两者的关系进行界定、解释与分析。从实现途径角度出发，大学生体育教育生活化是要求将人类体育文明与大学生的日常生活全方位的融合，大学生体育教育不是为体育而体育，也非为教育而体育，而是在更基本的、更实际的层次上，实现通过体育，解决大学生生活中体育内涵不足的问题，将体育实在地引入大学生的现实生活，让更多大学生重新认识体育，更自由地感悟、享受体育，使体育自然地充实到个人自身生活之中，以构建大学生健康生活方式。[1] [2]从关注个体健康角度出发，"在坚守'健康第一'和'终身体育'理念的前提下，学校体育生活化要加强与学生的日常生活紧密的联系，加强与学生未来职业特点紧密的联系，促成学生良好的健康意识，形成学生终身体育参与和健康的生活方式，让追求身心的健康、愉快的生活和学习、终身的幸福成为日常生活的主旋律"。[2]

"方式说"认为："体育就是要成为一种生活的方式"和"体育就是要作为生活方式的形式存在"。体育生活方式的研究注重的是具体的体育行为，比如"是否参与体育锻炼，参与什么样的体育锻炼，与谁一起参与体育锻炼，什么时间、什么地点参与体育锻炼"等更直接的问题。这种解读"体育生活化"的方式固然没有错，而且能够肯定的是，大部分人都是在这一语境下解读"体育生活化"的。但体育生活化研究恰恰是侧重于：体育如何融入生活的，重点是"融入"二字；体育怎样变成自觉行为的，重点在于"自觉"二字；体育精神、意识如何渗透生活的，如何潜移默化地影响人们生活态度等一系列的问题，重点在"渗透"二字。

综上所述，学者们已从过程、体验、惯习、方式角度分别回答了"什么是体育生活化和大学生体育生活化"的问题，即体育生活化是人人随时随地参与体育，体育生活化是休闲文化的重要的一个组成部分，体育生活化是人们日常体育行为形成的过程，体育生活化是提高现代人们生活质量的过程。这些研究对体育生活化研究和促进有着积极作用。但"什么是体育生活化"的问题更要从概念构建的核心词汇出发，界定清楚体育生活化

---

[1] 李晓芳：《从终身体育教育观审视我国大学生体育生活化发展趋势》，《南京体育学院学报》（社会科学版）2009年第4期，第99~100页。

[2] 毛晓荣、林祥芸、彭波：《倡导"健康第一"引领下的学校体育生活化》，《南京体育学院学报》（社会科学版），2007年第3期，第72~74页。

中的"体育""生活""化"指的是什么。另外，必须要以概念生成的根本路径为指导来生成相应概念，厘清体育生活化概念的"目的、方式及属性"的问题。

研究者分别从功能角度来界定大学体育生活化和大学生体育教育生活化，从实现途径和教育目标的角度分析学校体育生活化，为我们进行大学生体育生活化概念的界定打下坚实的基础。学者们基本认同，体育生活化一定要与社会生活和日常生活紧密联系，坚持"健康生活方式、终生体育观、终身体育行为"作为概念的核心词语。可惜的是他们没有能够厘清它们之间的异同点，而是用不同的词语来表述大学生体育生活化，如学校体育生活化、大学体育教育生活化、大学生体育生活化。在实际研究过程中，他们所表述的概念仍然是与大学生有关的在大学内的体育生活化，而不是关于大学内部师生员工的体育生活化。这里不再赘述学校体育与大学生体育教育和大学生体育的关系，而致力于界定清楚大学生体育生活化的概念。

2. 体育生活化价值与功能的研究

理论界大多认为，实现体育生活化是具有多方面价值与功能的。体育生活化与人的生活、生命质量密不可分，与人的生理、心理和社会健康休戚相关，与整个社会的和谐发展也是息息相关的。体育生活化特别是大学生体育生活化可以促进教育和体育的发展。因此，体育生活化是实现人们高品质生活的重要途径和重要特征，体育生活化是促进人的全面发展和社会文明全面进步的重要手段之一，体育生活化具有直接个体效应、间接社会效应和促进教育效应。

（1）个体化价值

学者们从个体身心健康的角度研究结果表明，由于体育的影响力已经深入人们生活的所有领域，体育的强身健体、愉悦生活、创造生活的无可替代的重要功能在人们生活中已经凸显。体育生活化能够提高人们的机体健康水平，丰富人们的闲暇生活，可以有效地节约人类生命成本，有效提高人们的社会竞争力，有助于促进人类健康长寿。[①] 体育生活化形成的标

[①] 程晓峰：《人本经济学视角下的体育生活化分析》，《北京体育大学学报》2002年第6期，第742~743页。

志是体育要融入生活，体育活动是通过日常生活表现出来的，日常生活又能够反过来展现出体育具有的独特功效，如健身、交往、竞争、休闲、宣泄、娱乐、享受、观赏、发展与创造等。① 体育生活化不仅能够促进人们的身体健康，而且能够对人们的心理健康产生积极影响，能够帮助人们提高生活满意度和提高人们生活幸福感。② 不仅仅是青少年的不良体质现状、青少年存在的若干心理问题、青少年的营养状况等需要实现学生体育生活化，③ 全民生活质量的提高也是需要体育生活化的。④ 另外，大学生体育生活化的实现必将使作为未来主流知识分子的大学生的健康状况得以保障。

学者们从满足需要的角度研究发现，体育生活化以尊重个人意愿、增强体质、促进身心健康、延年益寿为目的，满足人的多种需要。⑤ 学者们认为，体育生活化的实现有助于实现我国体育战略与政策的转变，体育生活化的实现也是人民物质生活的需求，体育生活化的实现还是人民精神生活的需要。⑥ 还有学者表示，体育生活化的实现可以满足人们不断增长的体育参与需要。⑦ 有学者坚持，"体育生活化的实现能满足人自我全面发展的需要；体育生活化是我国经济发展的必然结果；体育生活化是我国体育发展的必然趋势；体育生活化的实现是促进社会稳定和谐发展的一个重要途径"。⑧ 因此，体育生活化能够满足个体人与社会和谐发展的需要，体育生活化能够促进人自身和谐、促进人与社会和谐、促进人与自然和谐。⑨ 体育的特殊功能决定了体育可以而且能够生活化，体育由于可以满

---

① 孙燕：《对体育生活化的思考》，《解放军体育学院学报》2004年第4期，第24~26页。
② 裴立新：《现阶段我国居民生活质量状况与"体育生活化"可行性分析研究》，《体育与科学》1999年第1期，第4~6页。
③ 孙国友、刘琪：《青少年体育生活化的必要性及其实现途径分析》，《军事体育进修学院学报》2012年第1期，第94~97页。
④ 孙燕：《对体育生活化的思考》，《解放军体育学院学报》2004年第4期，第24~26页。
⑤ 陶克祥：《体育生活化的新世纪断想》，《黄山学院学报》2009年第3期，第93~96页。
⑥ 马冠楠、刘桂海：《体育生活化基本理论与实践探索》，《体育研究与教育》2011年第6期，第20~22页。
⑦ 梁利民：《我国体育生活化探索》，北京体育大学出版社，2006，第121页。
⑧ 肖焕禹、陈玉忠：《体育生活化的内涵、特征及其实现路径》，《体育科研》2002年第4期，第8~10页。
⑨ 李振峰：《论和谐社会视域下体育生活化的发展》，《山东体育科技》2009年第4期，第35~37页。

足人"二重性"的价值决定了体育必然走向生活化。①

学者们提出,大学生体育生活化是大学生个体自我发展的需要,大学生体育生活化也是社会体育发展的需要,大学生体育生活化还是大学生体育发展的必然要求。② 大学生体育生活化可使大学生在主体参与过程中获得情感体验和人生享受,这正符合日益追求自我与个性发展的大学生的需要。大学生体育生活化是"人本主义"教育理念的要求,是大学生对生活追求的需要。③

上述研究表明,大学生体育生活化对大学生个体的重要意义主要表现在:大学生体育生活化可以引导人们健康生活、促进人全面发展。可是学术界关于体育生活化能够满足人的享受需要和发展需要功能的研究却不多。大学生体育生活化个体价值和功能是体育个体价值和功能的进一步延伸,体育个体价值和功能可以在体育生活化过程中得以实现。而大学生体育生活化个体价值与功能是超越体育个体价值与功能的,这需要我们进一步挖掘。

(2) 社会化价值

体育生活化的社会价值与功能是指通过体育的方法,以实现培养体育参与者生活情操、遵纪守法、传播社会发展和大众体育发展的信息为目的。众学者从不同视角阐释了体育生活化的社会价值:从促进社会和谐稳定的角度来看,体育生活化符合国际潮流,符合国家宏观政策和中国老龄事业发展规划。④ 体育生活化是和谐社会的基石,在促进人类发展、经济增长、社会问题治理方面具有积极作用。⑤ 从国民体质视角看,现代文明病已经严重地影响了国人的身心健康,体育生活化对于国民身心健康是有积极的促进意义的。⑥ 从就业的视角来看,体育参与度的提高,不但可以

---

① 李东阳:《论体育交往对我国体育生活化的影响》,《搏击·体育论坛》2011年第2期,第36~37页。
② 段黔冰、张红坚:《"场"视域下大学生体育生活化研究》,《北京体育大学学报》2008年第4期,第535~537页。
③ 马勇、鲍勤:《大学体育生活本位论》,《体育与科学》2008年第5期,第101~104页。
④ 纪红:《老龄化高知群体体育生活化初探》,《中州大学学报》2012年第6期,第79~82页。
⑤ 梁利民:《我国体育生活化探索》,北京体育大学出版社,2006,第121页。
⑥ 陈济川:《关于国民体育生活化进程影响因素的思考》,《宁德师专学报(自然科学版)》2004年第3期,第247~251页。

提高人们的身体素质和工作效率，还可以促进相关的职业种类的产生和发展，进一步扩大了就业渠道，进一步促进体育产业的兴起，推动社会体育指导员、体育经纪人、体育摄影师、体育记者、运动保健师、运动营养师等岗位的需求。事实上，保证大众就业也是社会稳定的一个重要因素。

大学生代表着国家和民族的未来，未来的社会生活方式需要大学生养成体育生活化的良好习惯并对社会发挥积极的示范效应。由于体育与社会和生活的方方面面关联紧密，大学生体育生活化必须顺应社会生活发展的大趋势。所以大学生体育生活化的社会化意义，是我们无法回避的一个问题，是值得我们进一步深化研究的一个问题。

(3) 教育价值

从教育必然趋势的角度，丁丰斌研究得出，"当代教育的基本理念决定了学校体育生活化发展的道路。教育终身化揭示了学校体育生活化发展的必然趋势。新时期我国的教育方针和培养目标要求学校体育教育必须走生活化的道路"。[1] 他在教育背景下讨论大学生体育生活化必然趋势的时候，点出大学生体育生活化对于教育、对于大学的意义所在。

从体育自身发展需要的角度，李晓芳分析认为，"把大学生体育教育生活化，并最终将体育融入每个大学生的生活，成为其生活中必不可少的元素之一，这是大学生体育践行终身体育的有效路径之一"。[2] 所以，对于大学生体育本身而言，终身体育是我国学校体育追求的终极目标，大学生体育生活化则在纵向的时间维度和横向的空间维度上成为全民终身体育的一个重要组成部分。

综观上文，体育生活化的实现对社会文明进步、对人与自然、对人与社会的和谐发展都具有十分重要的意义。学者们在研究体育生活化个体价值和社会价值时，侧重于研究体育本身的价值（即从体育的有用性角度来研究），这样就容易混淆体育生活化的价值与体育的价值。笔者认为，必须从体育本质和生活的本质及其相互关系的角度来研究体育生活化的价值与功能。本研究总结得出，体育生活化有三个方面的功能：第一个功能是

---

[1] 丁丰斌：《论学校体育生活化趋势及实现途径》，《湖北体育科技》2006年第2期，第245~246页。

[2] 李晓芳：《从终身体育教育观审视我国高校体育生活化发展趋势》，《南京体育学院学报》（社会科学版）2009年第4期，第99~102页。

体育本身价值和衍生价值的淋漓尽致的发挥，第二个功能是有助于科学生活方式的实现，第三个功能是有助于全民终身健身的实现。

学者们从体育自身发展需要的角度、从人生活需要的视角、从大学体育课程发展需要的角度，分析了我国大学生体育生活化的必要性及其重要性，在肯定了大学生体育生活化功能的基础上回答了大学生体育为什么要生活化的问题。但是不够完整，不够深入，不能切合大学生体育的实际。本研究认为，大学生体育生活化是大学体育自身走出困境和可持续发展的需要；大学生体育生活化是大学教育生活化大趋势的必然，是教育生活化的补充和完善是大学生科学生活方式形成的需要；大学生体育生活化是日益追求自我与个性发展的需要；大学生体育生活化是大学生健康生活方式引领全社会科学生活方式的需要。

3. 体育生活化方法与途径的研究

（1）舆论宣传

学者们从形成正确舆论导向、转变大众体育观念出发，提出体育生活化的构建要做到转变观念，扩大大众体育消费；① 要加强宣传，提高体育生活意识，为体育生活化的可持续发展形成正确的舆论导向，② 形成对体育生活化价值意义的社会共识；③ 加强个体"体育生活化"的实施，并通过社会动员来促进社区体育生活化；④ 要加强政策引导，提高"健康第一"的观念，加大体育经费的投入，注重体育宣传，提高体育人口。⑤ 陈佩华和王家林强调的是：要突出"政府导向"具有的"示范导向"的功能，这一"示范导向"可以使得体育生活化的实施有着自上而下的导向性。⑥ 但是针对大学生体育生活化，"体育生活化的关键是更新体育价值观；实施体育生活化的动力是客观的考评；实施体育生活化的重点是改进

---

① 孙燕：《对体育生活化的思考》，《解放军体育学院学报》2004年第4期，第24~26页。
② 熊茂湘、刘玉江、周特跃：《论体育生活化的实现及其实现环境》，《武汉体育学院学报》2003年第5期，第40~42页。
③ 梁利民：《体育生活化之视角：大众体育权利和义务探析》，《成都体育学院学报》2001年第6期，第14~17页。
④ 马冠楠、刘桂海：《体育生活化基本理论与实践探索》，《体育研究与教育》2011年第6期，第20~22页。
⑤ 沈钟：《我国群众体育生活化的现状与发展》，《辽宁体育科技》2008年第6期，第24页。
⑥ 陈佩华、王家林：《试论体育生活化》，《南京理工大学学报》（社会科学版）2001年第2期，第88~90页。

师生体育理念；实施体育生活化的保证是科学的锻炼方法"。①

（2）法制建设

学者们从法律规章制度建设的角度指出，示范导向、政府导向和新质介入的导向是体育生活化进一步发展需要借助的三个动力源。② 需要强调的是，在体育生活化的实施过程中，"政府导向"的"示范导向"功能是自上而下发挥作用的。③ 熊茂湘等认为："能为体育生活化的可持续发展保驾护航的是体育法律法规建设。"④ 李振峰强调："加强政府公共体育服务建设，为体育生活化的发展营造和谐的环境，加强法规建设，促进体育生活化与全民健身的融合发展。"⑤ 邹桂芳也认为："促进体育生活化实现，需要制定相应的政策。"⑥ 已有的研究表明，我国现有的方针政策不足以加速体育生活化的进程，需要出台新政策、落实已有政策。

（3）学校教育

学者们从学校体育着手，思考通过改革学校教育方式以促进体育生活化，强调要坚持深化学校体育改革，着眼于学生终身体育，为体育生活化的可持续发展打下坚实的基础；⑦ 要重视学生体育运动发展，促进终身体育教育的和谐发展。⑧ 关于如何实现大学生体育生活化的问题，学者们分别从学校体育教育过程结构、大学体育教育体系、体育教学过程、大学体育管理、体育模式等角度，分别对大学生体育生活化实现的路径和方法进行了深入、全面的阐述。

学校体育教育过程，包括相互交叉又有质的区别的教学、健身和养成

---

① 朱清华：《对"学校体育生活化"的探索》，《山西教育》2009年第2期，第56~58页。
② 梁利民：《我国体育生活化探索》，北京体育大学出版社，2006，第121页。
③ 陈佩华、王家林：《试论体育生活化》，《南京理工大学学报》（社会科学版）2001年第2，第88~90页。
④ 熊茂湘、刘玉江、周特跃：《论体育生活化的实现及其实现环境》，《武汉体育学院学报》2003年第5期，第40~42页。
⑤ 李振峰：《论和谐社会视域下体育生活化的发展》，《山东体育科技》2009年第4期，第35~37页。
⑥ 邹桂芳：《我国体育生活化构建策略探析》，《成都体育学院学报》2009年第4期，第26~28页。
⑦ 熊茂湘、刘玉江、周特跃：《论体育生活化的实现及其实现环境》，《武汉体育学院学报》2003年第5期，第40~42页。
⑧ 李振峰：《论和谐社会视域下体育生活化的发展》，《山东体育科技》2009年第4期，第35~37页。

三个阶段。三者相互渗透，不能相互取代，且都有体育习惯及能力培养的问题。三个循环阶段必须和谐统一。大学体育教育体系的构建应该紧紧围绕生活进行，以促使大学体育教育向生活的回归。① 大学体育教育内容、教学手段必须与大学生的社会生活相结合，满足学生对体育的生活追求，影响学生的体育意识、态度和行为，为学生的健康发展服务。毛晓荣等认为，可以通过"制定教学大纲'生活化'内容的渗透，体育课程设置及教学内容'生活化'的渗透，体育课考核评价的'生活化'内容渗透，校园体育文化建设的'生活化'内容渗透"这四个渗透来实现学校体育生活化。② 谢伟强认为，要完善课程建设，建立健身学科体系，确立"增强学生体质"在学校体育中的主导地位，变革教学思想，更新教学方法，改进体育成绩的评定，使学校体育真正地达到生活化。③ 马勇和李海燕研究得出："修订大学体育教育的目标，制定和完善大学体育教育服务守则，改革现有的体育课程设置，制定新的体育基础理论教材和修订现有的专项理论教材，加强校园的体育文化建设，加强体育的网络化建设，使大学体育教育生活化。"④ 王建密提出，大学生体育生活化，可以实施体育俱乐部模式。⑤ 大学生体育生活化模式应具有形式上的多样性、内容上的丰富性、组织上的灵活性，以满足大学生参与体育活动的自愿性和活动内容与活动时间选择的差异性的需要，从而加快学校体育生活化的进程。

综上所述，学者们主要从加强政府导向、注重体育宣传、转变体育观念等多种途径来实现体育生活化，也有学者提出要加大经费投入，培养社会体育指导员等。这些研究都是从单个影响因素来展开的，没有人从改变体育认知与个体体育行为关系的角度进行研究。而体育生活化能够实现的首要前提，是要改善人们的体育参与行为，只有提升了人们的体育认知，才能激发他们的体育动机，从而改善他们的体育行为，实现体育行为的主体自觉，最终才能实现体育生活化。

---

① 马勇、鲍勤：《大学体育生活本位论》，《体育与科学》2008年第5期，第101~104页。
② 毛晓荣、林祥芸、彭波：《倡导"健康第一"引领下的学校体育生活化》，《南京体育学院学报》（社会科学版）2007年第3期，第72~74页。
③ 谢伟强：《浅谈学校体育生活化》，《中国科教创新导刊》2008年第21期，第247~248页。
④ 马勇、李海燕：《对大学体育生活化的探索》，《江苏高教》2008年第5期，第143~144页。
⑤ 王建密：《学校体育生活化若干问题的思考》，《文教论坛》2007年第7期，第90~91页。

众学者在研究如何实现大学生体育生活化的时候，充分认识到坚持教育思想、教育理论和课程形式必须与生活相结合；大学体育教育大纲、教育内容、教学方式手段和体育课考核评价方式必须与大学生的社会生活相结合。

（二）国外相关研究综述

根据对"体育生活化"一词可能的几种英文翻译，在Cambridge Journals Online 和 Springer Link 全文库中分别输入"incorporating sports into life"，"integrating sports into life"，"the naturalization community of sports"，"sports life's turning"等关键词进行查阅，没有发现对应于"体育生活化"的直接研究。但有大量的文献是研究与体育生活化紧密相关的体育生活方式的。这些文献为本研究开展体育生活化的研究提供了珍贵的资料。

1. 体育生活方式概念的研究

国外比中国开展体育生活方式研究要早一些。1985年，著作《体育人类学》中写道："什么是体育，体育是一种文化方式，而21世纪的体育恰恰是一种文化的生活方式。叫体育生活方式（Sports Lifestyle）"。[美国人类学家勃兰恰德（Kendall Blanchard）和切斯卡（Alyee Tayceeheska）] 1994年，世界卫生组织（WHO）和国际运动医学联合会在世界范围内正式提出来了"体育生活方式"这一概念，这是"体育生活方式"首次作为一个独立概念被提出。最初的主要表述有"Physically Active Lifestyle"和"Sports Lifestyle"两种。世界卫生组织明确提出"使体育成为健康生活方式的基石"，并且敦促各个国家政府相关部门把推动大众体育健身活动的发展作为公共健康与社会政策的重要组成部分。[1] 1995年，佐伯聪夫提出了 Sports Lifestyle 的概念。[2] 目前，国外学者较多使用 Physical Activity Lifestyle 来表述体育生活方式，也是身体活动的生活方式。Carl J. Caspersen 认为所谓的身体活动就是"所有因为骨骼肌收缩引发的、导致能量有所消耗的身体活动，日常生活中的身体活动包括休闲活动、家务和体育运动，而身体活动由四个要素构成，分别是：活动频率、活动强

---

[1] Bulletin of World Health Organization, 1995, 73 (2): 135–136.
[2] 〔日〕佐伯聪夫：《面向成熟社会的体育革新》，《德国科隆国际体育科学研讨会论文集》，林显鹏译，1995，第30页。

度、持续的时间、活动类型。"[1] Mary Ann Kluge 解释身体活动的生活方式是："人们在绝大部分的生命时间里，采用活动、练习、体适能、跳舞或户外休闲运动等手段，连续的、规律的、积极的身体活动的生活方式，这解释中的大部分时间指的是人们生命中50%或更多的时间。"[2] American College of Sports Medicine 和 American Heart Association 都指出身体活动的生活方式（Physical Activity Lifestyle）是："在过去若干年中，每周持续的、规律性的30分钟以上的中等强度的锻炼次数。"[3] Katharina Meyer 把身体活动的方式（Physical Activity）身体活动分为4类：理想活动、中等强度活动、习惯性活动、激烈活动。[4]

由此可见，体育生活方式是生活方式的一个分支系统，代表社会生活领域中体育生活的特殊性，涉及人们闲暇运动、体育教育、社会体育等各个领域，对人们的生活行为、生活质量和生命质量具有重要作用。

综上所述，本研究可以得出，体育生活方式具有广义的概念及狭义的概念。广义概念指的是人们在一定的社会条件制约下和一定的体育价值观指导下形成的满足自身需要的体育活动特征及其具体的表现形式。狭义概念指的是人们日常生活中的体育实践行为特征和其具体表现的形式。体育生活方式概念包含在身体活动的生活方式的概念范畴之中，但又必须凸显出体育的根本特征。体育生活方式指的是体育活动行为要融入日常生活中的一种特殊的生活方式。构成体育生活方式的前提基础是：规律及持续。体育生活方式建立的动机来源于个人的各种需求，体育生活方式的表现形式是活动频率、强度、持续时间和具体活动的类型，目的是要促进人们身心健康和人格健全。

---

[1] Carl J. Caspersen., "Physical Activity, Exercise, and Physical Fitness: Definitions and Distinctions for Health – Related Research," *Public Health Rep*, 1985 Mar – Apr, 100（2）：126 – 131.

[2] Mary Ann Kluge, "Understanding the Essence of a Physically Active Lifestyle: A Phenomenological Study of Women 65 and Older Journal of Aging and Physical Activity," *2002 Human Kinetics Publishers*, Inc, 2002（10）：4 – 27.

[3] "American College of Sports Medicine, Physical Activity, Physical Fitness, and Hypertension," *Medicine and Science in Sports and Exercise*, 1993（25）：i – x.

[4] Katharina Meyer, Linda Rezny, "Physical Activity of Adults Aged 50 Years and Older in Switzerland," *Soz – Pr3 /4 ventivmed*, 2005（50）：218 – 229.

2. 体育生活方式现状的研究

20世纪70年代，有关体育与生活方式研究的第一个高潮出现了。这一阶段的研究主要集中在解决工业革命带来的有关闲暇问题：运动不足、精神压力过大、营养不平衡造成的"文明疾病"，人口急剧老化带来的医疗费用无限增大和妇女问题等。研究者呼吁通过大众参与体育运动，整合社会道德价值标准，转移或消除一些社会问题，寻找一种平衡的、健康的生活方式。Haydon，G. 指出："工业和信息时代使社会转型面临着许多挑战，首先是大众闲暇时间增多。闲暇要最有效地为进步文化服务。另一个挑战是维系文化的内聚力。随着社会教育的改变，值得期望的社会标准如何能得以保存下来？体育运动和闲暇活动有助于解决以上在戏剧性的社会变革中出现的所有问题。"[①]

在20世纪80年代末90年代初，发达工业国家纷纷制定体育方针政策和相关法律，国际奥委会也转变态度投身大众体育运动，这时出现了第二个研究高潮。这一阶段的研究主要集中在体育与现代、未来社会生活的问题。R. Edginton指出："大众参与体育有助于发展终身的闲暇技能，以增强健康和体质强健，不懈地锻炼有助于生活的平衡和健康的行为进而导致创设生活的满足。"[②] Baines，S. 指出："运动是当今世界上5种通用语言（金钱、政治、艺术、性和运动）之一，在运动中将不会有穷和富之别，因为它适合于所有人，从某种意义上来说，运动能成为我们生活哲理的一部分。"[③] Brown和Frankel在自己的研究中得出与Haydon，G.不同的结论："极有可能，加强生活满足正引导体育运动参与的更高水平和休闲的满足，相反，非常清楚的是，身体活动和生活满足之间的整个关系问题，仍未能解决。"[④] 1990年，在《国际体育社会学评论》创刊25周年之际，汉堡大学的两位教授说，从1966年至1989年，《国际体育社会学评论》上与闲暇体育相关的文章占所有文章的48%。自20世纪90年代起，在世界范围内形成的以人类发展新思路为特征的"可持续发展"理论影响

[①] Haydon, G., Education and the Crisis in Values: Should We be Philosophical About It?
[②] R. Edginton, Perspectives towards the 21st, 97 Int. Symposium on Sport for All, 1997.
[③] Baines, S., The Role of Sport and Recreation in the Hanging World, F. H. and oan, Re, 1996.
[④] 转引自张熊《关于我国体育生活化实现条件的初步探讨》，重庆大学硕士学位论文，2007，第6页。

着体育领域的研究。学者们达成共识：今日体育走的可持续发展之路对人类可持续性发展起到独特的作用。今天体育的发展一定要为明天人们身体健康发展开辟道路，为明天人们身体健康发展提供前提。青少年是21世纪的主人，是世界整个人口阶层中最有代表性、最具说服力和生命力的代表。所以，不少学者的研究对象已向青少年聚焦。Stoljarov通过社会学测试，得出结论：无论是谁，只要热心于运动的人，他在生活中其他领域的价值也更高。① Sack首次应用Bourdieu的社会阶层差异理论开展研究，将着重点置于德国家庭日常生活、同辈群体、学校班级、运动俱乐部和大学间的网络里。② Mielke进行了"青年运动员的基本价值构成和优势，对于与非运动员和年轻人在可供选择的休闲活动中是否存在差异"的研究。③ Piethsch进行了"民主德国的毕业生和在校学生的体育运动活动"的研究。④

综上所述，国外研究主要呈现以下特点：以哲学为基础，运用社会学、心理学理论观点和方法进行研究。从20世纪70年代开始，专家学者将体育更紧密地与人们不同的社会生活方式以及构成要素结合起来进行研究；不重视宏观方面研究，不在广阔的社会生活背景上总体把握对体育的研究和解释，而偏重于现实的、具体的社会生活方式，和人的现实生活、人的日常生活结合得更紧密。研究热点呈现动态发展趋势，体现鲜明的现代性特征。

（三）相关研究述评

国内外学者对我国大学生体育生活化进行了有益的探索。对本研究产生了很大的启示作用。但现有研究存在许多不足之处，仍有很大的研究空间。

---

① Stoljarov, The Place of Health, Physical Culture and Sport Activity in the Life Value Orientation of soviet School Student, In. Rev. For Soc. of Sport, 1985 (20): 64 – 71.
② Sack, the Relationship between Sport Involvement and Life – style in Youth Culture, In. Rev. For Soc. of Sport, 1998 (23): 213 – 231.
③ Mielke, Structure and Preferences of Fundamental Values of Young Athletes Do They Differ from Non – Athletes and from Young People with Alternative Leisure Activities? Int. Rev. for Soc. of Sport, 1995.
④ Piethsch, Athletic Activities in the Life or Students and Graduates in the German Democratic Republic, Int. Rev. for Soc. of Sport, 1986.

从研究视角看，本质论和价值论研究少于方法论研究。通过对相关文献的梳理，学者们大多直接从大学体育教育体系、大学体育教学结构、大学体育教育模式来探讨如何实现大学生体育生活化。这些前人研究成果确实是为大学生体育生活化的相关研究提供了可借鉴的思路和指导性建议，但方法论研究的功能是有限的。方法论研究能提供一些实践中的材料，但无法对大学生体育生活化有更深刻的认识。大学生体育生活化事实上是要为大学体育的发展提供一个可能的前提和一个坚实的基础，如果不能对大学生体育生活化本质和价值产生深刻的认识，如果不能对大学生体育生活化自身有一个准确的把握，大学生体育生活化的研究对大学体育的发展所应该具有的指导性作用也就得不到应有的发挥。因此，对大学生体育生活化本质和价值的研究显得更加重要。对大学生体育生活化本质的分析是大学生体育生活化探究的前提，没有对本质的深刻探讨，方法论探讨就没有扎实的根基，理论方面的依据也不充足，因此，会出现就事论事、经验式的大学生体育生活化研究；大学生体育生活化涉及其价值取向，而价值探讨不足会导致对整个大学生体育生活化的意义认识不足。

除此之外，还需要深度挖掘大学生体育生活化理念、内涵和外延，明晰什么是大学生体育生活化，界定清楚大学生体育生活化的内涵与外延，进一步挖掘大学生体育生活化的功能和价值。

从研究方法看，哲学和心理学视角的研究少于行为学视角的研究。在为数不多研究如何实现大学生体育生活化的文献中，大多是从行为学的角度来研究大学生体育生活化的。我们知道大学生体育生活化最终要扎根于大学生体育参与行为的研究，但是关于大学体育教育行为的研究对大学生体育生活化在实现过程中的作用是有限的。我们还需要从哲学和心理学的视角来探析我国大学生体育生活化。其实生活化本身就是一个哲学概念。哲学方法是可以运用于所有学科的。笔者认为，关于大学生体育生活化研究需要深度挖掘其哲学渊源、哲学根基、哲学理论支撑。脱离哲学也就脱离了"生活化"的根基。另外，我们知道，一切行为都是以动机为出发点的，而动机是以人们对事物的认知为基础的，是与认知息息相关的。我们还可以从心理学认知理论视角去探讨大学生体育生活化，因为正确的体育认知会激发适当的动机，最终才会产生合适的大学生体育生活化的行为。所以，在加强行为学视角对大学生体育生活化研究的同时，要从哲学和心理学视角对大学生体育生活化进行研究。

从研究内容看,管理学和社会学视角的研究少于教育学视角的研究。已有研究中,从教育学角度研究大学生体育生活化的较多,表现在:对大学生体育生活化意义研究上,研究者更多关注大学生体育生活化的大学生效应,关注大学生体育生活化的大学效应;在大学生体育生活化的实现方面,研究者更多关注从大学体育体系、大学体育教学结构和大学体育教育模式的角度来回答问题。这些自然是值得关注的。但是对于大学生体育生活化,仅从教育学角度进行研究是远远不够的,必须运用管理学和社会学的知识来研究大学生体育生活化。要在大学内部实现体育生活化,必须对大学生进行科学的体育管理。而"大学生"既是大学内部的主体部分,也是社会的重要组成部分。因此,从管理学和社会学的视角进行研究是可行的和实用的。

笔者认为,大学生体育生活化的真正实施,即实现体育精神的"内化"和体育行为的"自觉",其根本途径是要立足于大学生的现实生活。体育要走向可持续发展道路,必须关注大学生日常生活。大学生体育生活化的核心问题是怎么样把体育意识内化为人的精神存在,并使体育参与行为真正成为大学生自觉的行动。本质上它是大学生体育价值、体育态度和体育自我效能的内化问题,端正体育态度,提高体育自我效能,养成体育习惯,以实现体育行为自觉。

本研究试图从高等教育管理学和高等教育哲学的角度探析我国大学生体育生活化问题,从高等教育的价值角度来构建本研究的研究体系,从"个体人本价值—社会(国家)发展价值—学科发展价值"这一理论视角,深入剖析大学生体育生活化背后的行动力量及其逻辑方法,从而深化、拓展和丰富现有的研究。

小 结

本章阐述了本研究的研究背景与研究意义、研究内容和研究方法、研究思路和技术路线。从本质、价值和方法的角度,梳理了体育生活化及大学生体育生活化的国内研究成果,剖析了研究现状。通过检索,没有发现直接关于体育生活化的国外研究文献,因此,本研究对与体育生活化相关的体育生活方式的国外研究进行了综述。这些相关的研究动态对本研究都具有重要的参考价值。

第一章 大学生体育生活化的内涵、特征及发展历程

第一节 相关概念解析

与本研究相关的概念有许多,如高校体育、体育生活化、大学体育、全民健身、体育生活方式和终身体育等,而其中紧密联系的有体育生活化、终身体育和体育生活方式。界定清楚这三个概念、厘清这三个概念之间的联系与区别是本书的前提和基础。

一 体育生活化

1. 学界关于体育生活化概念的两种观点

学者们从惯习与行为、实现过程和方式、体验与认同、生活方式等视角界定了体育生活化的概念。例如,体育生活化是人人随时随地都在健身,是一种主观自愿的过程;是休闲文化的重要组成部分;是提高现代人生活质量的过程;等等。学者们虽未达成共识,但对准确地把握体育生活化概念提供了有益的参考。这里仅讨论两种具有代表性的观点。

第一种观点认为,体育生活化是体育惯习与行为的养成,是人人主观自愿地随时随地都在健身。卢元镇认为,体育生活化是一种现代健康观念和体育观念指导下,对人们的日常生活进行全面干预的、理性的体育行为。[1] 韩丹、张枝梅等认为,体育生活化要求体育活动渗透到人们日常生活之中,与人们生活紧密结合,成为日常生活中衣、食、住、行四大要素

---

[1] 卢元镇:《中国体育社会学评说》,北京体育大学出版社,2003,第323页。

一样重要的第五大生活基本要素。①② 他们还认为，体育生活化不单是横切面上的"人人参加健身"，更是横切面与纵切面上的"人人随时随地都在健身"。这是从"面"的角度要求"人人"；从"点"的个人角度提出了"随时随地"，要求个人一生都在运动。王广虎认为："体育生活化是一切外部力量强加的体育行为，难以化为人们习以为常和习惯性的自觉行动。"③ 肖俊认为："体育生活化是体育行为融入人生活世界而形成体育生活习惯及其过程。"④ 裴立新指出："体育生活化是要使人们自觉自愿、经常性地参加体育活动的一个过程。"⑤ 这些概念强调了主体自觉自愿让体育成为生活基础组成部分的行为过程。

第二种观点认为，体育生活化是生活方式。学者们从生活方式的角度提出，"体育要成为一种生活方式"和"作为生活方式的体育存在"。梁利民认为："体育生活化隶属于现代生活方式系统，但有相对独立性，在社会经济和文化等诸方面变化发展影响下，推动传统生活方式的变革。"⑥ 张雄和李振峰认为："体育生活化就是使体育成为一种生活方式，成为一种新的生活方式，成为更为普遍的社会现象，是推动全民健身向更高层次发展的主要方式之一。"⑦⑧ 肖焕禹、熊茂湘等也提出："体育生活化是健康积极的生活方式。"⑨⑩ 裴立新更详细地指出："体育生活化是要将体育

---

① 韩丹：《论体育生活化》，《福建体育科技》1991年第3期，第1~5页。
② 张枝梅、李月华：《构建体育生活化社区评价指标体系理论探析》，《广州体育学院学报》2011年第4期，第17~19页。
③ 王广虎：《"生活世界"与社会体育的生活化》，《成都体育学院学报》2000年第4期。
④ 肖俊：《高校公体课有效促进大学生体育生活化研究》，《中国商界》2011年9期，第169页。
⑤ 裴立新：《现阶段我国居民生活质量状况与"体育生活化"可行性分析研究》，《体育与科学》，1999年第1期，第4~6页。
⑥ 梁利民：《我国体育生活化探索》，北京体育大学出版社，2006，第6页。
⑦ 张雄：《关于我国体育生活化实现条件的初步探讨》，重庆大学硕士学位论文，2007，第17~17页。
⑧ 李振峰：《论和谐社会视域下体育生活化的发展》，《山东体育科技》2009年第4期，第35~37页。
⑨ 肖焕禹、陈玉忠：《体育生活化的内涵、特征及其实现路径》，《体育科研》2006年第4期，第8~10页。
⑩ 熊茂湘、刘玉江、周特跃：《论体育生活化的实现及其实现环境》，《武汉体育学院学报》2003年第5期，第40~42页。

作为个体生活或家庭生活方式的组成部分。"①

我们认为，体育生活方式注重的就是具体的体育行为，如是否参与体育活动，参与什么体育活动，什么时间、地点参与体育活动等问题。两种看似不同的观点都为不断完善体育生活化理论研究做出了贡献，但也存有缺陷。

2. 已有概念的"种差"和"属"概念的偏差

从已有研究中归纳提取出体育生活化的邻近属概念，有五种表述，即"行为""体育行为""日常行为""生活方式""生活习惯"。根据语词含义的相近性，将上述五种表述划分为两类：一类是行为、体育行为和日常行为；另一类是生活方式和生活习惯。再分析这两类不同的概念。第一，关于行为、体育行为和日常行为，如果仅从这三个概念来看，行为概念的外延大于体育行为和日常行为的外延，且三个概念的含义不同。但如果联系其具体定义来看，体育生活化的限制词"体育"则可以去掉，因为上述相关定义中的"体育观念指导下""体育活动"等表述已经限定了该"行为"性质是"体育"，没必要在定义的最后再重复强调。因此，这里的"行为"与"体育行为"可视为相同概念。第二，关于"生活方式""生活习惯"，因为生活方式本身已经含有生活习惯的意思，所以"生活方式""生活习惯"没有本质的不同。这样，经过归纳分析只剩下了两个概念，即"行为"和"生活方式"。在这种情况下，选择体育生活化属概念的依据应同时满足以下两个条件：其一，与体育生活化概念之间存有属种关系；其二，是体育生活化的邻近属概念。我们认为，"行为"与"生活方式"之间虽然存有属种关系，但"行为"并不是"体育生活化"的邻近属概念，而是其更上位的属概念。具体地说，"生活方式"是"体育行为"这一属概念的种概念。而"化"字被加在名词或形容词的后面，表示转变成某种性质和状态。② 这里被加在生活之后，即表示体育在生活中呈现的性质和状态。生活方式的"方式"即说话做事采取的方法和形式。生活方式即是生活的方法和形式。"方法和形式"不仅包括"性质和状态"形成的过程，也包括形成"性质和状态"的"结果"。"体育生活化"

---

① 裴立新：《现阶段我国居民生活质量状况与"体育生活化"可行性分析研究》，《体育与科学》1999年第1期，第4~6页。
② 倪文杰、张卫国、冀小军主编《现代汉语辞海》，人民中国出版社，1994，第398页。

又是"生活方式"这一属概念的种概念。很明显,生活方式与体育生活化之间不仅存在属种关系,而且是体育生活化的邻近属概念。因此,用"生活方式"作为"体育生活化"的属概念符合逻辑学要求。关于反映体育生活化概念本质属性的种差,从上述的各种观点中可以归纳出以下几个不可或缺的本质属性,即"人人""随时随地""自觉自愿""健康积极""客观地"。也就是说,体育生活化必须以健康积极为目的,是人们随时随地自觉自愿的生活方式。同时,体育生活化的主体不是单个人而是每个人。在确定了体育生活化的属概念和种差后,可以把握体育生活化即生活方式的形成。

显然,体育生活化不能等同于生活方式的形成。因此已有的体育生活化概念存在根本性的问题,不能反映体育生活化的本质。而存在问题的根本原因是这个概念研究存在的困惑。

3. 体育生活化的含义

体育生活化有广义与狭义之分,广义来讲,体育生活化是体育在人们生活中自觉的过程与结果;狭义来讲,体育生活化是体育锻炼行为在人们日常生活中自觉的过程与结果,是人主体性活动的过程与结果。

二 终身体育

20世纪60年代,西方教育界提出了"终身教育"。20世纪70年代,"教育对学生及人的一生来说都是不可缺少的"观点被引入体育领域,终身体育观就此形成。① 从此,终身体育作为终身教育的一个重要组成部分问世了,终身体育成为学校体育改革的基础,终身体育满足国民的各种体育需求。终身体育与终身教育是部分与整体的关系,终身体育自问世就具有强大且旺盛的生命力,不断地用新理论和科学事实充实和丰富自己,进而演变为一个独立且完整的体系。1978年,联合国教科文组织发布的《体育运动国际宪章》明确指出:"体育是全面教育体制内一种必要的终身教育因素,必须由一项全球性的民主化的终身教育制度来保证体育活动与运动实践得以贯彻每个人的一生。"② 这一规定的发布,使得终身体育

---

① 刘伟、李传珠:《终身体育简论》,《青岛大学师范学院学报》2000年第2期,第84~86页。
② 李建国:《论我国体育教学的发展方向》,《中国学校体育》1993年第4期,第59~61页。

的产生与发展有了明确的方向。保罗·朗格朗表明："我们更好地把体育运动和整体的终身教育结合起来，把它从单纯的肌肉作用和与文化隔离的状况中解放出来，把它与道德的、智力的、社交的、艺术的和公民活动等紧密结合起来。"① 这一论述表明终身体育不仅是终身教育的一个不可或缺的组成部分，而且终身体育孕育在终身教育之中，在终身教育中占有非常重要的地位，它的发展与终身教育的发展息息相关。

终身体育产生于人们追求健康长寿、提高生活质量的主体需要。社会经济的发展和人们生活观念的更新是终身体育产生的深层次的原因。终身体育的提出，反映出这样一种内在的逻辑关系：现代社会"文明病"的危害，闲暇时间的增多，生活水平的逐渐提高，大众媒介的体育宣传、体育科学知识的推广，等等，使得人们有越来越多的机会参加各种各样的体育活动。人们开始不只是满足于学校的体育生活，更需要终身进行体育活动。在这种前提下人们产生了一生进行体育活动的主体需要，人们的生活更需要关于体育的内容。人们不再把物质享受作为第一选择，而是把健康、快乐生活作为一生追求的目标。在这种条件下，体育也日益走向社会化和生活化，并成为人类生活的重要内容和组成部分。

终身体育有五种概念。第一种，体育贯穿人的一生，是终身体育的核心内容。② 第二种，终身体育是指人在学校期间接受体育能够锻炼身体的意识、接受体育教育、参加体育锻炼，从而增进健康、增强体质，在此期间，养成良好的锻炼习惯并掌握一定的体育知识和技能，同时还能够始终坚持学习体育知识，以便未来仍能运用学校体育传播的观念和意识、传授的体育知识和技能，指导一生进行体育锻炼。第三种，无论人是接受还是不接受体育教育，一生都能自觉进行体育锻炼，终身体育强调人在体育锻炼中终身都保持自觉自学、自我评价和调控。第四种，终身体育是有益于个人和社会的一种健康的生活方式，是对人整个一生都有用的。第五种，终身体育是让人学会某种体育专长，并运用它锻炼身体。③

---

① 转引自樊临虎、刘新明《终身体育与未来学校体育的展望》，《西安体育学院学报》1996年第2期，第15页。
② 王则珊：《学校体育应奠定学生终身体育的基础》，《学校体育》1987年第1期，第46页。
③ 陈琦：《从终身体育思想审视我国学校体育的改革与发展》，北京体育大学博士学位论文，2002，第18页。

终身体育具有代表性的定义是,"终身体育是指一个人终身主动接受体育指导、体育教育,参加体育活动"。终身体育要求受教育者不仅在学校(含学前家庭体育)时接受体育教育、增进健康、增强体质,形成体育学习和锻炼的意识、习惯和能力,而且从学校毕业后仍然能够坚持体育学习和锻炼,并且终身受益。[①] 这个概念从过程的视角,深刻揭示了"终身体育"的本质,表明了学校体育与社会体育不仅仅是相衔接的,且前者对后者具有积极作用。该观点提出了终身体育对学校体育改革的要求。

三 体育生活方式

国外早有关于体育生活方式概念的研究,国外学者大多用身体活动生活方式(Physical Activity Lifestyle)的概念来表述我们所说的体育生活方式。国内学者大多使用 Sports Lifestyle 来表述体育生活方式。比较有代表性的是苗大培。他认为:"体育生活方式是在一定社会条件制约下,个人、群体或全体成员为一定价值观所指导的、满足多层次需要的、全部体育活动的稳定形式和行为特征。"[②] 归纳已有概念得出:广义体育生活方式指人们在一定的社会条件制约和一定的价值观指导下形成的满足自身需要的体育活动的特征及其表现形式。狭义的体育生活方式是指人们的日常体育实践行为特征及其表现形式。体育生活方式涵盖身体活动的频率、强度、持续时间和类型等的具体呈现。

四 体育生活化、终身体育与体育生活方式概念辨析

1. 体育生活化与终身体育

体育生活化与终身体育之间既有明显的联系也有显著的区别。联系在于,都要求个体从出生到死亡的过程当中进行不间断的体育活动,都强调个体自觉积极地进行体育活动。终身体育可以通过体育生活化来实现。体育生活化了,终身体育自然实现,终身体育蕴含着体育生活化的成分。区别在于,终身体育强调的是个体的终身性,是从时间角度,对体育与生活关系的阐释。而体育生活化不仅强调的是个体终身性,还强调全民性。终

[①] 陈琦:《从终身体育思想审视我国学校体育的改革与发展》,北京体育大学博士学位论文,2002,第18页。
[②] 苗大培:《论体育生活方式》,北京体育大学出版社,2004,第90页。

身体育更侧重学校体育对于个体的教育意义，使得个体能够在离开学校后，进行体育的终身学习。

2. 体育生活化与体育生活方式

体育生活化与体育生活方式之间同样也是既有联系也有区别。联系表现在：体育生活化和体育生活方式都要求体育成为日常生活的一部分，都要求体育在日常生活中成为习惯，都是一种健康生活方式的体现，都阐明了体育与生活的关系。区别表现在：体育生活方式，更侧重于体育的方法和形式，更强调体育主体参与体育具体形式和具体方法的具体呈现，如运动的时间、地点，采用何种运动项目、运动量的大小、运动同伴的选择等。体育生活化是一种体育自觉的过程与结果，更注重自觉的完善状态。另外，体育生活方式在体育生活化概念被明确提出后不久就被提出来，对于体育生活化而言，体育生活方式的提出更实在、更具体、更具可操作性。体育生活化更趋向理想、趋向憧憬。体育生活方式可以在法律条文、规章制度、政策规范的命令、强制、管理条件下形成。例如，在大学校园里，通过对国家法律、政府政策、学校自身规章制度的执行，明确每个大学生一周体育锻炼次数，规定上体育课、早操、晨跑、课外活动等的具体时间和地点，安排具体体育教师，规定大学生进行体育活动的具体方式，甚至规定体育锻炼的强度和量的大小等，形成各个大学自己的体育生活方式的状态。因此，我们可以总结，体育生活方式可以被强制形成。被什么强制呢？被与大学体育相关的法律、法规、文件等强制。而体育生活化是一种自我完善的状态与结果，是发自内心的自觉的状态与结果，是不能被强迫的。也就是说，体育生活方式的形成可以通过"强制体育"来实现，而这个"强制"形成的体育生活方式有可能成为体育生活化的必经阶段，体育生活化恰恰是这种强制生活方式的终极目标，"强制"最终是为了"自觉"。但是这种"强制体育"在大学里是否能够最终实现"体育自觉"，是很有争议的。

第二节　大学生体育生活化的内涵与本质

一　体育生活化的内涵

我们研究体育生活化概念的内涵，首先要弄清楚这一概念的要素，即

"目的"、"方式"和"属"。而要厘清"目的"、"方式"和"属",必须弄清楚体育生活化概念的"客体对象"、"本质属性"和"思维方式"。解决这个问题又必须界定清楚体育生活化中的三个核心词语:"体育"、"生活"和"化"。

1. "体育生活化"中的"体育"、"生活"和"化"

首先,我们必须弄清楚体育生活化中的"体育"是体育的某一部分还是全部。陆作生认为,要从体育整体着眼,确立一个新的体育的概念,即"体育就是更好地实现运动价值,而不断提高或展现运动水平的文化活动"。这里用了"运动",运动与身体活动、与体育看似有着明显的区别,但它们都属于"大体育"的范畴。本研究界定的"体育"即是"大体育",是体育的全部。因为体育生活化中的体育是不拘泥于形式的。

其次,要明确概念中的"生活"指什么,是生活的部分还是全部,如果是一部分,又是哪部分?胡塞尔在整治科学危机的过程中提出,从理想的科学世界回归前科学的生活世界。科学世界是生活世界一个凸显的部分。有的学者在其研究中把生活世界分为日常生活世界和非日常生活世界,而科学世界属于非日常生活世界的范畴。① 体育生活化概念中的"生活",是指大生活概念,既包括日常生活,也包括科学世界在内的非日常生活世界。"人的日常生活"泛指人的日常饮食、起居、学习或工作方面的情况。"非日常生活活动是同社会整体或人的类存在相关,它旨在维持社会再生产或类的再生产的各种活动的总称。"② 张枝梅等认为,体育生活化要求体育活动渗透到人们日常生活之中,与人们生活紧密结合,成为日常生活中衣、食、住、行四大要素一样重要的第五大生活基本要素。③ 在后现代,体育并不能脱离非生活世界而存在,本研究认为,体育生活化中的生活也是大生活的概念,是体育在生活世界和非生活世界之中的融合。

而体育生活化与生活方式的根本区别就在于"化"字。"化"意味着"成为",意味着"变成",意味着"成为"的"过程"和"变成"的

---

① 衣俊卿:《回归生活世界的文化哲学》,黑龙江人民出版社,2000,第193~194页。
② 衣俊卿:《回归生活世界的文化哲学》,黑龙江人民出版社,2000,第191页。
③ 张枝梅、李月华:《构建体育生活化社区评价指标体系理论探析》,《广州体育学院学报》2011年第4期,第17~19页。

"结果"。在体育生活化这个概念中,我们要研究的"化"是从"被"体育变成体育"自觉"的过程和结果,或者是其中某一状态,凸显后现代体育的人本性。因此,体育生活化是"大体育"与"大生活"的融合,"化"是从不自觉到自觉的过程与结果。

2. 诠释"体育生活化"的"目的"、"方式"和"属"

体育生活化研究的是体育与生活以及体育与人的关系演变过程。体育由原始游戏的目的性、现代文明下的手段性,开始向体育的手段性和目的性融合转变。体育由原始人本性,到陷入工具主义,开始向后现代的工具性与人本性融合转变。

体育生活化的方式需要关注的是"随时随地""自觉自愿""融入渗透"。"随时随地"说明体育生活化的"不拘泥、不局限";"自觉自愿"体现了"不被动、不强迫";"融入渗透"展现了"不片面、不遗漏"。

体育生活化的"属"自然是与"化"字有关,它既是过程也是结果,更是一种状态。"过程"本身由一个个状态构成,"结果"本身就是一种状态,状态是静态的,而过程则是动态的。因而,体育生活化是过程和结果的统一,也是静态表现和动态发展的统一。

二 体育生活化的本质

通过对前人研究成果的梳理,笔者再次归纳总结出两种主要观点:第一种观点认为,体育生活化是体育惯习与行为的养成,是人人主观自愿、随时随地都在健身。第二种观点认为,体育生活化是生活方式。笔者仔细分析了两种认知存在的问题。本研究认为,体育生活化的本质既是体育向生活的回归,即体育运动实践在社会发展过程中向生活的回归,又是体育与日常生活的融合,还是体育自觉的过程和结果。

1. 体育生活化是体育向生活的回归

回归意味着靠向蕴含生成性思维的现实的"生活世界",回归要立足于现实世界的生成性思维的总体特征。"回归"意味着体育向生活实践的靠近,意味着从"科学活动"、"知识活动"和"理论活动"向"实践生活"的回归,学校体育则务必摒弃"工具至上"和"技术至上"的科学主义指导下的体育技术观。体育源于生活,要以生活作为其出发点和归宿。体育之本质离不开生活,是生活孕育了体育。从发生学的角度讲,体育原本是生活的一部分。生活是体育的基础和本源。生活与体育似乎是孪生姐妹：生活是人类存在之形式，有人类即有了体育。原始人依靠生存本能与自然界抗衡，他们表现出来的嬉戏，是近乎动物的快感的体现，而恰是这些，为近现代体育的产生和发展准备了基本的运动形态和必要的活动素材。20世纪以来，随着科学技术的进步和社会生活信息化的发展，体育逐渐与生活脱离，丧失了其原有的生命力。当代体育只有从"工具体育""手段体育""功利体育"回归到丰富多彩的现实生活中去，才能重新恢复其生命力。体育必须将生活实践和生活世界视为奠基性的、根本性的根基，向生活实践回归，这就是体育生活化。

2. 体育生活化是体育与生活的融合

体育生活化要求体育以"融入"的方式回归到人们的生活中去，成为日常生活的一部分，它强调的是"融入"和"渗透"。一切行为的发生都是人内心世界的外部呈现，体育生活化的更为直接的问题是：人们是否参与体育活动，人们参与体育活动的具体内容是什么，人们什么时间、什么地点、和谁一起参与体育活动。体育生活化虽然最终要注重外部表现，但不能忽视体育意识、体育精神、体育类型、体育设施等。绝大多数学者都是在常识语境下解读"体育生活化"的，这是必要的和重要的，但是我们需要从更多语境下来考察体育生活化，如政治语境、经济语境、哲学语境等。因为体育生活化研究内容更侧重于体育如何融入人们的日常生活，体育活动怎样变成人们日常自觉自愿的行为，体育意识、体育精神如何渗透人们的生活而且潜移默化地影响着人们的生活态度等问题。

3. 体育生活化是体育自觉的过程与结果

自觉是指人们走出习惯和想当然的状态，形成自知、自决、自主的精神状态并持续强化、体验和反省这种状态，并在此基础上产生决断和毅然决然的行动。[①] "自觉"是人类逐渐改善客观条件，加深对万物的认识，无限接近事物本质和客观规律的过程。[②] 毛泽东在《体育之研究》中说："欲图体育之有效，非动其主观，促其对于体育之自觉不可。苟自觉矣，则体育之条目，可不言而自知，命中政（致）远之效，亦当不求而自至

[①] 李晓文：《学生自我发展之心理学探究》，教育科学出版社，2001，第5页。
[②] 时海芳：《试论我国体育从"自为"走向"自觉"的发展趋势——把握体育本质推动我国体育走向自觉发展之路的哲学思考》，广西师范大学硕士学位论文，2008，第6页。

矣。""凡事皆宜有恒,运动亦然。"① 自觉的内涵是贵在体育主体自觉自愿的坚持科学的体育锻炼方式,从而养成良好的体育行为习惯。而体育生活化的过程不仅仅是个人和社会对体育的认识达到工具理性与目的理性统一的过程,还是社会的体育需要与个人对体育的自由追求的和谐统一的过程。在这个过程中,人们能够正确地认识并按照体育发展的客观规律自觉地进行体育活动。因此,体育生活化是体育自觉的过程与结果。

三 大学生体育生活化的概念与内涵

体育生活化与大学生体育生活化是一般与特殊、共性与特性的关系。在研究体育生活化本质、内涵和特征的基础上,本书再对大学生体育生活化的概念、特征和价值进行研究。

1. 大学生体育生活化的概念

要对大学生体育生活化进行界定,就要回答"大学生体育生活化的目的是什么"、"大学生体育生活化的客观对象是什么"和"大学生体育生活化的属是什么"三个问题。大学生体育生活化的目的,当然是要实现追求运动的本真价值,促进大学生能力的全域发展。大学生体育生活化的客观对象是终身体育意识、行为习惯和大学生健康体育生活方式,是要在大学内部通过一定的教育方式,使大学生在校园里形成科学的体育生活方式,并将终身体育意识转化为生活理念,养成体育行为习惯,实现体育自觉。最后是大学生体育生活化概念的属的问题,大学生体育生活化是一个教育问题,也是一个管理问题,而教育问题和管理问题也属于大文化的范畴。因此,本研究认为,广义的大学生体育生活化是体育在大学生生活中自觉的过程和结果,也是大学生主体性活动的过程与结果。狭义的大学生体育生活化是体育锻炼行为在大学生日常生活中自觉的过程与结果。

2. 大学生体育生活化的内涵

第一,大学体育以"生活"为价值取向。

大学生体育生活化强调的是,要使体育活动方式、体育基本知识和理念、体育价值为大学生所喜爱、所了解、所认同、所掌握、所运用,并自觉地融入学习和生活,成为大学生的体育行为指南。特别是在大学体育困

---

① 毛泽东:《体育之研究》,《新青年》1917 年 4 月 1 日第三卷第二号。

境的现实下，必须使体育价值内化为大学生所固有的价值观念，使体育锻炼成为当代大学生的日常生活方式，使体育行为成为主体的自觉行为。因为体育生活化始终关注的是大学生的精神需求和生活需求，为大学生思考生命的意义和价值，选择科学理性的体育观、生命观和体育价值观提供基本的参照系数和平台，其最终目的就是通过体育意识和体育精神的传播，培养人、塑造人，启发人们作为历史主体的自觉意识，自觉地进行体育行为，从而使体育融入自己的日常生活。因此大学生体育生活化要做到以下两点。

一是大学体育生活化要求大学体育去课程化。提及大学体育，大家立刻想到的就是体育课程，那是因为在许多大学生的意识里，大学体育就是大学体育课。而细细揣度，大学体育所包含的内容远远不止体育课这么单薄。体育课程主要是为学生提供与生活相关的实现运动价值的知识及技能，体育课程自然有其重要的作用和意义，但是并不是大学体育的全部。要实现大学生体育生活化，就不能把大学体育课程化，更多地应该关注课程以外，做到课外有体育。

二是大学体育生活化要求大学体育去专业化。目前在大学里，只有少数特招的高水平运动员和体育专业的大学生不用上大学体育课程，他们把体育与学习生活融合在一起，学习就是生活，学习就是体育，生活就是体育。而大学生普遍认为体育课程与高水平运动员、体育专业的大学生有关，而体育活动与他们自身无关，与他们的学习不相干，因为这不是他们的专业，他们在各方压力下无力也无心进行体育活动；与他们的生活也无关，因为即使不锻炼，他们的身体素质也是人生的巅峰时段。他们认为体育是体育专业学生和运动员的事，比赛是运动员的事，体育学习是体育专业学生的事。在这样的认知和现实下，大学生体育生活化是遥不可及的。大学体育只有摆脱专业化，普及体育知识和体育技战术，渗透体育意识，才能够推进大学生体育生活化的进程。

第二，大学体育以"大学生"为本。

大学生体育生活化主张学生体育情感、认知、理智、情绪和行为的统一，强调"大学生"是"主体"，以"大学生的能力的全域发展"为目的。因此，除了智力以外，情绪、态度、价值均是大学体育教育应当关注的重要领域。大学生体育生活化要求按照"人本主义"教育理念，使体育教学的理论和实践与大学生的生活实际、心理需求结合起来。

一是大学生体育生活化要求大学体育去商业化。大学体育本身是非营利性的。大学体育商业化表现在体育比赛、体育场馆的商业化，甚至是体育课程和课外体育活动的商业化。大学生体育生活化要求大学体育去商业化，一切以学生的需要为出发点，而不是以盈利为旨归。特别是对于家庭条件较差的学生，不能剥夺大学生在大学期间应该享有的体育权利。张发强认为："在社会主义市场经济条件下，我国的体育事业应当是具有产业性的社会主义公益事业。其中，体育工作的基本点和立足点是体育事业的公益性。"[1] 韩丹说："体育具有公益性是可以的，但更准确地说应当是具有准公益性。"[2] 这里指的是一般意义上的体育。而大学是公益性教育机构，大学体育则必须去商业化，大学的体育设施应该为大学中的所有人提供服务。

二是大学生体育生活化要求大学体育去工具化。当下，大学体育无形中成了工具，而不是以学生为中心。学校为了拿到好的名次，为了出名，对学生运动员加强训练，甚至进行全天候的训练。学校内部各种比赛也注重成绩，忽视比赛本身的育人价值，普通大学生则把体育作为修学分的工具。因此只有去工具化，真正体现体育本真价值，才能实现大学生体育生活化。

大学生体育生活化要求大学体育弘扬体育的价值理性。"价值理性"最早出现在马克斯·韦伯的著作中。有学者认为，价值理性是人对于价值理性认识的范式建构及其自觉追求，以人类为本位，以福利为目标和以善美为旨归，人的本性、合目的性以及现实批判性、历史超越性和行动导向性是其最主要特征。"价值理性"不仅是一种以主体为中心的理性，而且是一种目的理性、信仰理性、建构理性和批判理性。该理性是一种"非自我利益的理性"，即人们把自己的认识能力和知识用于追求终极的价值目标，它同宗教、道德、审美价值有关。价值理性主要回答人类世界"应当是什么""怎样才更好"的问题，它是要给世界一种善和美的价值引导。

价值理性的终极指向是人本身。体育应有的价值理性不仅表现为收益最大化，还表现为体育方式的合理性，如公平地分配多种体育成果、体育效益

---

[1] 张发强：《"鱼形图"和"网络化"——对体育工作的一点认识》，《体育文化导刊》2002年第3期，第4~6页。

[2] 韩丹：《辨析中国体育的性质》，《体育与科学》2003年第2期，第1~4页。

综合化等。大学体育的"价值理性"为大学生遵循体育之精神内涵,主要表现为,是否实现了体育讲求的"健康人生""健康向上"的精神;是否实现了体育讲求的公平竞争、团队合作等行为品质;是否实现了最大限度地激发大学生的潜能以争取健康自由的心理状态的精神内涵,促进大学生的全面发展,改变其命运;是否实现了体育执着追求的勇气、耐力、意志力等。体育的价值理性超出了体育运动本身,它内化为大学生心中的一种信念和追求。它的重点不是看所选择体育行为的结果,而是追求大学生人格的不断完善。

第三节 大学生体育生活化的特征

一 体育生活化的特征

体育生活化是体育锻炼行为在人们日常生活中自觉的过程与结果,是人主体性活动的过程与结果。它要求体育要与日常生活相融合,体育价值观念要多元化,要自觉自主地参与体育,要每天参与体育活动。

(1) 体育与日常生活的相融性

体育与日常生活的相融性,是指人们的体育行为形成并融入日常生活,成为他们生活方式的有机组成部分,成为生活中不可缺少的重要内容。体育锻炼行为和体育观赏行为与个体生活相融合,体育消费行为成为个体日常消费的构成部分等。

(2) 体育价值观念的多元性

体育价值观念是人们对体育这一客观存在的社会现象感觉、思维、评价、判断的综合体现。[①] 它直接影响人们对体育的态度和情感,从而影响人的体育行为。现今的人们对物质需求和文化需求空前增长,并呈现多元性。作为体育生活化所要求的体育活动,由于存在体育兴趣等主观条件和体育外部客观条件的差异,人们的体育价值观念表现出"强身健心"、"休闲娱乐"、"社会交往"和"现实目标"等多元化的特征。

(3) 体育参与的自主性

体育生活化要求个体对体育有一个全面且科学客观的认知,形成积极

---

① 李德顺:《价值论》,中国人民大学出版社,1987,第108页。

的、科学的体育价值观念,这种体育价值观念使得个体发生相应科学积极的体育锻炼行为。个体正确体育价值观念的形成是人们自觉完善体育行为的动力,也是让体育锻炼成为人们生活必需的前提,也就是让个体体育锻炼具有自主性的动力。

(4) 体育活动的日常性

体育生活化要求体育活动成为人们的一种日常性的生活行为,因为体育众多功能、直接价值和潜在价值的实现不是一蹴而就的,是需要一段时间,需要一个过程的。不仅维护和提高健康是一个缓慢积累的生理生化过程,体育的其他功能的实现(例如心理健康)同样都是一个个的适应过程。这里的日常性可以理解为跟穿衣和吃饭一样的日常行为,但是也如同可以因为特殊原因而不吃饭和不穿衣一样不进行体育锻炼,并不是绝对的每一天,而是相对的经常发生。因此,体育锻炼的日常性是体育生活化的重要特征之一。

(5) 体育参与的多样性

体育生活化允许个体根据自己的兴趣和需求选择参与体育活动的形式和内容,特别是在新兴体育项目不断出现,体育运动项目多种多样的今天,个体可以通过自主选择各种体育活动形式去丰富生活、促进健康、提高生活质量。

二 大学生体育生活化的根本特征

大学生体育生活化是体育生活化的重要组成部分,具有体育生活化的特征,也因为大学生的特殊性,而具有大学生体育自身的特征。

(1) 大学生体育活动的时常性

大学生体育活动的时常性是体育成为大学生的一种日常性的生活行为。如前所述,体育众多功能在大学生身上的实现是需要一段时间、需要一个过程的。日常性表现为体育行为在大学生生活中经常性地发生,如同吃饭、睡觉一样是大学生日常生活中必不可少的一个环节。

(2) 大学生体育参与的多样性和自主性

大学生发自内心的自觉,不受各种外在客观条件的限制,不被各种外在因素制约,体育运动成为大学生发自内心的愿望,是他们现实生活的需要。大学生能够自主选择体育锻炼的时间、地点、内容及形式,可以自主选择体育锻炼的伙伴,根据需要及时得到科学的体育指导等。

(3) 大学生体育价值观念的多元性

体育价值观念直接影响大学生对体育的态度和情感,并进而影响大学生的体育行为。由于当今物质需求和文化需求呈现多元性,大学生体育兴趣的多样化、体育条件的差异性,大学生的体育价值观念也呈现多元性特征,如对个体劳动、娱乐、健康和生命的个体人本价值,对体育生活化的社会发展价值和学科发展价值的认识,等等,往往呈现较大的差异。

(4) 体育与大学生生活的融合性

大学生的体育行为形成并融入大学生的学习和生活中,体育成为大学生学习和生活中不可缺少的内容。体育与生活相融合,不仅包括大学生体育学习活动、体育比赛活动和体育锻炼活动与大学生日常生活相融合,还包括大学生体育观赏行为、体育消费行为等与大学生日常生活相融合。

第四节 大学生体育生活化的发展历程

一 体育生活化的历史嬗变

自1991年韩丹明确提出体育生活化概念以来,体育生活化引起了学界的关注。但是目前关于体育生活化的研究存在如下问题。其一,不能清晰界定体育生活化中"体育"之所指。王广虎和张枝梅、李月华认为,体育生活化中的"体育"是体育健身活动。[①②] 孙燕含糊地说体育生活化中的"体育"即体育。[③] 刘建华认为,"看体育""侃体育""听体育"等都是体育生活对象。[④] 卢元镇认为,"体育生活化中'体育'是体育行为"。[⑤] 王凯珍等认为,"体育生活化是社会体育发展追求的目标,是社会

---

① 王广虎:《"生活世界"与社会体育的生活化》,《成都体育学院学报》2000年第4期,第1~4页。
② 张枝梅、李月华:《构建体育生活化社区评价指标体系理论探析》,《广州体育学院学报》2011年第4期,第17~19页。
③ 孙燕:《对体育生活化的思考》,《解放军体育学院学报》2004年第4期,第24~26页。
④ 刘建华:《大众体育的理性回归——体育生活化》,《解放军体育学院学报》2004年第4期,第27~28页。
⑤ 卢元镇:《中国体育社会学评说》,北京体育大学出版社,2003,第323页。

体育发展的趋势"。其二，不能明确体育生活化中"化"什么，怎么"化"的问题。① 卢元镇说："体育生活化就是把体育健身活动渗透到老百姓日常的生活当中。"② 姚大为强调："体育生活化使体育进入家庭，运动成为现代生活的内容；运动成为现代家庭的中心活动；运动成为一种权利。"③ 肖俊认为："体育生活化是体育行为融入人的生活世界而形成体育生活习惯及其过程。"④ 上文中提到的"进入"、"融入"、"渗透"和"成为"可以作为一种"化"的方式，但具体是什么却不得而知。为此，本书将从体育生活化的演变历程和对我国的启示两个层面展开研究，以弥补体育生活化现有研究的不足，并试图发现体育生活化研究的误区。

本书理解的"体育生活化"，关注的是体育锻炼娱乐行为与人的日常生活的关系。有学者指出："体育根源于人的本质，体育的本质在于人类的自我创造。""从体育的本质来看，体育之所以存在，最根本的前提是对人的肯定，是追求人的价值和人的权利的过程。"胡塞尔说："生活世界是永远事先安排好的，永远事先存在的世界。"⑤ 因此，体育自始至终都是人的日常生活的一部分，作为日常生活一部分的体育和日常生活一起构成人的根本内容。只是随着人类的进步，体育的内容、形式、意义等有了很大的变化；随着社会的发展，日常生活的内容、形式、意义也发生了翻天覆地的变化。要厘清体育生活化的问题，我们必须在弄清楚体育的嬗变过程和日常生活的嬗变过程的基础上，揭示体育与大众日常生活的关系。因为体育生活化的历程就是体育与大众日常生活关系的演变的过程。体育从目的性到手段性再到向目的性回归的演变，体育从原始人本主义到工具体育再到人本主义回归的演变过程，就是体育与人的日常生活关系的演变过程，这也就是体育生活化的演变过程。

哲学家把人类历史分为三个阶段：前现代、现代和后现代。体育嬗变的过程包括三个阶段：体育萌芽时期、体育的原生时期、体育的发展时

---

① 王凯珍、李相如：《社区体育指导》，广西师范大学出版社，2005，第36页。
② 卢元镇：《体育的本质属于生活》，《体育科研》2006年第4期，第1~3页。
③ 姚大为：《体育生活化对未来社会和人的影响》，《体育文化导刊》2002年第1期，第63~64页。
④ 肖俊：《高校公体课有效促进大学生体育生活化研究》，《中国商界》2011年第9期，第169页。
⑤ 倪梁康选编《胡塞尔选集》，上海三联书店，1997，第1087~1088页。

期。日常生活的演变过程也包含三个阶段：原始日常生活、传统日常生活和现代日常生活。本研究结合上述与体育生活化相关的人类历史、体育嬗变和日常生活演变的过程，从体育生活化萌芽、体育生活化发展、体育本真价值的遮蔽和体育生活化回归四个阶段来对体育与人的日常生活关系进行学理梳理，在此基础上，研究整个体育生活化的演变过程，如图1-1所示。在日常生活演变的基础上，笔者试图对各个阶段体育活动是以人为本还是以其他为本、体育是手段性的还是目的性的等问题进行解答，从而破解体育生活化的变化规律及内在特点。

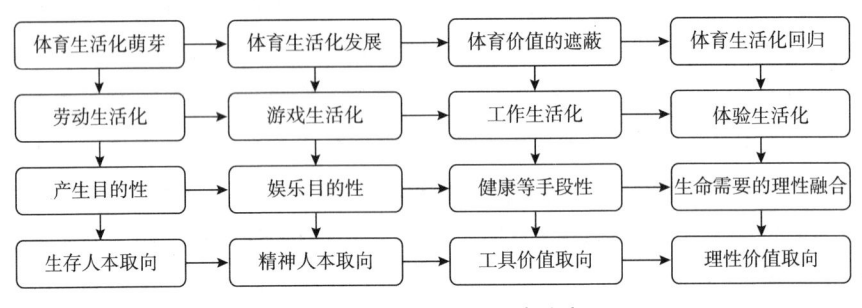

体育生活化萌芽	体育生活化发展	体育价值的遮蔽	体育生活化回归
劳动生活化	游戏生活化	工作生活化	体验生活化
产生目的性	娱乐目的性	健康等手段性	生命需要的理性融合
生存人本取向	精神人本取向	工具价值取向	理性价值取向

图1-1 体育生活化历史演变

（一）体育生活化的萌芽

学者们普遍认为，体育生活化是最近才被学界关注的新的理念，是在人类发展到今天这个物质文明的状态下才孕育而生的。事实上，体育生活化可以追溯到初民时期。马克思说："为了在对自身生活有用的形式上占有自然物质，人就使他身上的自然力——臂和腿、头和手运动起来。当他通过这种运动作用于他身外的自然界并改造自然时，也就同时改变他自身的自然。"[①] "由于劳动要求实际动手和自由活动，就象在农业中那样，这个过程同时就是身体锻炼。"[②] 初民时期，虽然还没有可以称得上真正意义上的"体育"，但是作为现代"体育"起源的各种身体活动，走、跑、跳跃、攀登、爬越、掷远、射箭及游水操船等技能，在猎兽、捕鱼和采果等向大自然求生存和生活过程中早已出现了。"在原始社会的初期至中期，体育主要体现为与劳动结伴而生，交臂而行，其职能体现在人类的生存与

---

① 《马克思恩格斯全集》第23卷，人民出版社，1972，第202页。
② 《马克思恩格斯全集》第46卷下册，人民出版社，1980，第226页。

生产上。"[①] 而这一时期的身体活动完全是目的性的身体活动，这是相对于运动手段论而言的。可以说，尽管初民时期的"体育"还不能称为真正的体育，只是为了生存和生活的身体活动，也尽管当时人们或多或少地被生计所迫从事身体活动，但从这些融入生产和生活过程中的身体活动，我们已经发现了"体育"生活化的萌芽，即劳动生活化。

通过对初民时期体育与生活世界的天然联系的分析，我们可以得出以下观点：第一，人类原始日常生活覆盖了他们的全部活动，他们的全部精力投入衣食住行等带有强烈自然色彩的日常生活，日常生活成为人类社会的原生态。整个原始社会就是一个日常生活世界，日常生活位于历史舞台的中心，有其自在性和自发性。因而，初民时期的一切活动都是与日常生活相融合的，当然也包括作为原始体育雏形的身体活动，它也是与日常生活相互渗透，相互融合的。体育与生活世界合二为一，使得初民时期基本的生产劳动和社会交往既构成了人们的生活世界，也是重要的体育资源和身体活动方式。第二，初民时期的身体活动就是生产和生活活动，最具体育基本特征的走、跑、跳、投、掷、攀、爬等运动形式，就其实质而论，是人类最基本的活动技能和最经常性的生活行为，是原始人生产和生活的重要组成部分。因而在初民时期，身体活动就是人的目的，此时的所谓"体育"是目的性的身体活动，是满足体育生活化对身体活动的要求。第三，人在占有自然资源过程中的身体活动就是初民的原始体育活动，尽管是被生存和生活所迫，但这种身体活动完全是一种自觉行为，是发自人内心的自觉自愿。第四，当时的身体活动注重发挥其生存功能，也体现了基于人自身需要这一"人本"价值取向。以上四点正是初民时期体育生活化的内在意蕴，它所包含的要素是劳动，其目的是人的生存，其价值取向是基于生存这一自身需要的人本取向，标志着体育生活化萌芽阶段的出现。

（二）体育生活化的发展

人们在生活资料需要得到基本满足后，娱乐运动也就随之产生。在没有出现"体育"一词的年代，"体育"与"游戏"常是同一概念。贡布里

[①] 查引娟、廖年忠：《体育在社会发展过程中扮演的角色》，《体育学刊》2004年第5期，第33~35页。

希说游戏具有"高度的严肃性"。①黑格尔说,"游戏比正经事更正经"。②其实,游戏本质上是一种人生境界。游戏虽说是非功利的亦非实用的,但它是有其自身目的和意义的,也只有娱乐目的性,体育的游戏性才能得以充分发挥,体育才会在人们日常生活中持之以恒地呈现,体育生活化才有可能。

国外游戏演变的线索,是从英国的"乡村运动"到西欧的"户外运动",到美国的"室外娱乐",再到日本的"快乐体育"。威廉·曼格尔斯在《室外娱乐业》中,列举了马戏班、游乐场、游乐公园、旋转木马、台球室、舞场、射击场、有氧锻炼室、健身房、自动机游乐场、世界博览会等的娱乐项目。③心理学家伍恩德1878年提出了"游戏与娱乐乃是人性的表现",④也就是说,人们通过游戏满足其精神需要,实现其心理愉悦的目的。这种观点引起了社会的普遍重视和相当的关注,对"游戏生活方式"的影响甚大。

中国古代"体育"在内涵与外延上都是十分模糊的。既没有以社会生活门类的形式独立出来,也没有出现专门术语把它概括出来,这样使得现代人很容易认为古代的体育即是娱乐活动。狩猎、宫廷乐舞、民间游戏(古代歌舞、杂技)在帝王贵族中十分盛行。"其民无不吹竽鼓瑟,弹琴击筑,斗鸡走狗,六博蹴鞠者",⑤体育娱乐活动丰富多彩。儒家教育活动中的体育教育、道家为主体的养生活动、士大夫阶层流行的棋类以及投壶、气功、射箭等,即使是与兵家联系很密切的诸如技击、剑术等活动,都表现出浓厚的重道德、重养生、轻竞技的价值取向。

通过上述分析,我们可知:第一,随着私有制、阶级和国家的出现,有了政治、经济、经营管理等各种事务。物质劳动与精神劳动已经开始分工,科学、艺术和哲学等精神领域的生产开始出现。但是,人们的生活仍然在天然共同体中停留在日常生活层面,他们在传统、习惯、风俗、常识、经验、戒律、规则之中,以血缘关系和天然情感为纽带,自发进行着

---

① 贡布里希:Focus on the Arts and Humanties Selected Essays of E. H. Gombrich,转引自《艺术与人文科学文选》,New York:219。
② 黑格尔:《历史哲学》,生活·读书·新知三联书店,1956,第278~288页。
③ 程志理:《余暇运动论》,《成都体育学院学报》1990年第3期,第7~11页。
④ 程志理:《余暇运动论》,《成都体育学院学报》1990年第3期,第7~11页。
⑤ (西汉)司马迁:《史记》,岳麓书社,2002,第419页。

以个体生存和再生产为内容的日常生活。虽然非日常生活世界得到了发展，但是日常生活仍然占据着主导地位。体育以游戏的形式与大众的日常生活相融合。第二，游戏是日常生活的一部分，也可以说当时的体育就是游戏，虽然此时体育在游戏和宗教活动当中活跃，而且体育作为人类抵御疾病、保健强身的功能已初现端倪，但是，人们产生了体育娱乐的需要，这是一种发自内心的参与其中的冲动和欲望及其自觉的行动。人们从事体育活动就是为了游戏本身。以娱乐性为核心，体现了游戏的本真意义，从事游戏活动是因趣而动的。人们有意无意、直接或间接地追求这一目的。第三，古代的体育更多地顾及个体生命，以生命本体为核心，强调人与自然和谐相处。确立了传统体育原生本体的核心点，以人为核心，重视个体修养。这是体育生活化的原始表现。"凡人之性，心和欲得则乐，乐斯动，动斯蹈，蹈斯荡，荡斯歌，歌斯舞。"[①] 所以，古代的体育生活化除了劳动要素外，又新添了游戏要素；游戏目的是娱乐，其价值取向是基于心理愉悦这一精神性需要的人本取向。

（三）体育生活化价值的遮蔽

进入工业文明时代，随着社会的进步和生产的发展，科学技术飞速发展，以自然科学和技术科学为主导的科学世界联姻形而上学，科学形而上学化和形而上学科学化的趋势出现了。以科学世界为核心的非日常生活占了统治地位，日常生活被边缘化了。这种边缘化导致人陷入了生存悖论之中，人几乎成了单纯的经济动物，金钱和财富成为重要的，甚至唯一的价值选择和行为目标。人成了资本和机器的奴隶，资本和机器操纵着人。马克思在《1844年经济学哲学手稿》中指出，这种异化使人从主体变成客体，使人成为劳动的奴隶。这种异化的劳动，是一种压抑、消解和否定人的自觉性、创造性和人的本质力量的，导致异己的和统治人的活动结果的劳动。按照马克思的异化理论，体育异化可以定义为：在一定的社会条件下，体育产生出与自己本体性相敌对的事物，这种事物反过来又占有人、控制人和支配人。体育的异化表现在体育作为手段性的最高阶段——工具性的体育，即体育异化为以身体极限的突破和金钱的刺激为本，代替了人的内在需要。体育生活化进入了衰落时期。

---

① （西汉）刘安：《淮南子》，陈广忠译注，中华书局，2012，第410页。

第一,体育成为工具性体育。体育从初民生产劳动中的身体活动和农业文明娱乐主导的游戏活动演变为具有多种社会功能的工具,成为精神奴役和阶级压迫的政治、竞技、交往等的手段性体育。工业革命发生后,体育的经济功能也凸显出来。体育比赛场成了国家利益、民族精神、功利主义的竞技场,体育成了一种特殊的世界各国之间相互争斗的重要手段。在体育运动中,其表现为为获得最大利益和最终结果而千方百计且不择手段,从而导致体育本真价值和功效的扭曲和遮蔽。人们更多关注体育背后的价值,而不是体育对自身的作用,功利主义、个人至上和各种利益的驱使,使现代体育自身的文化与价值开始缺失和沦丧,潜移默化地沦为政治工具、商业工具、资本工具。体育远离日常生活,工具取向的体育如竞技体育流行之结果,是无法满足人本身对健康的需要的,违背了体育生活化的要求。

第二,体育脱离人本。首先,表现在分化的体育项目片面发展了人的身体。其次,体育把运动技术作为对象、目的,人的身体成为掌握和表现体育的技术工具。竞技体育不再是为了自身身心的健康和精神的满足,而是为了突破人的身体极限,以获得他人的观赏,获得名利和金钱。"人中的体育"走向了"体育中的人",从而形成了"运动技术—人体—运动技术的机械过程,技术可以造福于人,也可以造祸于世"。[①] 从某种程度说,体育"奴役"着人。体育本来目的的失落扭曲了人性,使体育越来越疏远了马克思强调的"人的世界"和"现时的人",远离了人的全面发展。[②] 体育失去了使人身心全面和谐发展、建构健康且完整的心灵以适应社会和自然的本义,反过来却占有和操纵着人。体育偏离了"为人"的轨道,背离了"为人"的宗旨,导致人性的迷失。

第三,体育忽视了大众日常生活。以1896年第1届现代奥运会的举办为标志,体育独立了——也意味着体育与生活世界的分离。从农业文明到工业文明的转型,是人类最深刻的文明转型,在这一深刻转型过程中,人类经历了生活方式的变革。非日常生活领域急剧扩大,日常生活领域急剧减小,

---

① 宋继新:《论厚德博学、育人夺标的教育理念》,《吉林体育学院学报》2003年第1期,第1~3页。
② 吴沛京:《主体性体育教育的意蕴》,见《学校体育研究》,人民体育出版社,2000,第138~142页。

这一变化在给人类发展带来巨大内驱力的同时，也使现代人陷入丧失价值和意义世界的异化状态。与之相应的，体育被置于科学世界而使之成为一种外在于人的知识、技能；被作为提高锻炼效果的一种手段或因素。体育的科学化与功利化，使体育寄居于科学世界，也造成了人们对体育的认识出现了异化，对体育的研究也习惯于向上拔高甚至夸大体育的政治、经济、教育和文化艺术功能，不愿向下去发现和探求体育的日常生活价值。体育游离于体育参与者的生活世界之外，对其精神世界的建设和精神生活的丰富无所裨益。脱离生活世界的体育，必然失去大众的积极支持和热情参与，使人民大众由参与体育的主体蜕变为观赏体育的"客体"。体育异化为工具体育，人的体育异化为体育的人，体育生活化中的"生活"被遮蔽。只有找回人的主体性，异化才会被制止，人的身心健康才可能得以保证。体育生活化既包含"健康"的要素，也切合了人们对"健康"的需求。

（四）体育生活化的回归

早在20世纪30年代，胡塞尔、维特根斯坦、海德格尔、列菲伏尔、科西克和赫勒等人提出"现代性的危机"。这必然导致现代社会的困境和"文明病"。在自然环境恶化、人际关系复杂的情况下，抵御疾病保持健康、保全生命成为人们日常生活的重要组成部分。无论科技怎么先进、无论社会发展走到什么时候，个体生命是有极限的，如何在这短暂或有限的个体生命存在的时间里过上高质量的生活、有尊严地活着，成为人们关心的话题。人们开始思索生命的出路。维特根斯坦用"生活形式"来指认在"人类自然史"中进行的各种活动，即现实生活。他在《数学基础评论》中明确指出："时代的疾病要用改变人类的生活的方式来治愈，哲学问题的疾病要以改变人类的思维方式和生活方式来治愈，而不是某个人发些药物来治愈。"[①] 胡塞尔也提出整治科学危机的思想：从理想的科学世界回归前科学的生活世界。[②] 生活世界分为日常生活世界和非日常生活世界，而科学世界属于非日常生活世界的范畴。[③] 向日常生活回归，是克服现代性困境

---

① 宋继新：《论厚德博学、育人夺标的教育理念》，《吉林体育学院学报》2003年第1期，第1~3页。
② 转引自吴沛京《主体性体育教育的意蕴》，见《学校体育研究》，人民体育出版社，2000，第138~142页。
③ 衣俊卿：《回归生活世界的文化哲学》，黑龙江人民出版社，2000，第193~194页。

的重要途径。

体育作为社会文化的重要组成部分,脱离不了现代化的过程。体育在享受现代文明带来发展的同时,也经历着现代性的困境。思索现代化进程中体育之得失,旨在为现代性困境中的体育寻找一条出路。有人提出了"可持续发展"的理路,但怎样才能够可持续发展?有人提出坚持精神世界的观点,那么怎样坚持精神世界,在精神世界中,以怎样的理念引导人们的体育活动?体育生活化适时地展现在大众的视野中。体育生活化作为一种思想、理念和原则,对体育提出了许多新的要求:第一,体育说到底是一种完全人性化的活动,体育的对象是人,体育的目的是人。离开了作为体育活动主体的人,体育就什么都不是。人的自由充分发展应成为体育的最高准则和终极目标。[①] 体育生活化中的体育必须以人为本,以人的全面发展为出发点和归宿,这是时代发展的总趋势。前现代以自然为本,现代以资本和机器为本,后现代则以知识和信息为本。知识和信息的载体是人,人始终是核心要素。作为人类的主客体相统一的实践活动,体育生活化必须要关注人的存在,重视和尊重人的需要,成为人全面自由发展的现实之基和意义之源。第二,在整个社会越来越关注大众日常生活的宏观背景下,体育作为社会文化的一部分,体育生活化要求体育贯穿每个个体的一生,即形成体育生活方式,并使之成为人类健康、文明、科学生活方式的重要内容。体育生活化要求体育观照日常生活,与日常生活相融合。本研究认为,真正的体育生活化本质上代表着人类科学的生活方式和社会文明的趋向,这是人全面发展的必然,也是社会可持续发展的必然。第三,体育的价值是体育存在的根本。体育的功利性价值和非功利性价值相互依存、相互制约、相互促进,它们共存于体育目标的统一体中,任何将其对立或割裂开来的意图或做法,都有碍于完整体育目标的实现。因此,体育生活化中的"体育"必须是手段性与目的性的理性融合。这正是胡小明教授所说的体育"从生产到生活""从工具到玩具""从群体到个体"的回归。[②] 体育生活化的意义就在于,它使身体运动取得了独立的价值和乐趣。

---

① 埃德蒙德·胡塞尔:《欧洲科学危机和超验现象学》,张庆熊译,上海译文出版社,1988,第60页。

② 胡小明:《新时期体育社会功能的转变——三论体育文化属性的皈依》,《体育文化导刊》2003年第3期,第3~5页。

它尊重人对运动的需求，注重人们自发、自主地从事运动。而这一切又是体验运动中的真正乐趣，从而持之以恒从事体育活动的重要条件。

体育生活化改变体育的工具性特征，更加关注个体的自身感受，更加体现体育文化的本质回归，更加观照个体日常生活和个体主体性。这里的体育不再一味地是经济工具、政治工具和教育工具，还是休闲、娱乐、健康、游戏等的生命的活动。这种生命的活动在日常生活中是自主的、自由的、自娱的、科学的、健康的、文明的。体育生活化表达了体育即生存、体育即娱乐、体育即健康、体育即生命的理念。因而，生命成为体育生活化的重要内在要素，生命即是高质量的、有尊严的活着的问题。所以，理性价值取向成为后现代社会体育的重要取向。

通过上面的分析，我们认为，体育生活化的演变过程是从最初的"劳动"生活化，到基于娱乐的"游戏"生活化，再到体育价值遮蔽阶段的工作生活化，再到体育生活化的回归这几个历史时期。从体育价值的流变来看，经历了从劳动阶段的生产目的性到游戏阶段的娱乐目的性，再演变成手段性体育，最后回归到基于生命需要的体育目的性与手段性的理性融合。或者说：体育由生存人本价值取向发展到精神人本价值取向，到工具价值取向，再到工具体育与人本体育的理性价值融合。体育生活化是人的主体性活动的过程和结果，其基本要素包括生存、娱乐、健康和生命，这些要素是在人类社会发展的不同时期出现的，它们在人的活动即劳动、游戏、（工业生产线上）工作、体验中得以体现。但是前一时期的体育活动并不会因为后一时期体育活动的出现而消失，后一时期体育活动的出现是对前面各个不同时期的体育生活化内涵的进一步充实、完善。这是体育生活化逐渐丰富的螺旋上升的过程，这个过程从简单到复杂、从单调到丰富。因而现今及未来体育生活化始终要关注生存、关注娱乐、关注健康、关注生命，缺一不可。因为他们在大众的日常生活中具有同样的分量。

体育生活化之"化"字，既是一个过程，也是一个结果，具有状态性，那么，体育生活化中"化"到底是怎样的一个过程与结果呢？学者们提出了各种途径，这在前面已有论及，在此不再赘述。本研究认为，要真正实现体育生活化，必须从根本上关注大众生存、关注大众娱乐、关注大众健康、关注大众生命，只有这样才能激发大众的主体性，才能促发体育锻炼行为的"自觉"发生与坚持。另外，由于我国东西部差异、城乡差异很大，不同地域、人群日常生活的形式有着很大的区别，不同日常生活形式也影响着大众对体育的认知，影响着体育锻炼行为。因而，必须关注不同形式的日常生活与体育宽泛的内容的结合。

二　我国大学生体育生活化的发展历程

自我国现代大学产生，大学体育就受到关注，也有学者涉足大学体育价值的研究，但是主要集中在大学体育课程价值、大学体育文化价值、大学体育价值体系的研究。对大学体育价值演变历程的研究明显不足。从对已有大学体育价值的认知与实践来看，不同时期对大学体育价值的认知与实践具有不同的特征。通过对过去不同时期特征的梳理和总结，可以透视其未来的发展趋势。总的来看，我国大学体育价值演变可以划分为以下五个时期：健身强国价值萌发期、健身强国价值凸显期、个体人本价值遗失时期、学科发展价值主导时期以及大学体育价值多元化时期。

（一）健身强国价值萌发期（民国时期）

清末民初，国势更加衰微，国民体质孱弱。基于此，"清政府于1903年颁布《癸卯学制》取代1902年颁布的《壬寅学制》，也就是《奏定学堂章程》，决定在各级学校（尤其是高等学堂）开设正式体操科"。[①] 1912年2月，蔡元培被任命为中华民国的首任教育总长。1912年9月，教育部颁布了《学校系统令》，次年又公布了各种学校令，即"壬子癸丑学制"，在各类学校中都设置了体操科目，其宗旨为："使身体各部分平均发育，强健体质，活泼精神，兼养成守纪律尚协同的习惯"，并要求体育场地"除非常突变外，不得作为他用"。[②]

被誉为"体育校长"的张伯苓认为，近代中华民族之大病有"愚、弱、贫、散、私"五端，其中"弱、散、私"三病均可通过体育来根治。他进一步预言："奥运举办之日，就是我中华腾飞之时。"基于强身、强国的思想，早在20世纪20年代，张伯苓就把奥林匹克教育列入学校课程。他提出，教育尤在造成完全人格，德、智、体三育并进而不偏废。学校体育不仅在技术之专长，尤重体德之兼进，体与育并重。

[①] 赖天德、于述平：《中国学校体育指导思想百年演进给我们的启示》，《中国学校体育》2003年第3期，第59页。

[②] 谭华：《体育史》，高等教育出版社，2005，第264页。

1929年10月印行的《天津私立南开中学一览》中"体育学科"教学大纲的"高级中学"部分，就明确规定要讲授"西洋体育史纲要"和"世界，远东，全国，华北运动会之历史及组织法"。张伯苓提出："教育里没有了体育，教育就不完全。"张伯苓极为关注学生的体育锻炼，要求学生进行各项体育锻炼。当时没有体育设施，他自创跳高设施，让学生学跳高。他强调："南开学生的体质，决不能像现在一般人那样虚弱，要健壮起来。"因此，南开各年级每周都有两个小时以上的体育课。张伯苓言传身教，经常与学生一起踢足球，经常亲自带领学生参加比赛。早在1908年，南开大学就举办了第一届全校运动会。此后，几乎每年南开都要举办运动会。南开还注重与京津许多高校进行体育交流，如每年春秋两季轮流在清华和南开举行两校篮球赛和足球赛，是当时一项极有社会影响的传统赛事。而张伯苓、马约翰两位体育名人亲自带队，成为当时学界美谈。1932年，张伯苓提出了"智力竞新，强国之鉴"和"强国必先强种，强种必先强身"的重要体育思想。[①]

在《四十年南开学校之回顾》中，张伯苓说，"苓提倡运动目的，不仅在学校而在社会；不仅在少数选手，而在全体学生。学生在校，固应有良好运动习惯；学生出校，亦应能促进社会运动风气"。[②] 从中我们看出张伯苓最可贵的体育思想在于，体育不仅是少数学生运动员的事，也是所有在校学生的事，体育不仅是学校学生的事，更是全体大众的事。特别是他在1932年《体育周报》创刊号上发表了《今后之我国体育》，明确指出了体育的"社会化"和"生活化"问题。

1914年，马约翰到清华任教。他立志要让中国学生甩掉"东亚病夫"的帽子，积极配合学校提倡的强迫运动，要求学生以健身强体兴国为目的，坚持锻炼身体。他严格规定："清华留美预备学校（1911年至1928年）的学生在校8年学习期间，必须通过包括百米跑、铅球、足球、篮球的基本常识等等的'五项测验'指标，——否则不能到海外留学。"[③] 1927年，马约翰在《清华周刊》上撰文，呼吁重视和发展体育，强调健身强国，发挥体育所具有的民族凝聚力和振奋力："国人今日因内乱外交

---

① 储召生：《张伯苓：不懂体育者，不可当校长》，《中国教育报》2014年7月31日，第3版。
② 储召生：《张伯苓：不懂体育者，不可当校长》，《中国教育报》2014年7月31日，第3版。
③ http://www.edu.cn/tsinghua_ sports_ 11438/20110415/t20110415_ 601718.shtml

之迫切，知发展体育之重要者，日渐增多。清华以提倡新知识为己任，安可不审慎观察今日我国体育发展之需要哉？""奖励国民体育，为救国强种之一切根本。"①

1919年4月颁布了1918年召开的第四届全国体育联合会通过的《推广体育计划案》。随即兴起了举办体育师资专科学校以推动体育生活化和社会化的热潮。"尽管当时出现许多如体育专业的课程设置还不规范、不统一，办学经费得不到保证等等的问题，但大都能依照新学制的精神办学，为近代中国培养了一批体育师资和人才"，②这对当时高校体育的发展起到了积极的推动作用，也为我国大学生体育生活化健身强国价值的萌发提供了重要的历史契机。

在"强种"思想指导下，1919年10月，在太原举行的全国教育联合会第五次会议通过了《改进学校体育案》，提出在增加体育经费，注重师范学校教育的同时，更要注重女校教育。③欲提倡体育，尤须注意女子之体育。"欲谋男女体育平均发达，不得不多注意女子体育，此其一。吾国女子缠足之风，流行已数百年之久，女子身体之受摧残也久矣，以行动之不便，未得操练机会，已数十代矣，故欲谋女子身体恢复其祖先强健之状况，不得不多注意女子体育，此其二。"④女子体育通过女校教育、社会教育等多种途径融入了她们的日常生活，这使体育生活化得以在女子教育改革的浪潮里萌芽和发展。"女子对家之责任为治理家事，对国之责任为助长生产，国际间遇有不测之事件发生，助理军事后方之工作，对民族之责任，为生育强健之小国民。此数责任之负担而欲期有贡献于家于国于民族者，端赖体育。"⑤

1929年4月，南京国民政府颁布了《国民体育法》。其中，第一条规定，"中华民国青年男女有受体育之义务"，承认体育是每个人应享有的义务；第六条规定，"高中或高中以上相当之学校，均须以体育为必

---

① 清华大学编辑组编《马约翰纪念文集》，中国文史出版社，1998，第99页。
② 谭华：《体育史》，高等教育出版社，2005，第270~271页。
③ 国家体委体育文史工作委员会编《中国近代体育议决案选编》，人民体育出版社，1990，第9~10页。
④ 吴蕴瑞：《吾国民族复兴中女子体育之重要》，《体育杂志》1935年第1期，第1~2页。
⑤ 吴蕴瑞：《吾国民族复兴中女子体育之重要》，《体育杂志》1935年第1期，第1~2页。

修课"。① 这些都促进了大学体育科的发展。1925年前,燕京大学就已经建立了比清华还要完善的大学体育教育制度,大学体育教育蕴含着其他学科教育难以企及的功能和作用,除增进个体身心健康之外,更重要的是突出其救国强国之价值。1932年,在教育部的组织领导和统筹规划下,"全国体育工作会议"第一次隆重召开,会议讨论并通过了由吴蕴瑞、袁敦礼和郝更生三人齐心合力联合起草的《国民体育实施方案》,普及和推动全民健身体育是《国民体育实施方案》的基本目标。《国民体育实施方案》"可视为民国时期我国体育政策与实施策略的基本方案,包含目标、行政与设施、推行方法、考成方法(考查方法)和分年实施计划等,其范畴涵盖学校体育与社会体育、中央与地方、政府与民间、奖励与督导以及短期与长期计划等等"。②

这时段,国家衰弱的根源归结为国民体质孱弱,寄希望于通过大学体育来强壮大学生身体,以强壮国民体质,从而强大我们的国家。大学体育价值的这一政治取向遮蔽了大学体育生活化的价值取向,突出的是大学体育的社会服务和服务政治的价值。

(二)健身强国价值凸显期(1949~1965)

新中国成立后,体育进入了新的重要发展时期。在继承、发扬革命根据地和解放区的体育传统,接收和改造旧体育的基础上,新中国高校体育服务祖国和服务社会的价值凸显,体育服务社会和国家的自觉性得以提高。1952年11月15日,中央体委(1954年改称为中华人民共和国体育运动委员会,简称国家体委)成立。随后,在教育部、中央体委联合颁布的《学校体育工作暂行规定》中,明确强调并提出了我国大学体育的基本目标:"促进学生身心发展,增强体质,并对学生进行道德品质教育,使他们能很好地完成学习任务,从事社会主义建设和保卫祖国。"同年,毛泽东在中华全国体育总会成立时题词:"发展体育运动,增强人民体质",对推动我国高校体育的建设和发展产生了极大的影响,也为高校体育工作奠定了基本价值导向:为大学生开设体育课,提高大学生的身体素质和健康水平,保证大学阶段的学业得以顺利完成;建立各项体育运动代表队,

---

① 中国历史第二档案馆编《中华民国史档案资料汇编文化(二)》,江苏古籍出版社,1994,第929~930页。
② 《民国时期体育史料选辑》,《江苏体育文史》1991年第3期,第46~54页。

提高运动水平，参加各类比赛，创造优异成绩，带动高校的体育发展。当时，"马约翰提出了体育锻炼遵循循序渐进原则、坚持性原则、安全原则，体育锻炼要有目标、计划和步骤，要依据自身身体条件和健康状况，要全方位的与生活相结合。由于重视体育，清华的每个学生都得益于对体育教育的重视，马约翰也成为清华大学最有资望、最受校友爱戴的师长之一。"① 他在清华大学 50 多年里，积极宣传"积极锻炼身体，争取为祖国健康工作 50 年"，这一口号已成为清华师生积极锻炼身体的动力和目标。中国矿业大学也积极倡导并践行"为祖国煤炭事业工作 50 年"的理念。

1953 年，中央体育学院在中央体委的领导和筹划下，终于成立于北京西郊。接着，1953 年至 1954 年，相继在南昌、西安、沈阳、成都等地区，成立了中南、西北、东北和西南等 6 所具有独立建制性质的体育学院。1953 年起，我国的学校体育开始全面学习苏联的模式，教育部照搬苏联的学校体育教学大纲，并全面批判并摒弃了西方自然主义体育理论，导致"教材内容过多，过于烦琐，有的教材内容机械、刻板，学生没兴趣，它是造成以后学校教育中形式主义的原因之一"。② 它过分关注和强调社会的需要，只是将体育作为一种教育的手段，在体育教育教学实践中就漠视甚至是有意识地忽视大学生个体的真实需要，极大地压抑了大学生的个性发展和主体需求。1956 年，高教部、国家体委、卫生部、团中央，联合公布了新中国成立以来第一个专门针对高校体育制度的文件——《关于加强领导进一步开展一般高等学校体育运动的联合指示》。其中强调各高校要加强重视大学生的体育运动健身和体育教育教学的开展工作，并施行校（院）长负责制。1958 年，毛泽东在视察天津大学时说："高等教育应抓住三样东西：一是党委领导；二是群众路线；三是把教育与生产劳动结合起来。"③ 第三条成为在以后相当长一段时间内高等学校的指导方针。在实行"教育与生产劳动相结合"的旗帜下，大学的师生走出校门，下乡、下厂参加体力劳动，并参加各种社会劳动。

---

① 周学荣：《马约翰体育思想对学校体育改革的启示》，《体育文化导刊》2008 年第 1 期，第 89～91 页。
② 《深化学校体育教学改革的研究》课题组：《深化学校体育教学改革的研究》，人民出版社，1998，第 57 页。
③ http://edu.ifeng.com/gaoxiao/detail_ 2013_ 12/25/32468927_ 0. shtml.

这一阶段继续把健身强国提高到大学体育价值的核心位置，把强身健体的最终目标界定为从事社会主义建设和保卫祖国，界定为争取为祖国健康工作50年，仍然是服务社会和服务政治的价值取向，遮蔽了大学生体育生活化的价值取向。

（三）个体人本价值遗失时期（1966～1976）

"文革"期间，我国高校体育工作基本停滞，高校体育教育教学工作无法开展。

1975年5月开始，国家体委在全国特别是在大学推广施行《国家体育锻炼标准条例》，这些政策文件及措施在客观上对大学体育的开展起到了推动作用。

高等教育服务于政治，大学体育价值赤裸的政治取向遮蔽了大学生体育应有的另两类价值，即学科发展价值和个体人本价值，忽视了大学生体育生活化的价值取向。

（四）学科发展价值主导时期（1977～1993）

"文革"结束后，高校从思想上解除了精神枷锁，恢复和健全了学校体育组织管理机构和规章制度，为当代高校体育事业的发展打下了坚实的基础。当然，"如果仅仅结束阶级斗争是不够的，更重要的是，我们还要追求从冷漠的政治社会回到人性的身体社会，因为只有身体社会才是适合人生活的"。[①]1978年1月，召开了全国体育工作会议，总结自新中国成立以来，特别是"文革"以来我国体育事业正反两方面的经验，以达到拨乱反正的实际效果。会议纪要明确了8个问题："要坚持党对体育工作的领导；要促进青少年德智体全面发展；要坚持普及与提高相结合的方针；要开展体育运动竞赛；要迅速攀登体育运动技术高峰；要开展国际体育交往；要坚持合理的规章制度；要建设一支又红又专的体育队伍。"[②]1978年5月11日，《光明日报》刊文《实践是检验真理的唯一标准》，引发了全国各行各业对于真理标准问题的大讨论，冲破了"两个凡是"的禁区，对高校体育事业产生了很大影响。当年年底召开的中央工作会议和十一届三中全会，批判了"两个凡是"的错误思想，恢复了实事求是的思想路

---

① 谢有顺：《文学身体学》，《花城（广州）》2001年第6期，194～195页。
② 荣高棠等：《当代中国体育》，中国大百科全书出版社，1984，第26页。

线，高校的体育事业开始进入新的发展时期。

1978年5月15日至22日，在江苏省扬州市，教育部、国家体委联合召开了扬州会议。会议要求，从实际出发，切实提高对高校体育工作的重视；要求恢复学校体育工作，体育学科建制化，并以学科发展思路来教育学生。高等体育教育开始进入以学科发展为主导的阶段。由于当时还处于计划分配时期，大学生体育生活化虽然没有走向时常性和习惯性，没有突出大学生个体体育的价值，但仍然保持一种平稳的发展态势。

"扬州会议"结束后，国家体委、教育部联合颁布了《高等学校体育工作暂行条例（试行草案）》（以下简称《暂行条例》）。其中对绩效评定标准以及开展高校体育工作的原则、高校体育工作和教学任务做出了明确的规定。同时，《暂行条例》也对高校的体育教学和科研工作、后勤保障工作、体育教师队伍配备工作等都做出了相关规定，使得高校开展、组织和领导体育教育教学工作有章可循、有法可依。针对高校体育教学模式、体育教学原则、体育教学方法等关于体育教学的内容，教育部重新组织编订了《高等学校普通体育课教学大纲》。其中对于"扬州会议"的积极成果做了充分地吸收和采纳，提出高校体育教学的目的是增强大学生的体质，强调高校体育教学的主要任务是形成高校的体育教育和大学生坚持自我锻炼的生活场域，目标是体育教学工作的出发点和归宿，它规定了体育教学活动的发展方向和预期结果，指导和支配着体育教学活动的各个方面。

受到"扬州会议"提出的体育学科建制化、以学科发展来教育学生等思想的影响，重视体育教学的学科价值性、健身性和思想性，导致学科发展价值在高校体育工作发展中自始至终都占据着主导地位，漠视和忽视了大学生主体身心的全面发展及其人文精神的培养。体育发展偏重学科建制必然导致体育远离大学生主体的现实生活，"课程中心论"思想统摄着这一时期我国的高等体育教育。在体育教学方面，高度重视体育知识的系统性、完整性，以及知识、技能间的逻辑关系。在体育教学目标方面，运动知识、技能、体能被当作体育教学的最主要的，也是至高无上的目标，无视和排斥大学生主体体能的锻炼、体质的培养和运动情感养成以及个人运动价值观的塑造。在体育教学内容上，体育教材被看作体育教学活动必须严格遵从的范畴。在体育教学方法上，体育教师在教学活动中的核心地位使大学生在自主学习方面的发挥空间受到了极大压制，教师与学生在体育课堂教学中缺乏互动。这种过度强调学科发展价值导向的体育教育抹杀了大学生体育能力的全面发展及其体育情感的形成，导致大学生的生活世界和精神世界的发展需求被忽视。

在某种程度上，大学体育以学科发展为推手，按照学科建制，忽视了体育的本质、特征和内在规律。体育部门由原来的体委或者体育部，发展成体育系或者体育学院；从原来只为普通大学生上公共体育课，发展到招收本科生、硕士生和博士生；以知识、课程和专业的学科建制来发展大学体育。公共体育教学成为大学体育的一个部分，高水平运动员也融入了学科发展体系当中。所有与大学体育相关的内容都按照学科发展的原则在进行，包括知识体系、课程体系和院系设置等。因此，这一时期，大学体育是以学科发展价值为主导的阶段。

（五）大学体育价值多元化时期（1994年至今）

1994年，我国的大学毕业生就业开始实行"双向选择"政策，国家不再为大学毕业生的就业问题做出统一分配的承诺，而是将其推向市场。就业问题非常现实地摆在了所有大学生的面前。在现实的压力面前，大学生体育生活化价值被迫出现了多元的趋向。这是因为在就业面试中体育素质远没有学习素质、职业素质更易受到雇主的青睐。另外，1994年社会主义市场经济体制开始确立。进入市场经济时期，人们的价值观念呈现多元化。大学生体育生活化价值也呈现多元化的趋势。正是因为价值的多元化，大学生在这多元化的价值面前，表现得迷茫，表现得无所适从。市场经济在激发社会成员个体价值的同时，集体价值在相当程度上受到了遮蔽。大学生的个体价值在这阶段被充分激发，由于高校体育学科无法彰显大学生自身的个体价值，学科导向下的体育课程无法从整体上引导大学生的科学价值观，使大学生主体很难充分发挥其主体性和创造性。学科发展价值难以与大学生个体的人本价值和服务社会的价值相平衡。

1995年6月、7月、8月，国务院、国家教委、全国人大分别通过了《全民健身计划纲要》、《贯彻〈全民健身计划纲要〉意见》和《体育法》，使我国的高校体育发展事业自此步入了法制化的正轨。《全民健身计划纲要》强调"在体育教学中，要注意改进教学内容和教学方法，使学生在体育教学中体会到体育学习的成功感，培养学生参加体育锻炼的兴趣、意识、习惯和能力，加强对学生意志磨练和交往能力的培养，使体育教学为学生的终身体育锻炼服务"。① 1999 年 6 月，第三次全国教育工作会议公布了《中共中央、国务院关于深化教育改革全面推进素质教育的决定》。其中指出了："健康体魄是青少年为祖国和人民服务的基本前提，是中华民族旺盛生命力的体现；学校教育要树立健康第一的思想，切实加强体育工作，使学生掌握基本的运动技能，养成坚持锻炼身体的良好习惯。"②

2000 年 12 月 15 日，国家体育总局颁布《2001—2010 年体育改革与发展纲要》（以下简称《纲要》），《纲要》强调：体育院校是我国体育发展的基础，必须高度重视各体育院校的工作，加快体育院校体制改革，建立适应社会主义市场经济体制的高校体育后备人才体系。提出"改善业余训练条件，坚持走体教结合的道路，鼓励和支持社会以及个人资助、兴办业余训练，继续发挥各地体育运动学校在培养高水平后备人才方面的作用，积极推动其与各地的高等院校结合，提高办学效益"。2001 年春，国家体育总局按照国务院相关的文件精神，将原来直属于国家体育总局的上海、武汉、成都、沈阳和西安 5 所体育学院，定性为国家体育总局与所在地政府共建，由所在地政府主管。国家体育总局只保留了北京体育大学一所院校。国家体育总局这次改革调整意义重大，既使体育院校增强了办学自主权，又起到了优化体育院校资源配置的重要作用。

2002 年，教育部、国家体育总局联合颁布了《学生体质健康标准（试行方案）》，取代原有的《大学生体育合格标准》。在教育部 2005 年 4 月公布的《教育部关于进一步加强高等学校体育工作的意见》中，教育部对关于认真做好贯彻落实《全国普通高等学校体育课程教学指导纲要》，做出重要指示："进一步加大体育教学改革的力度，探索实现教学目标的科学方法和途径。要积极创造条件，努力实现以学生为本的'自主选择教师、自主选择项目、自主选择上课时间'的三自主教学形式，营造生动、活泼、主动的教学氛围；要进一步完善体育课程评价体系，使学生通过体育课程的学习，至少掌握两项运动技能，养成良好的体育锻炼习惯，有效增强体质、增进健康。"

这一时期，由于国家和政府的推动，我国大学生体育生活化取得了一

---

① 《学校体育卫生工作文件汇编》，人民教育出版社，1997，第 309 页。
② 《学校体育卫生工作文件汇编》，人民教育出版社，1997，第 250 页。

定程度的进展，但大学生的主体价值仍然处于被遮蔽的状态，导致我国大学生体育生活化价值迷失，体育教学活动也因缺乏相应的人文关怀，基本处于一种漠视大学生生命本体的状态，体现出很强的目的性和工具性。体育教育理论仍然以传统的主客二分的认知模式作为基础，将体育教育视为教育者对大学生主体的一种单向控制和教化，刻意强调集体意识与思想统一，忽视受教育者的个体意识与利益诉求，漠视大学生主体真实的生活需求和精神发展需要，表现出一种主体对客体的压制和不平等性。这种工具化的体育教育将蕴含丰富生活意义的体育要求和目标抽象为远离日常生活世界的空洞教条，使高校体育教育目标既远离了大学生主体，也远离了日常的现实生活本身，造成大学生主体参与体育实践活动的积极性低下、大学生身体素质羸弱和体育生活化低效。更有甚者，很多高校在执行国家体育政策时大打折扣，将体育课视为"负担"，尤其是在毕业班，体育课更是被忽略，体育老师缺乏，体育课不能正常开展。

大学生在接受大学体育教育的过程中，对大学体育的理解和诠释是离不开对市场经济条件下大教育背景的诠释的。教育首先是通过体育教学来实现的，而教学就是要让学生"学会"，而"学会"本身就是一种生活化、社会化的过程，在日常的生活中学习、体验、反思、完成，在生活中接受实践的检验，其过程就是生活，也是为了生活。因而大学体育价值的考察离不开现实生活的映射和观照，在生活大背景中，我国当前的大学体育处于一种价值多元化，甚至多重化的发展阶段，而正是这种缺乏主导的价值多元化，使得大学生体育发展的个体人本价值和服务国家、社会的价值发展失衡，导致大学体育缺乏相应的人文关怀，体现出极强的功利性、目的性和工具性，使大学生主体价值处于一种遮蔽状态，致其价值迷失。

（六）反思

对我国大学体育价值流变的审视，大学体育在不同阶段以不同的价值主导为特征，各种价值处于分离状态，其存在的另一问题就是人的缺席。从民国时期的健身强国价值萌芽，到新中国成立后的健身强国价值凸显，接下来是"文革"期间整个大学体育价值被政治化，虽然提及个体的健身价值，也是对大学体育个体人本价值的片面解读，且其最终目的还是指向"强国"这一社会政治价值，是大学体育的社会政治价值凸显的体现。改革开放到1993年大学体育的学科发展价值凸显。紧紧围绕学科发展的需要来构建大学体育的内容和模式，虽然促进了体育学科的大发展，却忽视"人"的能动性。1994年至今，虽然大学体育价值呈现多元化的状态，但是这种"多元化"却是失衡的多元化，增加了大学生陷于价值迷失状态的可能性，还表现为"个体人本价值的遮蔽"。而众所周知，教育是"人"的教育，体育是"人"的体育。大学体育的本质是对大学生人格的培养。因此，当前，缺乏个体人本价值追求的大学体育不能获得社会和大学生的认可与尊重。这种状况导致大学生群体对体育思想和实践活动陷入一种知而不信、知而不行、言行分裂的低效畸形发展的怪圈。

大学体育必须以"大学生"为本和以大学生的"生活"为价值取向，实现大学生体育生活化。大学生体育生活化的实现，从社会服务价值视角来看，大学生体育生活化可以为社会发展直接提供高素质人才，推动体育产业及体育相关产业的发展，满足社会和谐发展的需要。从个体人本价值视角来看，可以促进人全面发展与生命质量的提升，满足个体生命和生存需要，满足个体享受生活的需要，满足个体发展和自我完善的需要，提升生活的尊严。从学科发展价值视角来看，大学生体育生活化有利于确立大学体育学科地位，推动大学体育学术研究发展，促进体育学科专门人才培养。

大学体育必须重新整理自己多元化的价值格局，积极探索和寻求社会服务价值、个体人本价值和学科发展价值之间的和谐融合之路，达到三赢的目的。以大学生的生活目标为主体，做到把大学体育与大学生学习、交往、就业和娱乐目标相融合。以社会服务价值为一"翼"，切记要去商业化、去形式化、去竞技化，避免唯利是图。以学科发展为另一"翼"，克服以机械的、无机的观点来开展人的体育，反对以科技的、数字化的方法来衡量人的体育。坚持以生物的、有机的观点来研究体育、开展体育。形成以个体人本价值为"主体"，社会服务价值和学科发展价值为"两翼"的"一体两翼"价值格局，组成一个共同前行的整体。

第二章　大学生体育生活化的功能、价值与现状

"价值的历时观"是价值研究的基本方法之一。由于客体自身的发展与主体需要的变迁，任何客体的价值都不是永恒不变的，都是处在不断变化之中的。① 每一种具体的价值都具有主体的时间性，随着主体的每一变化和一点点的发展，一定客体对主体的价值在性质上、在方向上、在程度上，都会随之改变。② 可能三者同时变化，也可能其中一个或者两个发生变化。本研究按照"价值的历时观"，从大学生体育生活化"价值变化"的视角，考察体育生活化和我国大学生体育生活化的演变过程。

第一节　大学生体育生活化的功能与价值

我国学者从哲学角度给价值下了定义："价值是反映价值关系实质的哲学概念。在主客体相互关系中，客体是否按照主体尺度满足主体需要，是否对主体的发展具有肯定的作用，这种作用或关系的表现就成为价值。"③

体育的魅力在于其具有众多其他任何活动形式无法取代的功能。体育生活化要求体育属于每个人，属于每个需要和热爱它的人。每人都有分享体育的权利，分享体育的各种功能。体育生活化满足现代人的各种需求与促进人的全面发展，对构建和谐社会也有重要的促进作用。体育生活化也是体育摆脱现实困境的唯一出路。大学生体育生活化的价值，在于体育各种功能在大学生个体身上的发挥，在于对大众体育生活化的引领和促进，

---

① 胡建华、陈列、周川等：《高等教育学新论》，江苏教育出版社，2005，第196页。
② 李德顺：《价值论》，中国人民大学出版社，1987，第154页。
③ 〔法〕丹纳：《艺术哲学》，张伟、沈辉峰译，广西师范大学出版社，2000，第115页。

在于对大学品质的提升，在于大学体育的发展。除此之外，大学生体育生活化的功能也是大学教育价值的体现，大学生体育生活化同样观照个体人本价值、社会服务价值和学科发展价值。

一　个体人本价值：人的全面发展与生命质量的提升

毛泽东在《体育之研究》中强调体育的重要性。他说："一旦身不存，德智则从之而堕矣"，"无体是无德智"。[①] 事实上，古希腊时期，人的问题在被提升为哲学的首要和核心问题的时候，作为人生活的重要组成部分的体育的重要性就得到了重视。苏格拉底强调，认识你自己；普罗泰戈拉表明，人是万物的尺度；柏拉图认为，"以体操锻炼身体，以音乐陶冶心灵"。所有这些都表明了哲学研究的中心是"人"。而人首先是动物。毛泽东在《体育之研究》中阐明了人作为动物的一大特性，就是"动"。"人者，动物也，则动尚矣。人者，有理性的动物也，则动必有道。然何贵乎此动邪？何贵乎此有道之动邪？动以营生也，此浅言之也；动以卫国也，此大言之也。皆非本义。动也者，盖养乎吾生乐乎吾心而已。""愚拙之见，天地盖惟有动而已。动之属于人类而有规则之可言者曰体育。"[②] 毛泽东以人是"动"物，来表明"动"对于人的重要性，甚至是人的本性之一。而哲学研究的重心是人，自然哲学要研究人的本性，研究人的"动"的本性。而研究"动"，就是要寻找其规律，这规律就是"体育"，而研究"体育"的规律，在毛泽东体育要"勤"的思想的启示下，我们知道体育生活化对哲学研究的"人"这一中心的重要意义。

体育本身就是人生活的重要的不可分割的部分。体育是人的体育，也是发展人的一种特殊手段，离开了人自身的发展，体育本身就不存在，也无从反映和促进社会的发展。大学生体育是大学生的体育，其主要任务就是培养大学生和教育大学生。

真正的体育产生于人由内而外的需要，能够对人的身心进行双重塑造，对人的物质属性、社会属性和精神属性三种本质进行塑造。亚里士多德说："运动家除了体育锻炼的才能，还有心灵，即意志、聪明和情感，

[①] 毛泽东：《体育之研究》，《新青年》1917年4月1日第三卷第二号。
[②] 毛泽东：《体育之研究》，《新青年》1917年4月1日第三卷第二号。

精神生命是肉体生命的终极,是肉身开的花;缺少精神,肉体就残缺不全,像流产的植物一样,无法开花结果,一个个体要有完美的身体和完美的心灵才算是完备。"[1] 他认为善分为外在的善、身体中的善和灵魂中的善三类,而至福之人拥有三类善。[2]

大学生体育生活化的个人价值反映的是大学生体育这一客体与大学生的主体需要之间的特定关系。而大学生的主体需要是复杂多样的,大学生体育是不断发展变化的。大学生体育生活化具有促进大学生发展的多方面的价值,主要表现为:促进大学生全面发展,从而进一步提升大学生生命质量。

1. 促进大学生全面发展

马克思认为,人的本质包括哲学 - 人类学层面和哲学 - 社会学层面。哲学 - 人类学层面的人的本质是人的自然的类本质。马克思指出,自然界是人的无机的身体,人靠自然界活着。[3] 哲学 - 社会学层面的人的本质是人的现实的社会本质。从人的质量视角看,马克思说:"每个人的自由发展是一切人的自由发展的条件"。[4] 人自由而全面的发展需要的是"质"的突破,是"新"人的形成。贾齐在研究中指出,根据马克思的价值理论,体育课程的价值之一就在于"形成新人"。从人数量角度来分析,就是要探究所有人的发展。从质的角度来讲,体育生活化也是要实现个体的质的变化,形成"新"的个体;而从量的视角来讲,是实现全民的体育锻炼行为的自觉。因此,人的全面发展离不开体育生活化。大学生体育生活化过程是在体育过程中形成"新"的大学生的过程,也是每一个大学生形成"新"人的过程。

人的全面发展是生命质量的物质保障,而生命质量追求的最终目标就是"有尊严地生活"。人在全面发展的基础上,才能获得生命质量的提高,才能更有尊严地生活。大学教育包括大学体育,就是为了大学生能全面发展和有尊严地生活。

其一,人全面发展的应然:体育与生活的融合。

---

[1] 《亚里士多德全集》(第2卷),苗力田译,中国人民大学出版社,1996,第230页。
[2] 《亚里士多德全集》(第2卷),苗力田译,中国人民大学出版社,1996,第230页。
[3] 《1844年经济学哲学手稿》,人民出版社,2000,第56页。
[4] 《马克思恩格斯文集》第1卷,人民出版社,1995,第294页。

人的全面发展是每个人自由的、全面的发展,是每个人的全面发展与全社会全面发展的统一。① 它包括社会关系的丰富发展、人类整体的全面发展、劳动能力的充分发展、人的需要是丰富且无限可能的、个性的自由发展、才能的自主发展等。全面发展的大学生应该是大学生的劳动能力得到充分的发展,大学生的社会关系得到和谐而丰富的发展,大学生的个性得到自由的发展,大学生的需要多种多样且永无止境,大学生的才能得到自主的发展。而体育恰是能够满足人的需要、实现人的全面发展的必然和重要条件之一。

大学生体育生活化过程是大学生各种能力得到培养和各种需要得到实现的过程,是大学生个性和社会关系得到发展的过程。多种多样的体育运动形式都蕴含着体育的价值,大学生体育生活化的过程是体育各种价值通过具体体育活动形式的应用在大学生身上得到实现的过程。在这一实现过程中,大学生的物质需要在体育健身价值中得到满足;大学生的文化需求在体育文化的具体体育运动形式的实践中得到满足;大学生的精神需要在体育精神的获得和延伸中得到满足。

人能力的全面提升是人本质力量的显示、充实和拓展。能力是一种个性心理学特征,是德、智、体、美、劳、情等素质和潜能在人的活动中的表现。马克思认为:"把劳动力或劳动能力,理解为一个人的身体即活的人体中存在的、每当他生产某种使用价值时就运用的体力和智力的总和。"② 人的全面发展即是要全面发展马克思认为的这种体力和智力。大学生体育生活化的过程就是大学生身体、创造、认识、交往和价值判断等能力提升的过程。

人的本质是一切社会关系的总和。人的全面发展也是在交往的全面性中体现的。马克思说社会关系情况往往能够决定一个人能发展到什么样的程度。大学生的社会关系的发展是以他们自身的需要为出发点的,大学生的各种能力只有在一定的社会关系中才能得到发展。建立良好的社会关系可以促进需要和能力的发展。大学生只有具有一定的能力,才能有丰富和谐的社会关系。从某种层面上来说,能力与人际关系的状态

---

① 夏自军:《论"让人民更有尊严地生活"》,《长白学刊》2010年第6期,第21~25页。
② 《马克思恩格斯文集》第5卷,人民出版社,2009,第195页。

是成正比的。由于大学生体育生活化能够满足大学生各种需要，提升大学生的多种能力，因而，大学生体育生活化是丰富和谐人际关系的需要。

总之，大学生体育生活化能够促进大学生的全面发展。

其二，人全面发展目标的实然：体育脱离生活。

恩格斯把人类文明历经的大约1万年说成是人类历史的"1秒钟"。在这"1秒钟"，人类物质财富得到极大丰富的同时，人的本能也受到压抑和退化，人的"野性"减少，本能有所退化，适应能力大为降低。现实中，知识和智力成为人们认知中最重要的物质特征，人们的生活方式、工作方式、思维方式和交往方式发生了巨大的变化，我们不得不面对现实环境下人的片面发展。在这样的大背景下，大学生的需要异化，大学生能力的片面化，大学生的社会关系也表现为功利化。这些都与大学生体育生活化的实际状况有关，表现为大学体育脱离大学生的生活。

大学生的需要异化。在物质财富充足的今天，大学生把为对物质追求做准备作为在校的首要任务，大学生以拥有物质财富的多少来衡量未来职业。物质需要代替、掩盖其他所有的需要，这是需要的异化在大学生身上的体现。正是大学生为对物质或者金钱的追求做准备，大学体育脱离大学生的生活，大学生成为学习工具、就业工具，大学体育直接或者间接成为挣钱以满足物质需要的工具。

大学生的能力片面化。大学生能力的发展演变成大学生未来谋生的手段和工具。大学生在一定范围内，发展他们自己的能力，为满足就业的需要而提升片面能力。毛泽东早在1917年《体育之研究》上就阐明了"三育"的关系，实际上也就阐明了人类基本能力——体力与智力的关系。"体育一道，配德育与智育，而德智皆寄于体。无体是无德智也。顾知之者或寡矣。或以为重在智识，或曰道德也。夫知识则诚可贵矣，人之所以异于动物者此耳。顾徒知识之何载乎？道德亦诚可贵矣，所以立群道平人己者此耳。顾徒道德之何寓乎？体者，为知识之载而为道德之寓者也。其载知识也如车，其寓道德也如舍。体者，载知识之车而寓道德之舍也。""体育于吾人实占第一之位置。体强壮而后学问道德之进修勇而收效远。于吾人研究之中，宜视为重要之部。'学有本末，事有终始，知所先后，则近道矣。'此之谓也。"①

　　大学生的社会关系功利化。在市场化的大环境下，一些人把关系变成了利益的工具，而不是真情、友谊和奉献。在这样的背景下体育成为部分大学生发展人际关系的功利化工具。

　　可见，由于大学体育脱离现实生活，出现了大学生的需要异化、大学生的能力片面化、大学生的社会关系功利化。大学体育只有融入生活，实现生活化，才能规避上述问题。人是一个身体、心智和精神完整的、统一的个体存在。大学体育作为实践活动的精神产物，能够更好地体现大学生的自我实现、创造和超越的本性。

2. 促进大学生生命质量的提升

　　现代体育自诞生就对个人的发展、社会的发展和人类的进步发挥着重要的作用。体育的根本属性是身体活动性，它永远脱离不了身体活动这一根本。所以，体育本质上对人产生生物和文化双重影响。1917年，毛泽东已经从物质、心理和精神层面分析了体育于个体的直接功能，提出："体育之效，至于强筋骨，因而增知识，因而调感情，因而强意志……故夫体育非他，养乎吾生、乐乎吾心而已。"其中，"体育者，人类自养其生之道，使身体平均发达，而有规则次序之可言者也"。② 体育之第一效，"强筋骨也"是体育最基本、最本质的意义。张洪潭教授曾给体育下的定义是："体育是一种强化体能的非生产性的活动。体育的本质是永无止境的强化体能。"③ 健康身体的获得依赖后天自觉的勤快锻炼。第二效，"增知识"表达的是"欲文明其精神，先自野蛮其体魄"，充分说明了健康的体魄是认识世界、判别真理、学习知识的载体。"体全而知识之事以全，故可谓间接从体育以得知识"。第三效，"调感情、强意志"。在毛泽东看来，体育的功能体现在健康体魄和健全心智的形成，而体育最终目的是磨炼意志。毛泽东曾亲自两次致函时任教育部长的马叙伦："要各校注意健康第一，学习第二。"④ "提出健康第一，学习第二的方针，我以为是正

---

① 毛泽东：《体育之研究》，《新青年》1917年4月1日第三卷第二号。
② 毛泽东：《体育之研究》，《新青年》1917年4月1日第三卷第二号。
③ 余香顺：《"强化体能"是体育的本质与目的——张洪潭教授学术访谈录》，《体育与科学》2013年第2期，第22~25页。
④ 《毛泽东书信选集》，中央文献出版社，2003，第351页。

确的。"①

"发展体育运动，增强人民体质"的题词是1952年毛泽东在中华全国体育总会成立时发表的。他提出，青少年是新中国的希望，更要强调"健康第一"和"身体好"。"发展体育运动，增强人民体质"思想确立的依据是体育的最本质特点和体育的基本功能。

其一，满足个体生命和生存需要。

体育生活化使体育融入大学生生活，可以改善个体外在形象，强化内在机能。具体来说，能改善人体中枢神经系统和大脑皮层神经系统的均衡性和准确性，发展人体感知能力，改善和提高大脑和神经系统的灵活性、协调性、敏捷性和反应速度等；增强观察能力、记忆能力、思维能力、想象能力，提高辨析能力、反思能力、反馈能力和综合分析能力；预防心血管疾病，增强心肺功能和呼吸系统功能；促进消化酶的分泌，改善胃肠动力，提高外源性营养素的吸收和利用，增进食欲；健身锻炼还能使机体内的糖代谢、脂肪代谢、蛋白质代谢和自由基代谢等处于稳定平衡状态，可以增强机体细胞和体液免疫功能，有助于清除体内的自由基。

体育生活化寄希望于通过体育锻炼激发大学生的体育兴趣，提高大学生的身体素质及思想道德水平。个体自主的体育参与能有效促进自我感知，正确评价自身的体育效能、身体状况和抵抗力状况。体育生活化可以促进大学生正确地对待自己，增强自我意识、自信心、责任感和荣誉感，培养坚韧、果断、自制的意志品质，使大学生乐观开朗，积极向上，心理健康，社会适应能力增强。体育生活化试图让每一个大学生通过体育活动减压，增强抗压力。大学生以体育特有的方式去识别真、善、美，其影响着大学生价值观的形成及人格的塑造。麦可思通过对2012届本科毕业生调查发现，参加体育户外类社团活动人群的价值观提升明显高于未参加人群，特别是"人生乐观态度"和"积极努力、追求上进"两方面的提升。②

体育融入生活可以帮助人们预防和消除多种疾病，特别是心理疾病，虽然，一些心理疾病的病因以及体育运动为什么有助于消除心理疾病的基本机制尚未完全清楚，但它作为一种心理治疗手段在国外已开始流行，其

---

① 《毛泽东书信选集》，中央文献出版社，2003，第401页。
② 麦可思：《中国2012届大学毕业生社会需求和培养质量调查》。

中,体育运动的日常化是治疗抑郁症的有效手段之一。①

其二,满足个体享受生活的需要。

随着时代的发展、物质生活的富足,人们开始重新思考自己的生活方式,将现代体育延伸到文化娱乐、休闲旅游、人际交往等众多领域,拓展了体育的功能,满足了人们日益增长的享受生活的需求。另外,随着人均寿命的延长,老年人的时间多为自由支配。体育作为一种娱乐方式,成为老年人在闲暇时间的重要活动,成为满足老年人享受生活需要的方式之一。

其三,满足个体发展和自我完善的需要。

体育是人自身价值的体现和完美身心的展示,是个体人格和社会人格的和谐统一。体育生活化既是一种积极的人生体验,也是一种健康的人生享受,还是一种主动的自我完善。体育生活化是人本主义发展观与生态体育发展观的结合,一方面是人展现自我的平台;另一方面是人类自身发展、完善的价值取向。大学生体育生活化要求体育与大学生的现实生活相融合,显示出新的生存价值标准,给大学生以美好的生活意境和启示,唤起大学生在生活中已存在的对体育的需求及情感。

另外,体育是我国社区文化建设的重要内容和有效载体。独特的社区体育文化陶冶着人们的情操,提高了社区居民的综合素质。在人与人必须交往和合作的现代生活过程中,只有拥有良好的综合素质,才能更好地与人合作,而体育具有潜移默化地培养思想道德素质、专业技能素质、身体素质等综合素质的功能。体育生活化使更多的人参与多种多样的体育锻炼活动,通过体育锻炼能够促进人的全面发展,提升国民的整体素质。

其四,体育生活化有助于提升人的尊严。

从人觉醒的自我意识和主体意识角度理解尊严的主体性,"主要包括三种意识,即人的自尊意识、人自觉到'我是主体'的意识和肯定'我'的主体地位的意识"。② 而体育生活化的过程正是人主体性的过程与结果。无论是生物学角度的"生命尊严",心理学角度的"自尊和尊严意识",社会学角度的"社会尊重意识",还是伦理学角度的"道德意识",体育

---

① 李强:《体育生活化的意义与价值》,《市场周刊(理论研究)》2013年第20期,第99~100页。

② 孙正聿:《哲学通论》,复旦大学出版社,2008,第127页。

生活化对其都产生了不可估量的、不可替代的影响。

体育生活化可以提升人的生命尊严。体育生活化是体育参与行为的自觉，体育锻炼的自觉会对身体健康、生命的存在产生重要影响。体育生活化还体现了人生命尊严的平等性和普遍性。人的生命尊严的普遍性就是尊严主体的普遍性。人的生命尊严的平等性就是个体生命享有的没有质和量的差别的尊严，是对每个个体生命的平等的尊重。[1] 凡是人，就拥有尊严的资格，这是人生来就有的一种权利。[2]

体育生活化可以提升人的心理尊严。体育生活化有助于促进个体心理健康发展。许多研究成果表明，在体育运动的践行过程中，个体的身体自尊和心理自尊得到增强。个体体育锻炼行为自觉的过程就是获得心理尊严的过程，也是自尊心和自豪感增强的过程。人尊严的个体性，指的是每个人的尊严意识和人的自尊心理，是由于人认识到自己的主体地位和社会价值而产生的区别于他人的自尊和自豪的感觉。[3]

体育生活化可以提升人的社会尊严。体育生活化的过程也是形成一种长期固定人际关系的过程。体育参与的过程就是人与人、人与物、人与自然交往的过程，这就为个体获得同伴或观众的社会认可提供了更多的机会和合适的场域，也为学生群体获得期盼的独立威望和身份提供一种可能。

体育生活化可以提升人的伦理尊严。体育活动的每项内容都有其严格的规范。体育参与自觉的过程也是个体"道德人格"完善的过程，体育参与的道德主体在体育活动过程中，在遵守每个体育项目严格规范的过程中，能够意识到作为社会成员的道德责任和应尽义务，确立自己的道德理想，体会做人的尊严。尊严的精神属性也叫道德属性，指尊严具有基于人的理性精神而产生的以社会价值观念为表现形式的道德特征。[4]

---

[1] 韩跃红、孙书行：《人的尊严和生命的尊严释义》，《哲学研究》2006年第3期，第63~67页。
[2] 韩跃红、孙书行：《人的尊严和生命的尊严释义》，《哲学研究》2006年第3期，第63~67页。
[3] 韩跃红、孙书行：《人的尊严和生命的尊严释义》，《哲学研究》2006年第3期，第63~67页。
[4] 韩德强：《论人的尊严的基本属性》，《广西大学学报（哲学社会科学版）》2008年第3期，第70页。

二 社会服务价值：促进社会可持续发展

人与人之间、人与自然之间和谐关系的保障既是实现可持续发展的有序组织的体现，也是实现可持续发展的理性体现。可持续发展的主题包括经济理性和高质量的增长、调控人口数量和质量、满足以人为本的基本需求。[①] 大学生体育生活化既是体育生活化的重要组成，也是大众体育生活化的构成，体育生活化促使体育这一新的经济增长点对经济的贡献率大幅提高。"以大学生为本"的大学生体育生活化可以从多个方面对社会的可持续发展贡献力量。毛泽东在《体育之研究》的开头语中写道："国力恭弱，武风不振。民族之体质日趋轻细，此甚可忧之现象也。"[②] 表达了他忧国忧民的思想，也阐明了体育对于整个社会、整个国家的重要意义。而体育生活化的实现将是体育社会价值的充分实现和广泛延伸。

1. 人的发展视角：为社会发展直接提供高素质人才

从教育的角度来讲，大学体育教育的过程，是教育和培养合格大学生的过程，是为社会培养德、智、体全面发展的人的过程，是大学生健康生活方式形成的过程，也是提高大学生抗危机能力的重要手段。大学生的素质水平是社会可持续发展核心因素之一，其水平直接和间接地影响着国家和民族的发展。大学生是未来的知识分子群体，大学生体育生活化倡导健康的生活方式，可以帮助他们降低工业文明带来的精神紧张、心理焦躁等"现代文明病"发病率增高的危险，对他们今后改良和适应社会环境起积极作用。

2. 经济视角：推动体育产业发展

2017年12月2日，《人民日报》呼吁的《让体育成为生活刚需》中写道：体育产业方兴未艾，各个运动项目纷纷拓展领域，寻求发展动力……这证实人们对体育与健康、生活、成长的关系有了更加深入的认识和更加积极的投入。大学体育过程也是科学技术创新的过程，是产生新体育知识、新体育技术的过程，通过解决体育产业发展过程中存在的技术问题，促进体育产业的发展。世界体育产业的年产值已超过4500亿美元，

[①] 牛文元：《可持续发展理论的内涵认知——纪念联合国里约环发大会20周年》，《中国人口·资源与环境》2012年第5期，第9~14页。

[②] 毛泽东：《体育之研究》，《新青年》1917年4月1日第三卷第二号。

且以20%的速度持续增长①。美国体育产业2010年占其国内生产总值比重为3.07%，②日本、加拿大、意大利、澳大利亚等发达国家体育产业占GDP的比重都在1%~3%，瑞士占3.47%。③一些发达国家的体育产业年产值甚至超过了其支柱产业。因此，体育能够通过促进本体产业带动相关产业，从而推动整个市场经济的发展。我国体育产业2010年占国内生产总值比重为0.55%。④我国体育相关厂家和商家关注到体育生活化所蕴含的巨大市场。如果我国体育产业同样也占到GDP的2%~3%，体育产业每年将能够解决约840万人口就业。因此，体育是一个有潜力的巨大市场。

2014年9月2日，时任总理李克强在主持召开的常务会议中指出："发展体育产业，增加体育产品和服务供给……对于刺激消费、扩大内需和就业、培育新的经济增长点，也有重要意义。要坚持改革创新，更多依靠市场力量，加快发展体育产业，促进体育消费，推动大众健身……三要优化市场环境，支持体育企业成长壮大。加快专业人才培养。推动体育健身与医疗、文化等融合发展，大力发展体育旅游、运动康复、健身培训等体育服务业。让体育产业强健人民体魄，让大众健身消费助力经济社会发展。"⑤因此，大学生体育生活化通过促进体育科学技术提高，为体育产业提供了一个有效的、前途广阔的发展路径。

3. 满足社会和谐发展的需要

大学生形成的体育生活方式能够引导和促进大众健康生活方式的形成，即体育生活化外在形式的实现促进社会可持续发展。世界卫生组织指出："缺乏体育活动是非传染病发病和死亡的主要因素之一。2002年，完全不进行体育活动造成190万人死亡，造成15%~20%的局部缺血型心脏病、糖尿病和某些癌症。"还指出："在澳大利亚，如果参加体力活动的人口每增加10%，每年净增效益为51902亿美元，可潜在节约心脏病开支

---

① 鲍明晓：《体育产业——新的经济增长点》，人民体育出版社，2000，第10~35页。
② 普兰基特市场研究公司（PRE）：《2010年美国体育产业统计报告》，http://www.plunkettr-eseach.com。
③ ALFIE MEEK, "An Estimate of the Size and Supported Economic Activity of the Sports Industry in the United States," *Sport Marketing Quarterly*, 1997, 16 (4): 23-32.
④ 国家体育总局：《2009~2010年全国体育及相关产业数据测算报告》。
⑤ 《取消商业性和群众性体育赛事审批》，中国政府网，2014年9月3日。

110375亿美元,减少旷工(115天/人/年)净收益8480万美元。"① 体育生活化为提供可持续发展的人力资源财富展示新前景,从而促进社会的可持续发展。

体育运动具有协作性和整体性。体育运动可以培养责任感、集体主义、爱国主义和开拓进取精神,培养法规意识和社会公德,增进心理健康,提高社交能力,培养竞争意识与合作精神,形成对社会、集体、他人的良好态度。体育活动规则及公平竞争、尊重客观事实等观念会潜移默化地启发和教育大众。体育生活化除了希望个体体育日常化之外,还希望大众也可以实现群体体育日常生活化。每个个体在体育运动过程中提高了自身的适应能力,使得人际交往的频度与深度得到强化。通过生活化体育的介入,人们日益增长的体育文化需求得到了满足,体育与国民经济和社会事业能够得到协调发展,体育生活化的发展为居民提供优质的体育公共产品与服务,逐渐满足低收入者与社会弱势群体的体育享受需求,促进人与社会之间的和谐。另外,体育生活化促进体育产业发展,必然产生更多就业岗位,一定程度上解决了就业问题,对于社会稳定有积极意义。同时,体育生活化标志着一种社会文化的创建,有助于树立社会新风尚,减少社会问题。

三 学科发展价值:推动大学体育健康发展

学科的含义,一是指学术分类,是一定科学领域或一门科学的分支;二是指高校教学、科研等的功能单位,是对高校人才培养、教师教学、科研业务隶属范围的相对界定。体育学科包括体育学科的理论体系、体育学科人才培养、体育学术研究和体育学术组织等内容。大学生体育生活化既是体育生活化的重要组成部分,也是体育生活化的重要前提。体育生活化的过程是个体体育自觉的过程。正是个体自觉践行体育的过程,提高了个体对体育的认同,从而使个体不断地产生对各种体育科学的需求,促进了体育人才的发掘与发挥,也正是此过程促进了体育学科知识体系的构建、体育学科专业的发展。

1. 激发个体体育需求:确立大学体育学科地位

应该说,我国的大学体育学科取得了长足的发展:体育学科与其他学科

---

① 周西宽:《体育基本理论教程》,人民体育出版社,2004。

的交叉融合，生成了体育心理学、体育教育学、运动生理学、体育管理学、体育医学等众多的交叉学科；获得了体育硕士、体育博士学位授予权；体育研究方法、教学方法、训练方法得到了多元综合使用；涌现了大量体育学术论文、学术专著、创新技术研究成果等。但是体育与其他学科交叉的过程中，无论是知识体系，还是研究方法，甚至是研究成果，都处于母学科的研究范式之中，特别是知识体系，是模仿，甚至是简单地照搬母学科，研究成果无法超越母学科。这是因为我国体育生活化尚处于初级阶段，体育生活化对体育学科的推动力不足，各个学科仍然延续母学科的学科范式和学科体系，甚至沉浸其中，不能与个体的体育生活结合。王秉彝和罗曼菲研究得出："我国体育学科仍处在初级阶段和发展中的阶段；体育学科与其他学科发展存在多个方面的差距，体育学科发展缓慢。"[①] 至今仍然没有能够改变这一局面。胡小明教授指出："目前，由于我国体育学研究崇尚高谈阔论，喜好宏大叙事，较少从实际体育活动中汲取素材，我国体育学各分支学科大多仅剩外壳而内容空心化。体育学难以出台学科升格的合理方案，且学科建设常出现不顾学理支撑的现象。"[②]

体育生活化的过程是激发个体体育需求的过程，在这个过程中，个体不断地向体育学科的四大学科——体育运动训练学、民族传统体育学、体育人文社会学和运动人体科学提出问题，这些问题正是在满足个体对体育锻炼方法、体育文化传承、身体组织机能等方面需求的过程中产生的。当体育学术研究立足于个体体育需求和个体提出的实际问题的时候，体育学科摆脱母学科的束缚，不断促进体育学科的发展，学术研究机构在这个过程中得到完善，体育学术水平在不断解决现实问题的过程中，形成体育学科所特有的学术疑问，寻找属于体育学科解决问题的方法及其体系，形成自己独立的学术研究方法，确立独立的体育学科地位，摆脱母学科的束缚。只有体育学科跳出母学科的阴影，独立生存，才能构建属于体育学科的知识体系，产生属于体育学科的研究方法。也只有这样才能改变体育学科的从属地位，才能改变体育学科专业在综合类大学内部的从属地位。

---

① 王秉彝、罗曼菲：《论我国体育学科发展缓慢的原因与对策》，《体育科学》1996年第6期，第25~30页。
② 胡小明：《体育人类学与学科建设》，《体育学刊》2013年第4期，第1~4页。

2. 提高体育认同：推动大学体育学术研究发展

大学生体育生活化是体育生活化的重要组成部分，对体育生活化起到积极的引领作用。体育生活化的过程是个体践行体育行为的过程，是个体体育知识、体育技能、体育技术、体育方法等不断提高的过程，也是大众加深正确理性认识体育的过程，从而使个体对体育学科和体育学科专业的认同感得到提高。体育学科是要服务社会、服务大众，服务的过程同时也是社会考量体育学科专门知识的过程，更是对体育学科专业人才运用专业知识服务社会的间接和直接的认同的过程。因此，体育生活化可以提高对大学体育学科的认同感。

而不断增加的对体育学科的社会认同推动着整个体育学科的发展，督促体育研究者和体育工作者不断创新。创新是极其艰难的，需要在坚韧不拔、坚持不懈、吃苦耐劳、刻苦钻研等学术精神的支持下付出长期的努力。体育生活化的过程也是间接培养和激发学术自由和学术精神等学术品质的过程。因此，个体体育自觉的过程，是体育学科专门人才提供更多体育服务的过程，是大学体育专门人才学术精神得到培养的过程，是在为自我锻炼的体育爱好者提供服务，并把研究成果运用到锻炼实践的过程。这个过程有利于体育学术水平的提高。

3. 拉动专业人才需求：促进体育学科专门人才培养

体育的科学知识需要传承，需要创新。因此在学科的范畴下延伸出了专业和专业人才的培养。而当前我国大学体育专业面临学科地位不高、专业社会认同感不强、专业人才需求不足的现实困境。根据麦可思对全国毕业生就业情况的调查，2010 年教育部门表示，本科有 10 个专业被亮"红牌"。"红牌"专业主要是指该专业毕业生失业率较大，就业率持续走低，且薪资较低，属于高失业风险型专业。体育教育位列第六。[①] 2014 年 6 月 9 日，由麦可思研究院组织撰写、社会科学文献出版社出版的"大学生就业蓝皮书"——《2014 年中国大学生就业报告》在北京发布了。根据这个报告，教育部再次公布了"红牌"专业，体育教育仍然位列其中。在教育部发布 2013 年和 2014 年全国就业率较低的本科专业名单中，有 15 个

---

① 《十大专业被亮红牌》，http://www.douban.com/group/topic/11500086/，2010 年 5 月 2 日。

专业被亮起"红牌",其中社会体育指导专业位列第四。[①] 另外,这些都说明大多数学校开办的这两个体育专业陷入了现实的就业困境。在就业率成为重要的大学评价指标的大背景下,正是因为就业率的低下,体育专业在各个综合类大学中时刻有生存危机,学科专业人才培养面临萎缩,导致学科发展所需的专业人才后劲不足,影响了体育学科的发展。

大学生体育生活化既是体育生活化的一个部分,也是体育生活化实现的必要条件。一旦体育生活化得以实现,会拉动社会对体育学科专门人才和体育专业人才的巨大需求,大学体育专业就会自然而然地走出困境。此外,体育生活化是文明、健康生活方式的重要组成部分,体育生活化使大学生在自觉参与中提升自己的思想水平、道德水平和认知能力。只有以体育生活化为导向和宗旨,社会公众才会对大学体育学科形成认同。大众对体育学科和专业认同感的提高,更有可能使得真正喜欢体育、真正擅长体育、真正喜欢体育学科学习的学生来选修体育专业,改变原有对于体育学科专业的认知,改变考不上普通本科院校就把体育学科专业作为考取本科出路的现实,改变体育专业大学生文化课程成绩差的社会认知,进一步促进体育学科知识的传承和创新。只有真正喜欢体育学科的学生才能真正潜心于体育学科理论知识体系的学习和研究,促进大学体育专业生源的优化。这有助于大学体育学科发挥体育知识和理论传承创新功能,进一步促进大学体育专业的发展,进而促进体育学科的发展。因此,体育生活化间接为体育学科理论体系的构建、体育学科的发展提供了更多潜在的优秀学生资源。

四 帮助大学体育走出合理性危机

大学体育就是大学公共体育,也叫"高校体育"、"高等学校体育"或者"普通高等学校体育"。它包括体育课程教学、体育学术活动、体育组织与管理、校园体育文化活动、体育训练与竞赛和社区体育等。大学体育已经陷入了困境,人们开始重新思考大学体育问题,迫切地寻觅摆脱困境的途径——大学生体育生活化。大学生体育生活化与体育生活化是特殊

[①] 《全国15个专业亮"红牌" 你的专业上榜没?》,http://www.kankanews.com/ICpet/bzdf/2014-10-14/5610558.shtml,2014年10月4日。

与一般、特性与共性的关系。大学生体育生活化的目的是要实现追求运动的本真价值，促进大学生能力的全域发展。大学生体育生活化的客观对象是终身体育意识、行为习惯和大学生健康体育生活方式，是要在大学内部通过一定的教育方式，使得大学生在校园里形成科学体育生活方式，将终身体育意识转化为生活理念，养成体育行为习惯，实现体育自觉。大学生体育生活化是一个教育问题，也是一个管理问题，不管是教育问题还是管理问题，都属于大文化的范畴。因此，本研究认为，广义的大学生体育生活化是体育在大学生生活中自觉的过程和结果，也是大学生主体性活动的过程与结果。狭义的大学生体育生活化是体育锻炼行为在大学生日常生活中自觉的过程与结果。大学生体育生活化是大学生文明、健康生活方式的重要组成部分，大学生体育生活化使大学生在自觉参与中提升自己的思想水平、道德水平和认知能力。大学生体育生活化对处于困境之中的、具有中国特色的大学体育有其迫切性。

1. 大学体育陷入危机

哈贝马斯认为，衡量一个社会系统是否陷入危机，有三个标准：社会成员的社会认同发生质变、社会系统的控制功能失效、社会的组织原则遭到破坏。[①] 按照哈贝马斯的说法，可以看出，大学体育确实陷入了危机。

其一，社会成员对大学体育的社会认同发生质变。

社会系统有坚持自己生存的权利。在极其复杂的社会环境中，他们通过改变系统因素或者理想价值来维系自身的存在。但正是在这个改变过程中，社会成员对系统的认同也存在模糊性的可能。[②] 大学体育一直以来都在困境的边缘徘徊。毛振明认为："目前大学体育已经出现学科建设中大学公体方向迷失、高校体育教学水平低下等等许多危险的征兆，甚至出现取消大学体育课的声音。"[③] 一方面，一批学者和专家极力强调大学体育对于大学生个体、对于整个民族的未来和对于整个社会发展的重要性和必要性；另一方面，早在1995年就有多位大学校长联名上书要求取消大学

[①] 郑晓松：《技术与合理化——哈贝马斯技术哲学研究》，齐鲁书社，2007，第95页。

[②] 郑晓松：《技术与合理化——哈贝马斯技术哲学研究》，齐鲁书社，2007，第95页。

[③] 毛振明：《论大学体育教育的危机与改革》，《北京体育师范学院学报》1999年第1期，第13~16页。

体育课程。① 对此，很多人茫然不知所措，甚至出现体育价值观、体育发展观、体育道德观的失落和混乱。社会成员对大学体育的认同发生了质变。他们既不能厘清这些问题产生的根源，更不知道如何解决这些问题。在复杂的社会环境中，大学体育的各种改变是向好的方面转型，还是走向崩溃的边缘？人们无从断定。多元主体在拓展大学体育发展空间和平台的同时，又制造出各种新的"利益空间"，使自身可能成为"异化了的对象"。

其二，社会系统对于大学体育的控制功能失效。

哈贝马斯指出，危机过程是从无法解决的控制问题中产生出来的，首先要认同危机，而后是控制问题，两者紧密相关。主体一般都没有意识到控制问题的重要性及其可能会造成的不良后果，这些不良后果可能会对主体意识产生特殊影响，甚至危及社会整合。倘若社会系统不能在某一可能性范围内解决其控制问题，就必然会出现危机。② 尽管整个体育体制、体育权力格局在更迭和变换，旧有的发展秩序被不断颠覆，但新的秩序始终处于孕育之中。

这些年来，大学体育体制改革以及与此相关的管理改革、法制化建设的呼声日渐强烈，相关的政策措施不断出台。如，1995年6月国务院颁布了《全民健身计划纲要》和《国民经济和社会发展"九五"计划和2010年远景目标纲要》，各省区市为了配合《全民健身计划纲要》也纷纷颁布了《公共文化体育设施条例》，2003年中共中央、国务院出台了《关于进一步加强和改进新时期体育工作的意见》，2009年国务院发布了《全民健身条例》等。在此背景下，学生"阳光体育运动"逐渐开展起来。但由于整个社会对于大学体育的控制功能失效，这些政策措施并没有产生理想的效果，大学生体育生活化一直处于"难产"状态。一项调查表明，利用课余时间参加体育锻炼的大学生低于大学生总数的30%。大部分学生都没有锻炼的习惯，他们的体育生活方式几乎为零。③ 2006年《第二次国民体

---

① 《体育课被大学生忽视 成大学教育薄弱一环》，http://roll.sohu.com/20120426/n34183 2006.shtml。
② 郑晓松：《技术与合理化——哈贝马斯技术哲学研究》，齐鲁书社，2007，第95页。
③ 张晓微：《论当代大学生体育生活方式的影响因素》，《青春岁月》2012年第12期，第245页。

质监测报告》显示：超肥胖学生比例迅速增加，城市中超重与肥胖的男生已近1/4，视力不良率已超2/3，大学生的视力不良率高达83%。[1] 王登峰了解到，北大两周军训期间，2011级近3500名学生累计看病超过6000人次，特别是第一周，晕倒者众多。他认为，学校体育面临严峻的挑战。大学生体质下滑的趋势还在继续。[2]

其三，大学体育的组织原则遭到破坏。

哈贝马斯说，高度抽象出来的组织原则是在巨大的进化动力中表现出来的自然特性，这些特性标志着不同阶段上新的发展水平。[3] 任何一种系统都由组织原则所决定，这种组织原则为系统的改变提供了抽象的可能性。大学体育作为一个独立的系统，有其自身的组织原则。而组织原则一旦被破坏，危机便由此产生。以大学体育课程原则为例。现代性体育在大学体育课程领域表现为对课程的本质、课程结构、教学方法、教学手段、教学规律等的探求，它以学科逻辑为中心，追求的是大学体育课程与体育技术传授、增强体质方式的内在的学科机理。这些大学体育课程的"组织原则"远离大学生生活实际，与大学生体育生活化无涉，其实施的结果，不仅无益于大学生体育的发展、大学生体育生活化的推进，最终也会使大学体育课程"组织原则"自身遭到破坏。

一些体育专家和学者坚持，大学生参与身体运动需要科学的方法和手段来指导，大学体育课的根本任务是要学习掌握体育知识、技术、技能和发展体能。大学体育课程必须以理性的方式贯彻"健康第一"的理念，其基本功能要以大学生的一定身体认知为基础。大学体育课程必须根据大学生的已有认知水平，科学设计教学内容、教学组织形式，合理安排锻炼负荷，从而使学生能够掌握正确的运动技术原理和方法。体育课程模式要对学生身体进行规训与教化。体育课程具有系统性、程式化、精细化、规格化，有严密的学科逻辑。课程目标的制定要严格分层与设定，以教材、课堂和教师为中心。

另一些专家坚持要把学生身体拓展、情感体验和潜能挖掘置于人的视域之内，提出了盛极一时的"快乐体育"思想。倡导学生学习过程中自己

---

[1] 《第二次国民体质监测报告》，人民体育出版社，2007。
[2] http://edu.163.com/12/0917/09/8BJJFIRU00294JD9.html。
[3] 哈贝马斯：《合法化危机》，刘北成译，上海人民出版社，2000，第9页。

对知识技能的建构性，强调体育知识技能学习的非线性、社会性和情境性；推崇体育教育的"过程模式"，主张尊重大学生的多种需求个体差异，发挥大学生的主体性，强调大学要为大学生提供多元化的选择条件；倡导探究式学习、合作式学习和研究性学习，重视课程的隐性价值；呼唤生命教育观，倡导尊重个性、尊重自由意志、尊重选择；构建"三自主""俱乐部制"等诸多类型课程模式，以课程"感性"取代课程的理性，将课程的结构、教学内容的密度、运动价值阈、运动负荷的监控、技能的掌握置于以"兴趣"为核心的运动参与之外。

还有一些体育专家和学者寻求折中的解决办法，这种折中使得体育工作者在教学实践中，常常徘徊于"是让学生掌握体育知识，发展技术、技能和体能"与"保持学生体育兴趣、满足学生体育需要，促进学生体育动机与快乐体育"之间，简单地把"学生自主选择体育项目或内容"理解为"以人为本"的表现，使体育课程陷入"乌托邦"的迷雾之中。

时至今日，大学体育研究，在体育课程理性认识这样原则性的问题上，在所谓传统向现代过渡的过程中，如何取舍的这一至关重要的原则性问题还有待探索。对大学体育这些新旧问题不能给予科学合理的解释，是目前大学体育改革中问题的具体反映，大学体育教师也茫然不知所措。

以上都表明大学体育已经陷入危机，于是，人们开始重新思考大学体育问题，迫切地寻觅摆脱危机的途径——体育生活化。体育生活化是文明、健康生活方式的重要组成部分，体育生活化使大学生在自觉参与中提升自己的思想水平、认知能力、道德水平。体育生活化对处于危机之中的当代大学体育有其迫切性。只有以体育生活化为导向和宗旨，才能让大学体育走出危机，体育工作者有明确的方向。

2. 大学生体育生活化：大学体育走出困境

大学生体育生活化要求大学体育坚持以生活为价值取向，要求大学体育坚持以大学生为本，修正和确立了大学体育的组织原则。正是以大学体育与大学生生活的融合性、大学生体育价值观念的多元性、大学生体育参与的多样性和自主性及大学生体育活动的时常性为基本特征的大学生体育生活化，促进了大学生和社会成员对大学体育的认同。大学体育组织原则的修正和确立及大学生和社会成员对大学体育的认同将提高社会系统对于大学体育的控制效率，从而使大学生体育生活化成为大学体育走出困境的必由之路。

（1）确立大学体育的组织原则

第一，以生活为价值取向的原则的确立。大学生体育生活化明确了大学体育的具体要求，并且把这些要求作为大学体育的出发点和基本原则。大学体育必须始终以大学生生活为价值取向，而不是以课程和专业为价值取向，因此要构建以大学生生活为中心的课程体系，从而使大学体育延伸到体育课程之外。大学体育课程体系的终极目标不仅仅是大学生接受正规的教学指导的过程，也是大学生在课余进行体育活动和体育学习，并且在需要的时候得到指导的过程。正确区分大学体育技能和大学体育专业的关系，不仅可以消除只有体育专业和高水平运动员等部分学生需要自觉把体育融入生活的错误认识，而且可以帮助大学生正确认识体育活动，自觉地将体育融入生活，经常进行体育活动。

第二，以提升大学生素质为本的原则的确立。大学体育必须时刻和始终坚持以大学生为本，要求大学体育去商业化和去工具化。大学体育去商业化的过程，不仅是大学生可以在一定条件下免费获得体育教育和指导，也是要求大学如同运营大学的教室、图书馆、实验室一样去运营大学的体育场馆，满足大学生接受体育教育和进行体育学习的硬件和软件需要的过程。大学体育去工具化的过程，不仅可以消除当今大学体育和部分大学生无形中成为工具的这一现象，让体育本真价值得以真正体现的过程，也是体育"健康人生""健康向上"精神培养的过程。大学体育去工具化，有助于大学生公平竞争、团队合作等行为品质的形成，可以最大限度地激发大学生的潜能以争取精神世界的健康自由，促进大学生的全面发展，改变个人的命运，使人本身的体育价值理性得到弘扬。体育的价值理性超出了体育运动本身，它内化为大学生心中的一种信念和追求。它并不看重所选择体育行为的结果，而是追求大学生的人格完善。因此大学生体育生活化确立了大学体育的组织原则。

（2）促进社会成员对大学体育的社会认同

第一，基本特征促进认同。大学生体育生活化的过程是大学生及社会成员理想的体育价值观念重塑的过程。在体育活动过程中，大学生不受各种外在客观条件的限制，能够自主选择体育锻炼的时间、地点、内容及形式，可以自主选择体育锻炼的伙伴，能够根据需要及时得到科学的体育指导等。大学生自觉进行体育比赛活动、体育锻炼活动、体育观赏行为、体育消费行为等，不仅能够促进大学生发自内心地自觉进行体育活动，也能促进大学生体育活动时常性的实现，即当体育行为如同吃饭和睡觉一样成为大学生生活中必不可少的一个环节的时候，体育的各种显性和隐性的功能，劳动、娱乐、健康和生命的个体人本价值，社会发展价值和学科发展价值将在大学生的生活中得以充分展现。

第二，积极情感促进认同。大学生体育生活化的过程是大学生能力、智力提升的过程，是完善人格和优良性格形成的过程，更是对大学生运用专业知识服务社会的间接和直接的促进过程。体育生活化是培养和激发大学生坚韧不拔、坚持不懈、吃苦耐劳、刻苦钻研等精神研究所需要的学术品质的过程；大学生体育生活化是大学教育品质提升的过程，是大学生正义品质塑造的过程，是对大学生传统美德和社会责任感塑造的过程。大学生对体育产生的积极态度和情感，是形成新的、正确的、积极的社会认同的基础。

因此当大学生体育多内涵地、自觉地、经常地融入大学生的日常生活后，大学体育的价值会多元地在大学生生活中呈现，大学生对体育的态度和情感会发生积极改变，即大学生对大学体育的认同得到增强。大学生及社会成员坚信大学体育这一社会子系统是能够获得一个良性转型的。

(3) 提高社会系统对于大学体育的控制效率

第一，组织原则确立提升控制效率。大学生体育生活化通过确立大学体育的组织原则和提升大学生和社会成员对大学的认同来提高控制效率。从外在来讲，大学生体育生活化确立的高度概括和抽象的大学体育的组织原则，在大学体育变革中表现出大学体育的自然特性。大学生体育生活化限定了大学体育这一社会子系统要获得大学生和社会成员认同的必要条件，确定了大学体育这一社会子系统的活动范围，确立了大学体育这一社会子系统要获得积极发展所依赖的机制。大学体育以大学生生活为价值取向和以大学生为中心的组织原则一旦确立，所有的活动都要以这个原则为出发点。整个大学体育的管理、运作、检查、考核等，都是对这个标准进行衡量的过程。一旦这个原则确立，有助于所有活动终极指向的确立。从内部来讲，无论是大学体育的政治化问题、专业化问题、科技化问题等，都会伴随大学体育社会认同的提高而得到缓解或者消除，大学体育将进入一个良性发展的过程中。

第二，社会认同提升控制效率。在大学体育组织原则确立的同时，在大学体育的社会认同得到进一步提高的过程中，大学生体育生活化促进大学生全面发展，满足大学生追求生命质量的需要，实现大学生有尊严地活着。所以，大学生体育生活化的推进是大学自身发展的一个重要举措。也可以说，大学生体育生活化影响着大学文化、大学精神、大学品质的发展与提升。大学文化、大学精神、大学品质都可以在大学生体育生活化的过程中得到实现，因而大学生体育生活化的过程就是发展大学文化、增强大学精神、提升大学品质的过程。这一过程有助于相关的其他子系统对大学体育这一子系统的控制效率的提高。

综上所述，以大学生体育生活化来引领大学体育的发展，为大学体育确立了系统的组织原则，能够促进大学生和社会成员对大学体育的社会认同，可以提高社会系统对于大学体育的控制效率，是我国大学体育走出困境的必由之路。

大学生体育生活化是大学体育走出困境的必由之路。说到底，大学教育就是为满足大学生身心发展和能力素质发展创设良好的、动态适宜的、健康的成长环境。因此，大学要充分体现以"大学生"为本的教育原则，才可能真正把握大学的本质内涵。大学有为国家服务的政治属性，也有投入、产出和效率筹划安排的经济属性。但大学的本质归属是文化。大学理想的终极目的是"为学生的成长与发展服务"，大学必须坚持以人为本、又好又快、全面发展、和谐发展、可持续发展的原则。

大学生体育生活化就是要实现大学生个体与大学生整体的体育锻炼行为自觉。个体体育锻炼行为自觉是实现整体体育行为自觉的条件，整体体育行为自觉是个体体育锻炼行为自觉的目标。大学生体育生活化对大学生个体与整体品质的影响是不言而喻的。大学生体育生活化通过提升大学生个体和整体品质来提升大学的品质，因为大学生是大学的主体。大学生在追求全面发展与生命质量的过程中，最终实现有尊严地活着。大学生能否全面发展，能否有尊严地活着，是一所大学品质好坏的体现。大学品质由一个个大学生的品质来体现、展现。每所大学的学生品格、大学生精神面貌又是每所大学精、气、神的体现。大学精神有形或无形地在大学生身上体现，大学品质显性或者隐性地在大学生身上得到反映。大学生体育生活化在两个层面影响着大学生，一个是大学生个体体育锻炼行为的自觉，另一个是全体大学生体育锻炼行为的自觉。体育生活化是促进大学生全面发展，满足大学生追求生命质量的需要，是实现大学生有尊严地活着的一个重要途径。大学品质包括教育的品质、学术的品质和专业的品质。大学生体育生活化有助于提升这三种品质。塑造大学品质，就是要塑造大学的教育品质、学术品质和专业品质。

大学生体育生活化过程对教育品质的提升表现在大学生体育锻炼行为自觉的过程中，以及大学生正义品质的形成。大学是传承文化和培养民主精神的地方。体育生活化的过程是对大学生传统美德和社会责任感的塑造过程。

学术品质包括对学术自由和学术精神的追求，创造创新是极其艰难的和痛苦的过程，需要在学术精神的支持下付出长期的努力。坚韧不拔、坚持不懈、吃苦耐劳、刻苦钻研等，这些都能够在体育生活化过程中得到培养和激发。

专业品质要求大学生服务社会。大学在考量专业知识的同时，也会对大学生进行全方位的评价。而大学生体育生活化的过程不仅是大学生能力、智力提升的过程，也是完善人格和优良性格形成的过程，更是对大学生运用专业知识服务社会的间接和直接的促进过程。

大学品质多种多样，其中包括追求卓越、精英教育、和而不同、自由开放等。无论是哪种品质的形成和提升，都可以在体育生活化的过程中得到实现，因而大学生体育生活化的过程就是大学生品质形成和提升的过程。

格里芬说，根据欲望理论，某种事物是因为满足了某种欲望而使得生活变得更加美好了。[①] 正因为体育生活化能使我们的生活变得更加美好，能够满足大学生多层面的需求，而且体现了体育运动自身内在的价值，所以体育生活化成为大学生个体的生活生存和全面发展的不可或缺的重要

[①] 参见梁利民《关于体育生活化的深层思考》，《上海体育学院学报》1997年第11期，第13~17页。

途径。

小　结

个体人本价值、社会发展价值和学科发展价值三者共同构成大学生体育生活化价值体系。个体人本价值的实现是社会发展价值的基础，个体人本价值实现的过程也是社会价值实现的过程。个体人本价值的实现为学科发展提供了可能，大学生创造创新的过程、大学生体育生活化的过程，也是大学体育学科发展的过程。大学体育学科发展价值的实现有助于社会发展价值的发挥。因此，个体人本价值、社会发展价值和学科发展价值三者之间紧密联系。而三者在价值体系当中的位置，在不同时期、不同层次的大学是有所不同的，是会发生变化的。

第二节　我国大学生体育生活化现状透视

一　我国大学生体育生活化现状调查

2014年，本研究根据大学生体育生活化的特征，制作了"大学生体育生活化调查问卷"，对该问卷进行了信度和效度检验。笔者以多次小规模访谈方式来提高问卷的效度，规范问卷结构性，精确问卷语言表达，科学设置问卷的问题。而访谈的重点是使指标设置更为合理。访谈结果显示，问卷总体上是比较合理的，但语言表达还需要进一步润色。在此基础上，笔者完善了问卷的初稿。笔者分别在2014年3月到4月的两个周五对同一个班级上体育课的大学生进行了调查，以检验问卷的信度。根据两次重测的结果，形成了调查问卷的终稿。问卷信度检验中，信度是评价结果的前后一致性，也就是人们可以信赖的程度，一般使用克伦巴赫α系数检验问卷信度。公式如下：

$$\alpha = \frac{K}{K-1}(\frac{\sum S_1^2}{S_x^2})$$

其中，K为测验的题目数；S_1^2为某一道题目分数的变异数；S_x^2为测验总分的变异数。根据收集到的有效问卷，使用SPSS17.0计算得到克伦巴赫α系数为0.887，标准化的α值为0.892，说明问卷具有良好的可靠性。

最后，分别把问卷发给体育心理学、体育社会学、教育管理学等方面的6位专家，请他们分别对问卷的内容效度、结构效度等方面进行检验，6位专家的调查结果证明了该问卷的有效性。

之后，本研究展开了调查。调查尽量考虑中国高校的地域及类型，分别从"985"和"211"高校、地方本科院校、专科院校三个层次选取11所大学发放调查问卷，共发放4000份，其中，"985"和"211"高校1000份，地方本科院校1600份，专科院校1400份；共回收3585份，回收率89.6%，其中，"985"和"211"高校896份，地方本科院校1431份，专科院校1258份，回收率分别为89.6%、89.4%和89.9%（见表2-1）。然后对获得的数据进行基础统计分析、方差分析和 t 检验。

表2-1 问卷调查情况

学校名称	学校类型	发放份数	有效问卷份数	回收率（%）
南京大学	"985"	200	178	89.0
中国矿业大学	"211"	400	358	89.5
华东师范大学	"985"	400	360	90.0
徐州工程学院	普通本科	400	359	89.7
辽宁工程大学	普通本科	400	348	87.0
西安电子科技大学	普通本科	400	356	89.0
扬州大学	普通本科	400	368	92.0
南京特殊教育学校	高职	400	359	89.7
江苏经贸学校	高职	200	368	92.0
枣庄学院	本、专科	400	359	89.7
淮阴工学院	本、专科	400	172	43.0

本研究设计了14个题目（见附录2"锻炼现状"）来考察大学生体育生活化的四个特征。第2、第3、第4题考察大学生体育活动参与的时常性，即大学生能否坚持进行体育活动，大学生每次参加体育活动的时间，每周大学生参与体育锻炼的次数。第1、第5、第6题考察大学生体育参与的自主性，即大学生对体育锻炼的兴趣程度，大学生参与体育锻炼是否是出于自己的意愿和喜好，大学生进行体育锻炼的项目、时间和场所是否可以自己选择。第8、第9、第10题考察大学生体育价值观念的多元性，即

大学生对体育各种价值认可的程度,体育的价值在大学生个体身上得到印证的程度,大学生是否认为缺乏充足的体育锻炼会影响今后的学习、工作、生活。第7、第11、第12、第13、第14题考察体育与大学生日常生活的相融性,即体育锻炼是不是大学生日常生活的一个部分,大学生对自己目前的体育锻炼状况是否满意,大学生是否有自己制订的锻炼计划,大学生是否实行了自己制订的锻炼计划,大学生是否愿意再次制订锻炼计划,并且决心实行。

经过对调查数据的统计分析,下文中的百分数多为两个选项结果叠加而来,这样更能够言简意赅地描述大学生体育生活化四个特征的具体情况,更清晰地描述我国大学生体育生活化的现状。

1. 大学生体育生活化现状总体情况

第一,大学生体育活动时常性情况的考察。

按照大学生体育生活化对大学生体育行为的要求,笔者通过三个问题来考察大学生体育行为的时常性,分别为"您能够坚持参加体育活动"(A. 非常正确 B. 正确 C. 一般 D. 不正确 E. 非常不正确)、"除了体育课,您每周锻炼的次数是多少"(A. 0次 B. 1~2次 C. 3~5次 D. 5~7次 E. 7次以上)、"您坚持体育活动已有多长时间"(A. 3个月以内 B. 3个月至6个月 C. 6个月至1年 D. 1年至5年 E. 5年以上)。表2-2显示:把每周锻炼3~5次和每周锻炼5~7次及7次以上的大学生加在一起,能够坚持体育锻炼的大学生占51.7%,仍然有37.6%的大学生每周锻炼1~2次,甚至有10.7%的大学生从不锻炼。这说明大学生体育锻炼行为的时常性与体育生活化的要求还有很大的差距。

表2-2 时常性的统计结果

单位:%

选项	A	B	C	D	E
Q2 您能够坚持参加体育活动	15.0	27.3	44.1	11.8	1.8
Q4 除了体育课,您每周体育锻炼的次数是多少	10.7	37.6	36.4	10.4	4.9
Q3 您坚持体育活动已有多长时间	26.7	30.5	23.1	14.0	5.7

第二,大学生体育参与自主性情况的考察。

大学生体育生活化要求大学生体育参与出于自己内心的需要,能够自由安排体育参与的时间,自由选择体育参与的场所等。因此,本研究用三个问题来调查大学生体育参与的自主性。表2-3显示:大学生对体育感兴趣的占比达到50.1%;参与体育运动是出于自己意愿和喜好的占61.5%;能够自主选择体育锻炼项目、时间、场所的占66.4%。这表明相当一部分的大学生对体育的参与不是发自内心的需要,也不能够在体育参与中表现出一定的自主性,与体育生活化要求的大学生体育参与的自主性有较大的差距。

表2-3 自主性统计结果

单位:%

选项	A（非常正确）	B（正确）	C（一般）	D（不正确）	E（非常不正确）
Q1 您对体育锻炼的兴趣	19.0	31.1	43.7	3.6	2.6
Q5 您参与体育锻炼完全出于您自己的意愿和喜好	21.9	39.6	29.5	6.8	2.2
Q6 您进行体育锻炼的项目、时间和场所都是您自己选择的	24.2	42.2	24.2	6.7	2.7

第三,大学生体育价值观念的多元性情况的考察。

大学生能够发自内心地主动地把体育融入生活的一个前提就是对体育多元价值的认知。从表2-4中我们发现,47.8%的大学生认识不到体育的多元价值,亦即意识不到体育生活化的多元价值;只有43.5%的大学生认为体育的功能在他们身上得到了印证;有31.2%的大学生认为缺乏体育锻炼对今后的学习和工作不会产生影响,或者影响不大。

表2-4 价值多元性统计结果

单位:%

选项	A（非常正确）	B（正确）	C（一般）	D（不正确）	E（非常不正确）
Q8 体育价值是多种多样,且在您身上得到印证	10.1	42.1	33.8	11.3	2.7

续表

选项	A（非常正确）	B（正确）	C（一般）	D（不正确）	E（非常不正确）
Q9 体育价值在您身上得到了印证	13.6	29.9	45.3	9.4	1.8
Q10 您认为缺乏充足的体育锻炼会影响今后的学习、工作、生活	27.8	41.0	26.0	4.2	1.0

第四，体育与大学生日常生活的相融性情况的考察。

体育生活化的典型特征就是体育融入人们的生活。笔者从五个方面来考察大学生把体育融入生活的现状。表2-5表明：50.9%的大学生认为体育是他们日常生活的一部分，49.1%的大学生不确定体育是不是生活的一部分，或者认为体育不是他们生活的一部分。38.7%的大学生对自己体育锻炼的现状满意，绝大部分大学生对自己体育锻炼的状况并不满意，27%的大学生没有制订过锻炼计划，其中7.8%的大学生确定没有实行自己的计划，10%的大学生表示不准备再制订计划。

表2-5 相融性统计结果

单位：%

选项	A（非常正确）	B（正确）	C（一般）	D（不正确）	E（非常不正确）
Q7 体育锻炼是您日常生活的一部分	19.1	31.8	37.6	9.0	2.5
Q11 您对自己目前的体育锻炼状况很满意	11.4	27.3	47.8	11.9	1.6
Q12 您目前有自己制订的锻炼计划	10.7	22.3	40.0	22.0	5.0
Q13 您实行了您自己制订的锻炼计划	39.3	32.9	20.0	7.5	0.3
Q14 您愿意再次制订锻炼计划，并决心实行	12.3	36.7	41.0	7.2	2.8

2. 不同类型高校大学生体育生活化现状差异（1表示"985""211"高校，2表示地方本科院校，3表示专科院校）

笔者统计不同类型高校大学生各题均分，再结合方差分析结果，分析不同类型高校大学生体育生活化四个特征之间的差异。所得均分高,表明大学生体育生活化的四个特征更明显;所得均分低,则表明大学生体育生活化四个特征表现差。本研究在每一个部分先呈现每个题目的均分得分情况,然后再呈现方差分析结果。表2-6为不同类型高校大学生各题得分均数。

表2-6 不同类型高校大学生各题得分均数

Factor	Q1	Q2	Q3	Q4	Q5	Q6	Q7	Q8	Q9	Q10	Q11	Q12	Q13	Q14
1 Mean	2.34	2.57	2.54	2.40	2.21	2.10	2.42	1.85	2.47	1.94	2.70	2.91	1.91	2.45
2 Mean	2.45	2.59	2.60	2.32	2.38	2.42	2.54	1.97	2.63	2.10	2.68	2.90	2.05	2.54
3 Mean	2.57	2.73	2.28	2.37	2.36	2.44	2.64	1.94	2.78	2.14	2.86	3.14	1.84	2.54

第一,时常性情况差异。

在"您能够坚持参加体育活动"选项中,专科院校与"985""211"高校和地方本科院校差异显著,专科院校更能坚持参加体育活动。"985""211"高校和地方本科院校无显著差异。在"您坚持体育活动已有多长时间"选项中,专科院校与"985""211"高校和地方本科院校差异显著,坚持参加体育活动的时间不长。"985""211"高校和地方本科院校无显著差异。在"除了体育课,您每周体育锻炼的次数是多少"的选项中,三类院校无显著差异(见表2-7)。

表2-7 不同类型高校时常性情况方差分析

Dependent Variable	(I) Factor	(J) Factor	Mean Difference (I-J)
Q2 您能够坚持参加体育活动	1	2	-0.02
		3	-0.16(*)
	2	1	0.02
		3	-0.14(*)
	3	1	0.16(*)
		2	0.14(*)

续表

Dependent Variable	(I) Factor	(J) Factor	Mean Difference (I-J)
Q3 您坚持体育活动已有多长时间	1	2	-0.05
		3	0.26（*）
	2	1	0.05
		3	0.32（*）
	3	1	-0.26（*）
		2	-0.32（*）
Q4 除了体育课，您每周体育锻炼的次数是多少	1	2	0.08
		3	0.03
	2	1	-0.08
		3	-0.05
	3	1	-0.03
		2	0.05

第二，自主性情况差异。

在"您对体育锻炼的兴趣"选项中，三类高校有显著差异，得分均数显示：专科院校得分高于地方本科院校，地方本科院校又高于"985""211"高校。在"您参与体育锻炼完全出于您自己的意愿和喜好"选项中，"985""211"高校与专科院校和地方本科院校均差异显著，"985""211"高校得分低于专科院校和地方本科院校。专科院校和地方本科院校无显著差异。在"您进行体育锻炼的项目、时间和场所都是您自己选择的"选项中，"985""211"高校与专科院校和地方本科院校差异显著，"985""211"高校得分均低于专科院校和地方本科院校，专科院校和地方本科院校无显著差异（见表2-8）。

表2-8 不同类型高校自主性方差分析

Dependent Variable	(I) Factor	(J) Factor	Mean Difference (I-J)
Q1 您对体育锻炼的兴趣	1	2	-0.11（*）
		3	-0.23（*）
	2	1	0.11（*）
		3	-0.11（*）
	3	1	0.23（*）
		2	0.11（*）

续表

Dependent Variable	(I) Factor	(J) Factor	Mean Difference (I-J)
Q5 您参与体育锻炼完全出于您自己的意愿和喜好	1	2	-0.17（*）
		3	-0.15（*）
	2	1	0.17（*）
		3	0.02
	3	1	0.15（*）
		2	-0.02
Q6 您进行体育锻炼的项目、时间、场所都是您自己选择的	1	2	-0.32（*）
		3	-0.33（*）
	2	1	0.32（*）
		3	-0.02
	3	1	0.33（*）
		2	0.02

第三，价值观念多元性差异。

在"体育价值是多种多样，且在您身上得到了印证"选项中，"985""211"高校与地方本科院校差异显著，"985""211"高校得分显著低于地方本科院校；"985""211"高校也低于专科院校，但无显著差异；专科院校低于地方本科院校，但无显著差异。在"体育价值在您身上得到了印证"选项中，三类高校有显著差异，得分显示：专科院校得分高于地方本科院校的得分，地方本科院校得分又高于"985""211"高校的得分。在"您认为缺乏充足的体育锻炼会影响今后的学习、工作、生活"选项中，"985""211"高校与专科院校和地方本科院校均差异显著，"985""211"高校低于专科院校和地方本科院校，专科院校和地方本科院校无显著差异（见表2-9）。

表2-9 不同类型高校价值多元性方差分析

Dependent Variable	(I) Factor	(J) Factor	Mean Difference (I-J)
Q8 体育价值是多种多样，且在您身上得到了印证	1	2	-0.12（*）
		3	-0.09
	2	1	0.12（*）

续表

Dependent Variable	(I) Factor	(J) Factor	Mean Difference (I－J)
		3	0.03
	3	1	0.09
		2	－0.03
Q9 体育价值在您身上得到了印证	1	2	－0.16 (*)
		3	－0.31 (*)
	2	1	0.16 (*)
		3	－0.15 (*)
	3	1	0.31 (*)
		2	0.15 (*)
Q10 您认为缺乏充足的体育锻炼会影响今后的学习、工作、生活	1	2	－0.16 (*)
		3	－0.20 (*)
	2	1	0.16 (*)
		3	－0.04
	3	1	0.20 (*)
		2	0.04

第四，相融性差异。

在"体育锻炼是您日常生活的一部分"选项中，"985""211"高校与专科院校和地方本科院校均差异显著，"985""211"高校得分低于专科院校和地方本科院校。地方本科院校得分低于专科院校，但是无显著差异。在"您对自己目前的体育锻炼状况很满意"选项中，专科院校与"985""211"高校和地方本科院校均差异显著，专科院校得分高于"985""211"高校和地方本科院校。"985""211"高校得分高于地方本科院校，但是无显著差异。在"您目前有自己制订的锻炼计划"选项中，专科院校与"985""211"高校和地方本科院校均差异显著，专科院校得分高于"985""211"高校和地方本科院校，"985""211"高校得分高于地方本科院校，但是无显著差异。在"您实行了您自己制订的锻炼计划"选项中，地方本科院校与专科院校和"985""211"高校均差异显著，地方本科院校得分高于"985""211"高校和专科院校。在"您愿意再次制订锻炼计划，并决心实行"选项中，专科院校和地方本科院校得分高于"985""211"高校,但是三类高校均无显著差异(见表2-10)。

表2-10 不同类型高校相融性方差分析

Dependent Variable	(I) Factor	(J) Factor	Mean Difference (I-J)
Q7 体育锻炼是您日常生活的一部分	1	2	-0.12(*)
		3	-0.21(*)
	2	1	0.12(*)
		3	-0.10
	3	1	0.21(*)
		2	0.10
Q11 您对自己目前的体育锻炼状况很满意	1	2	0.02
		3	-0.16(*)
	2	1	-0.02
		3	-0.18(*)
	3	1	0.16(*)
		2	0.18(*)
Q12 您目前有自己制订的锻炼计划	1	2	0.01
		3	-0.22(*)
	2	1	-0.01
		3	-0.23(*)
	3	1	0.22(*)
		2	0.23(*)
Q13 您实行了您自己制订的锻炼计划	1	2	-0.14(*)
		3	0.08
	2	1	0.14(*)
		3	0.22(*)
	3	1	-0.08
		2	-0.22(*)
Q14 你愿意再次制订锻炼计划,并决心实行	1	2	-0.09
		3	-0.08
	2	1	0.09
		3	0.01
	3	1	0.08
		2	-0.01

通过对数据的解读，可知：虽然三类院校在大学生体育参与时常性、自主性，大学生价值观念多元性和与日常生活的相融性上，总体表现并不尽如人意。但是专科院校显著好于地方本科院校和"985""211"高校，而地方本科院校也在大多数的得分中显著高于"985""211"高校。因此，大学生体育生活化程度，专科院校好于地方本科院校，地方本科院校好于"985""211"高校。

3. 不同年级大学生体育生活化比较分析（1代表一年级，2代表二年级，3代表三年级，4代表四年级）

本研究通过各个年级每个题目得分均数情况和年级间方差分析来对我国大学生体育生活化年级差异现状进行研究。年级得分均数如表2-11所示。

表2-11 不同年级各题得分均数

Factor	Q1	Q2	Q3	Q4	Q5	Q6	Q7	Q8	Q9	Q10	Q11	Q12	Q13	Q14
1 Mean	2.46	2.66	2.40	2.31	2.37	2.31	2.50	1.97	2.68	2.10	2.75	2.95	1.93	2.45
2 Mean	2.30	2.60	2.67	2.68	2.12	2.24	2.28	1.90	2.51	2.12	2.61	2.81	1.98	2.50
3 Mean	2.31	2.49	2.67	2.39	2.26	2.17	2.43	1.93	2.47	2.01	2.64	2.86	1.92	2.45
4 Mean	2.75	2.80	2.71	2.35	2.35	2.17	2.59	2.00	2.38	2.54	2.94	2.24	2.93	
Total M	2.39	2.58	2.61	2.41	2.28	2.21	2.44	1.94	2.56	2.09	2.65	2.88	1.97	2.51

第一，时常性情况差异。

在"您能够坚持参加体育活动"选项中，一年级与三年级，三年级与四年级差异显著，其中，三年级明显比一年级和四年级要差。在"您坚持体育活动已有多长时间"选项中，一年级与二、三、四年级都存在显著差异，其他三个年级均无显著差异。一年级坚持体育锻炼时长明显少于其他年级。在"除了体育课，您每周体育锻炼的次数是多少"选项中，二年级参加活动次数与其他三个年级都存在显著差异，二年级大学生参加活动次数显著多于其他三个年级。通过三个选项的差异分析，说明大学生体育生活化在年级上是有差异的（见表2-12）。

表2-12 不同年级时常性情况方差分析

Dependent Variable	(I) Factor	(J) Factor	Mean Difference (I-J)
Q2 您能够坚持参加体育活动	1	2	0.06

续表

Dependent Variable	(I) Factor	(J) Factor	Mean Difference (I−J)
		3	0.17 (*)
		4	−0.14
	2	1	−0.06
		3	0.11
		4	−0.20
	3	1	−0.17 (*)
		2	−0.11
		4	−0.31 (*)
	4	1	0.14
		2	0.20
		3	0.31 (*)
Q3 您坚持体育活动已有多长时间	1	2	−0.26 (*)
		3	−0.26 (*)
		4	−0.31 (*)
	2	1	0.26 (*)
		3	0.00
		4	−0.04
	3	1	0.26 (*)
		2	0.00
		4	−0.04
	4	1	0.31 (*)
		2	0.04
		3	0.04
Q4 除了体育课，您每周体育锻炼的次数是多少	1	2	−0.37 (*)
		3	−0.08
		4	−0.04
	2	1	0.37 (*)
		3	0.29 (*)
		4	0.33 (*)
	3	1	0.08
		2	−0.29 (*)
		4	0.04

续表

Dependent Variable	(I) Factor	(J) Factor	Mean Difference (I-J)
	4	1	0.04
		2	-0.33(*)
		3	-0.04

第二，自主性情况差异。

在"您对体育锻炼的兴趣"选项中，四年级显著高于其他年级。在"您参与体育锻炼完全出于您自己的意愿和喜好"选项中，一年级显著好于二、三年级。在"您进行体育锻炼的项目、时间和场所都是您自己选择的"选项中，四个年级均无差异（见表2-13）。

表2-13 不同年级自主性方差分析

Dependent Variable	(I) Factor	(J) Factor	Mean Difference (I-J)
Q1 您对体育锻炼的兴趣	1	2	0.16
		3	0.16(*)
		4	-0.28(*)
	2	1	-0.16
		3	-0.01
		4	-0.45(*)
	3	1	-0.16(*)
		2	0.01
		4	-0.44(*)
	4	1	0.28(*)
		2	0.45(*)
		3	0.44(*)
Q5 您参与体育锻炼完全出于您自己的意愿和喜好	1	2	0.24(*)
		3	0.11
		4	0.02
	2	1	-0.24(*)
		3	-0.14
		4	-0.23
	3	1	-0.11

续表

Dependent Variable	(I) Factor	(J) Factor	Mean Difference (I-J)
Q6 您进行体育锻炼的项目、时间和场所都是您自己选择的	4	2	0.14
		4	-0.09
	4	1	-0.02
		2	0.23
		3	0.09
	1	2	0.08
		3	0.14
		4	0.15
	2	1	-0.08
		3	0.06
		4	0.07
	3	1	-0.14
		2	-0.06
		4	0.01
	4	1	-0.15
		2	-0.07
		3	-0.01

第三，价值观念多元性差异。

在"体育价值是多种多样，且在您身上得到了印证"的选项中，四个年级均无显著差异。在"体育价值在您身上得到了印证"选项中，四年级显著好于一、二、三年级，一年级与三年级差异显著。在"您认为缺乏充足的体育锻炼会影响今后的学习、工作、生活"选项中，四年级与其他三个年级有显著差异（见表2-14）。

表2-14 不同年级价值多元性方差分析

Dependent Variable	(I) Factor	(J) Factor	Mean Difference (I-J)
Q8 体育价值是多种多样，且在您身上得到了印证	1	2	0.06
		3	0.03
		4	-0.03
	2	1	-0.06

续表

Dependent Variable	(I) Factor	(J) Factor	Mean Difference (I - J)
	3	3	-0.03
		4	-0.10
		1	-0.03
		2	0.03
		4	-0.07
	4	1	0.03
		2	0.10
		3	0.07
Q9 体育价值在您身上得到了印证	1	2	0.16
		3	0.21 (*)
		4	-0.08
	2	1	-0.16
		3	0.05
		4	-0.24 (*)
	3	1	-0.21 (*)
		2	-0.05
		4	-0.29 (*)
	4	1	0.08
		2	0.24 (*)
		3	0.29 (*)
Q10 你认为缺乏充足的体育锻炼会影响今后的学习、工作、生活	1	2	-0.02
		3	0.09
		4	-0.27 (*)
	2	1	0.02
		3	0.11
		4	-0.26 (*)
	3	1	-0.09
		2	-0.11
		4	-0.37 (*)
	4	1	0.27 (*)
		2	0.26 (*)
		3	0.37 (*)

第四,相融性差异。

在"体育锻炼是您日常生活的一部分"选项中,二年级显著差于一、四年级。在"您对自己目前的体育锻炼状况很满意"选项中,四年级显著差于一年级,也差于二、三年级,但不显著。在"您目前有自己制订的锻炼计划"选项中,四个年级均无显著差异。在"您实行了您自己制订的锻炼计划"选项中,四年级好于其他三个年级,且差异显著。在"您愿意再次制订锻炼计划,并决心实行"选项中,四年级与其他三个年级存在显著差异,表现为更愿意再制订锻炼计划并执行,其他三个年级得分均数相近,无显著差异(见表2-15)。

表2-15 不同年级相融性方差分析

Dependent Variable	(I) Factor	(J) Factor	Mean Difference (I-J)
Q7 体育锻炼是您日常生活的一部分	1	2	0.22(*)
		3	0.07
		4	-0.09
	2	1	-0.22(*)
		3	-0.15
		4	-0.31(*)
	3	1	-0.07
		2	0.15
		4	-0.16
	4	1	0.09
		2	0.31(*)
		3	0.16
Q11 您对自己目前的体育锻炼状况很满意	1	2	0.14
		3	0.11
		4	0.22(*)
	2	1	-0.14
		3	-0.03
		4	0.08
	3	1	-0.11
		2	0.03
		4	0.11

续表

Dependent Variable	(I) Factor	(J) Factor	Mean Difference (I-J)
	4	1	-0.22 (*)
		2	-0.08
		3	-0.11
Q12 您目前有自己制订的锻炼计划	1	2	0.14
		3	0.09
		4	0.01
	2	1	-0.14
		3	-0.05
		4	-0.13
	3	1	-0.09
		2	0.05
		4	-0.08
	4	1	-0.01
		2	0.13
		3	0.08
Q13 您实行了您自己制订的锻炼计划	1	2	-0.05
		3	0.01
		4	-0.31 (*)
	2	1	0.05
		3	0.06
		4	-0.26 (*)
	3	1	-0.01
		2	-0.06
		4	-0.32 (*)
	4	1	0.31 (*)
		2	0.26 (*)
		3	0.32 (*)
Q14 您愿意再次制订锻炼计划，并决心实行	1	2	-0.05
		3	0.00
		4	-0.48 (*)
	2	1	0.05
		3	0.05

续表

Dependent Variable	(I) Factor	(J) Factor	Mean Difference (I-J)
	3	4	-0.43(*)
		1	0.00
		2	-0.05
		4	-0.48(*)
	4	1	0.48(*)
		2	0.43(*)
		3	0.48(*)

总之，我国大学生体育生活化在四个年级上，无法解读到显著的差异。

4. 不同性别大学生体育生活化比较分析（1代表男生，2代表女生）

笔者对不同性别大学生得分均数进行比较，加上 t 检验结果，分析大学生体育生活化的性别差异现状。不同性别各题得分均数情况如表2-16所示。

表2-16 不同性别各题得分均数

Factor	Q1	Q2	Q3	Q4	Q5	Q6	Q7	Q8	Q9	Q10	Q11	Q12	Q13	Q14
1Mean	2.21	2.40	2.77	2.56	2.09	2.09	2.23	1.91	2.39	2.04	2.56	2.73	1.97	2.39
2Mean	2.73	2.92	2.32	2.15	2.58	2.44	2.80	1.97	2.88	2.16	2.81	3.13	1.93	2.70

第一，时常性情况差异。

在"您能够坚持参加体育活动"选项中，女生得分显著高于男生。在"您坚持体育活动已有多长时间"选项中，男生显著高于女生。在"除了体育课，您每周体育锻炼的次数是多少"选项中，男生活动次数多于女生，且差异显著（见表2-17）。

表2-17 不同性别大学生时常性 t 检验

		F	Sig.
Q2 您能够坚持参加体育活动	Equal variances assumed	20.261	0.000
Q3 您坚持体育活动已有多长时间	Equal variances assumed	4.485	0.034
Q4 除了体育课，您每周体育锻炼的次数是多少	Equal variances assumed	21.778	0.000

第二，自主性情况差异。

大学生对体育锻炼兴趣程度，女生高于男生，差异显著。参与体育锻炼是否"完全出于您自己的意愿和喜好"，女生相对男生更出于自愿，差异显著。在"您进行体育锻炼的项目、时间和场所都是您自己选择的"选项中，女生得分高于男生，有显著差异。

表 2-18　不同性别大学生自主性 t 检验

		F	Sig.
Q1 您对体育锻炼的兴趣	Equal variances assumed	10.207	0.001
Q5 您参与体育锻炼完全出于您自己的意愿和喜好	Equal variances assumed	4.227	0.040
Q6 您进行体育锻炼的项目、时间和场所都是您自己选择的	Equal variances assumed	15.955	0.000

第三，价值观念多元性差异。

大学生对体育多种多样价值认可的程度，男生和女生差异不显著。体育的价值在大学生身上得到印证的程度，有显著差异，女生高于男生。在"您认为缺乏充足的体育锻炼会影响今后的学习、工作、生活"选项中，女生得分高于男生，但无显著差异。

表 2-19　不同性别大学生价值观念多元性 t 检验

		F	Sig.
Q8 体育价值是多种多样，且在您身上得到印证	Equal variances assumed	4.409	0.036
Q9 体育价值在您身上得到了印证	Equal variances assumed	16.052	0.000
Q10 您认为缺乏充足的体育锻炼会影响今后的学习、工作、生活	Equal variances assumed	0.294	0.588

第四，相融性差异。

在"体育锻炼是您日常生活的一部分"选项中，女生得分显著高于男生。关于大学生对自己目前的锻炼状况满意程度，女生高于男生。对于目前大学生是否"有自己制订的锻炼计划"，女生高于男生，差异显著。对于大学生是否实行了"自己制订的锻炼计划"，男生高于女生，但差异不显著。关于是否愿意"再次制订锻炼计划,并决心实行",女生高于男生。

表 2-20　不同性别大学生相融性 t 检验

		F	Sig.
Q7 体育锻炼是您日常生活的一部分	Equal variances assumed	12.431	0.000
Q11 您对自己目前的锻炼状况很满意	Equal variances assumed	0.548	0.459
Q12 您目前有自己制订的锻炼计划	Equal variances assumed	0.865	0.353
Q13 您实行了您自己制订的锻炼计划	Equal variances assumed	47.779	0.000
Q14 您愿意再次制订锻炼计划,并决心实行	Equal variances assumed	0.282	0.596

总之,女生在大多数选项中得分显著高于男生。这说明:虽然大学生体育生活化整体情况不佳,但女大学生体育生活化情况好于男大学生。

5. 不同专业大学生体育生活化比较分析(1 代表文科,2 代表理科,3 代表工科)

本研究采用不同专业大学生得分的均数,结合不同专业方差分析结果,研究大学生体育生活化专业差异现状。不同专业各题得分均数情况如表 2-21 所示。

表 2-21　不同专业大学生各题得分均数

Factor	Q1	Q2	Q3	Q4	Q5	Q6	Q7	Q8	Q9	Q10	Q11	Q12	Q13	Q14
1 Mean	2.56	2.89	2.67	2.68	2.50	2.13	2.77	2.03	2.74	2.17	2.91	3.18	1.98	2.59
2 Mean	2.18	2.43	2.61	2.60	2.19	2.17	2.30	1.93	2.39	2.10	2.58	2.80	1.89	2.47
3 Mean	2.46	2.60	2.31	2.13	2.27	2.24	2.44	1.93	2.60	2.07	2.62	2.87	2.00	2.51

第一,时常性情况差异。

在"您能够坚持参加体育活动"选项中,文科得分高于理科和工科,工科高于理科,三类学生差异显著。在"您坚持体育活动已有多长时间"选项中,文科与理科及工科都存在差异,文科低于理科和工科,而工科与理科无显著差异。在"除了体育课,您每周体育锻炼的次数是多少"选项中,工科生和理科生的锻炼次数明显高于文科生。

表 2-22　不同专业大学生时常性方差分析

Dependent Variable	(I) Factor	(J) Factor	Mean Difference (I-J)
Q2 您能够坚持参加体育活动	1	2	0.47 (*)
		3	0.29 (*)
	2	1	-0.47 (*)
		3	-0.18 (*)
	3	1	-0.29 (*)
		2	0.18 (*)
Q3 您坚持体育活动已有多长时间	1	2	-0.30 (*)
		3	-0.36 (*)
	2	1	0.30 (*)
		3	-0.06
	3	1	0.36 (*)
		2	0.06
Q4 除了体育课,您每周体育锻炼的次数是多少	1	2	-0.47 (*)
		3	-0.25 (*)
	2	1	0.47 (*)
		3	0.21 (*)
	3	1	0.25 (*)
		2	-0.21 (*)

第二,自主性情况差异。

关于大学生对体育锻炼的兴趣程度,理科与文科及工科都有显著性差异,理科显著低于文科和工科,文科高于工科。关于参与锻炼是否"完全出于您自己的意愿和喜好",文科大学生明显高于理工科大学生,理科大学生与工科大学生无显著差异。在"您进行体育锻炼的项目、时间和场所都是您自己选择的"选项中,文科、理科、工科三者差异不显著。

表 2-23　不同专业大学生自主性方差分析

Dependent Variable	(I) Factor	(J) Factor	Mean Difference (I-J)
Q1 您对体育锻炼的兴趣	1	2	0.38 (*)
		3	0.11
	2	1	-0.38 (*)
		3	-0.28 (*)
	3	1	-0.11
		2	0.28 (*)
Q5 您参与体育锻炼完全出于您自己的意愿和喜好	1	2	0.32 (*)
		3	0.23 (*)
	2	1	-0.32 (*)
		3	-0.09
	3	1	-0.23 (*)
		2	0.09
Q6 您进行体育锻炼的项目、时间和场所都是您自己选择的	1	2	-0.04
		3	-0.11
	2	1	0.04
		3	-0.07
	3	1	0.11
		2	0.07

第三，价值观念多元性差异。

不同专业大学生对体育多种多样价值认可的程度，均无显著差异。关于体育的价值在大学生身上得到印证的程度，文科大学生显著高于理科大学生，工科大学生显著高于理科大学生。在"您认为缺乏充足的体育锻炼会影响今后的学习、工作、生活"选项中，各专业大学生均无显著差异。

表 2-24　不同专业大学生价值多元性方差分析

Dependent Variable	(I) Factor	(J) Factor	Mean Difference (I-J)
Q8 体育价值是多种多样，且在您身上得到了印证	1	2	0.10
		3	0.10
	2	1	-0.10
		3	-0.01
	3	1	-0.10

续表

Dependent Variable	(I) Factor	(J) Factor	Mean Difference (I-J)
		2	0.01
Q9 体育价值在您身上得到了印证	1	2	0.35 (*)
		3	0.14
	2	1	-0.35 (*)
		3	-0.21 (*)
	3	1	-0.14
		2	0.21 (*)
Q10 您认为缺乏充足的体育锻炼会影响今后的学习、工作、生活	1	2	0.07
		3	0.09
	2	1	-0.07
		3	0.02
	3	1	-0.09
		2	-0.02

第四，相融性差异。

在"体育锻炼是您日常生活的一部分"选项中，文科生显著高于理科生，理科生和工科生差异不显著。关于对自己锻炼状况的满意程度，文科生满意度显著高于理、工科生，工科生满意程度高于理科生。在"您目前有自己制订的锻炼计划"选项中，文科生显著高于理、工科生，理科生与工科生差异不显著。关于是否"实行了您自己制订的锻炼计划"，差异均不显著。在"您愿意再次制订锻炼计划，并决心实行"的选项中，文科生高于理、工科生，但差异不显著。

表 2-25 不同专业大学生相融性方差分析

Dependent Variable	(I) Factor	(J) Factor	Mean Difference (I-J)
Q7 体育锻炼是您日常生活的一部分	1	2	0.48 (*)
		3	0.33 (*)
	2	1	-0.48 (*)
		3	-0.14
	3	1	-0.33 (*)
		2	0.14

续表

Dependent Variable	(I) Factor	(J) Factor	Mean Difference (I-J)
Q11 您对自己目前的体育锻炼状况很满意	1	2	0.33（*）
		3	0.29（*）
	2	1	-0.33（*）
		3	-0.04
	3	1	-0.29（*）
		2	0.04
Q12 您目前有自己制订的锻炼计划	1	2	0.38（*）
		3	0.31（*）
	2	1	-0.38（*）
		3	-0.07
	3	1	-0.31（*）
		2	0.07
Q13 您实行了您自己制订的锻炼计划	1	2	0.09
		3	-0.02
	2	1	-0.09
		3	-0.11
	3	1	0.02
		2	0.11
Q14 您愿意再次制订锻炼计划，并决心实行	1	2	0.12
		3	0.08
	2	1	-0.12
		3	-0.04
	3	1	-0.08
		2	0.04

数据分析得出：文科大学生体育生活化现状好于工科大学生，而工科大学生体育生活化现状又好于理科大学生。

本研究在分析了我国大学生体育生活化总体得分情况后得出：我国大学生体育生活化不容乐观，年级之间无显著差异，性别之间差异显著，专业之间差异也显著。这为我们进一步采取措施促进大学生体育生活化提供了可靠的数据依据。

二 问题描述

近 30 年来，大学体育取得了全方位的发展。大学体育师资队伍的优化、大学体育课程的优化、大学体育课外活动的组织、大学体育硬件设施的配备、大学体育制度的完善、大学体育竞赛的开展等方面都取得了可喜的成绩，为大学生体育生活化奠定了基础。当然，也存在一些明显的、突出的、迫切需要解决的问题。

英国学者阿什比提出大学生存的两个基本条件：一是忠于（中世纪）大学形成时的理想，二是使自己适应所处的社会。布鲁贝克的"两点论"指出，"在二十世纪，大学确立它的地位的主要途径有两种，即存在着两种主要的高等教育哲学，一种哲学主要是以认识论为基础，另一种哲学则以政治论为基础"。认识论哲学强调"学术的客观性"和"价值自由"，以认识论为基础的大学使命观强调，追求知识、探索真理是大学的本质功能和使命，是大学存在的核心价值。而政治论哲学强调"政治目标"和"为国家服务"，以政治论为基础的观点则认为，服务国家、造福社会是大学存在的合法基础和根本目的，大学必须适应并满足国家及社会不断发展变化的需要。这两种哲学在高等教育发展过程中冲突不断，或此消彼长或"并驾齐驱"[①]。

而"两点论"违背了本体论视角的"教育作为'形成人'的活动"这一本体存在论的问题，违背了认识论视角的"认识论和政治论基础都是理性化的"，忽视了学生存在及其情感等非理性的因素，遗忘了教育中人的主观性、情绪化、意志品质等。从方法论看，"两点论"陷入归纳主义方法论以点代面、以现象代本质、以偏概全的误区。学术研究和社会服务都不是高等教育本体意义上的存在。"两点论"从根本上说是强调社会本位和学术本位，而教育必须是人本位的。我国高等教育发展历程中，除以认识论为基础的大学观（以蔡元培为代表），以政治论为基础的大学观（以张伯苓为代表）之外，还有以梅贻琦为代表的人本论的大学观。这一学派重视人的价值与尊严，强调大学的目的是育人。因此，我们认为，现

---

① 〔美〕约翰·S. 布鲁贝克：《高等教育哲学》，王承绪、郑继伟、张维平等译，浙江教育出版社，1987，第 2~18 页。

阶段我国高等教育的核心价值观应是：在社会价值、学科发展和个体人本价值三种取向统整的基础上更强调学生个体的价值，形成高等教育的核心价值的"三点论"。

1. 社会价值的凸显——剥离生活底蕴

多数高校表述的"社会服务"对象是"国家"和"地方"，也有少数高校提到为"世界"服务，服务内容以"政治""经济""国防""科技""文化"为主，也有高校提到将满足国家需要作为第一任务和使命，坚持教学科研服务于社会生产和国家建设。在历史的体育政治观的影响下，在特殊国情需要的竞技体育政治化背景下，在大众体育被忽视的现实背景下，大学生体育政治工具化凸显。大学生体育政治工具化是竞技运动对国家的重要性在大学内部的缩影。虽然有人已经认识到促进大学生身心健康和让大学生形成科学体育生活方式是大学体育的重要使命[1]，大学应不失时机地开展高水平竞技体育，要促进大学生终身体育观的形成[2]，但是大学体育仍然更重视竞技体育。高校体育政治工具化的表现无处不在，使得大学体育远离了大学生的生活。

第一，重"竞技化"。

大学体育的"竞技化"是指在大学体育竞技中只求达到功利目标的"获得奖牌"和"争夺奖金"。大学体育"竞技化"倾向忽略了对大学体育竞技的主体——大学生的探索，这不但导致我国大学体育竞技中的科学与人文相分裂，这一分裂表现为"物"的地位的上升，"人"的主体地位的下降，甚至被剥夺，而且导致我国大学体育时常出现主体迷失、人性失落的现象。高校高水平运动队锦标主义盛行。参加比赛都是高水平运动队和教练的事，跟普通大学生无关，更不要谈及对普通大学生体育锻炼行为的引领。大量的经费投入到高水平运动队的训练、队员的生活、比赛当中。而大学生对高水平运动队知之甚少，甚至一无所知。大学生个人只有在要参加各种运动会时才进行体育活动，大学生为了体育考试参加体育活动，为了学分来上体育课，日常体育活动是为了参加运动会而开展的，早操是为了应付检查。

---

[1] 彭庆文：《新时期中国大学体育角色定位研究》，清华大学，2008，第65页。
[2] 仇军：《21世纪大学体育的使命》，《清华大学学报》（哲学社会科学版）2002年第4期，第81~86页。

第二,唯"形式化"。

某个时期,体育针对社会发展的多种需要,略微侧重强调一个方面的教育,也是无可厚非的。关键问题在于,在侧重某一方面教育的同时,不能以破坏体育教育内容本身内在的、固有的有机联系为代价。然而,大学体育在坚持其自身内在规律方面,常常摇摆不定,在实践中往往以某一个具体的要求,形式化地取代其他方面的教育。如"快乐体育"和"阳光体育"的突然提出,导致人们忽视了技能学习。这必然导致体育实质与生活的背离,导致体育教育内容的片面化和体育教育效果的短期化。这样的大学体育教育不但割裂了大学生生活整体之间的内在联系,而且打破了大学生生活进程的连续性。这些都将导致大学体育难以对大学生的生活形成持续深入的影响。另外,片面教育表现为缺乏长期且系统的教育规划与安排,这样就容易造成大学体育追求表面的、肤浅的、形式化的东西。而恰恰是对缺乏系统组织引导和内涵提炼的形式化东西的追求,使得体育过程形式与体育内容相分离。唯"形式化"的活动至少存在两个问题:一是体育活动的随意性较大,学生无所适从,体育活动结束后并没有形成体育习惯,维持体育行为;二是教育形式化、表面化,犹如例行公事。如阳光体育运动,一阵风后,一切照旧。

第三,偏"商业化"。

当前,追求利益成了这个时代最危险的声音,对膨胀的现实利益的追求把人类推向了危险的边缘。人的行为结果或"造物"统治、支配人,人被"物化"了。"物化"意识加剧了人的个体化困境。

大学体育的商业化运作带来了诸多问题。多元参与的教育主体某种程度上成为大学体育商业化利益链中的一员,教育主体运用"合法"身份,进行各种利益收集。在此态势下,大学体育原初的价值观念和价值取向不断更迭,危机也开始在纵深层面出现,原有的大学体育内涵和价值认同被对利益的追求所取代。大学体育主体开始更多地考虑自身的利益如何在体育语境中确立。现代大学体育内含的运作模式、参与形式都被带到了一个前所未有的高度,大学体育强调诸多利益的存在,逐渐成为一种"异化"的实体。

大学体育商业化主要表现为场馆器材的商业化和比赛的商业化两种形式。其一,场馆器材的商业化。大学校园内的体育场馆设施器材都是国家和高校教育投资建成，极少数是由企业或者个人捐助。对于如何科学合理地使用这些硬件，管理者和学者做了大量的研究。在中国知网输入"大学体育场馆设施"，删除无关文献和重复文献后剩下77篇。通过对文献的梳理发现，关于对大学体育场馆设施经营、开放现状研究就有50篇之多。这其中大多数都是在讨论体育场馆设施的有偿使用问题、如何充分地开发其利益空间。肖桃芳等研究得出，"85.1%的大学生认为体育场馆设施是匮乏的，体育场馆成了阻碍他们进行课外体育锻炼的首要因素"。[1] 杨少文研究显示，"被调查的8所高校有50%的高校体育场地设施生均不到4.7平方米"。[2] 他还指出，许多高校体育场馆实行收费制。[3] 程心怡研究显示，"40.7%的学生认为场馆收费超出了自己的支付能力"。[4] 大多数大学生被挡在了体育场馆大门之外。其二，比赛商业化。大学为了提高大学生运动员的竞技成绩，整合各种资源，这无可厚非，但当大学生的比赛成绩和"各种利益"紧密联系的时侯，多数大学生运动员就成了获取多种利益的"工具"。在竞技体育过度职业化、商业化的今天，大学生体育竞技比赛不可避免地要服从商业利益。在商业化浪潮中大学生体育比赛不可避免地要追求竞技至上，高水平运动队唯比赛成绩是瞻。大学生高水平运动队失去了本应该具有的对普通大学生体育锻炼行为、意识、态度的引领功能，变成高校内部孤立的、特殊的群体。

无论大学体育是沦为政治工具、专业工具、商业工具，还是其他任何形式的工具，都是在无视体育和大学生日常生活的本然联系，将大学体育异化成了另一种存在。也正是因为如此，科学体育生活方式无法形成，体育锻炼行为自觉无法实现，大学生体育生活化无从谈起。

2. 学科价值主导——知识与生活的分离

科学技术改变了人类生活方式，拓展了人们的生活领域，但同时也约

---

[1] 肖桃芳、刘建炜、黎冬梅：《江西省大学生闲暇体育锻炼行为及影响因素研究》，《上海体育学院学报》2006年第6期，第100~104页。

[2] 杨少文：《西安地区高校体育环境对大学生体育锻炼行为的影响研究》，西安体育学院硕士学位论文，2011。

[3] 许闽峰、顾美蓉、李树怡等：《对北京、天津、上海学校体育场地开放情况的调查研究》，《体育科学》1999年第4期，第73~75页。

[4] 程心怡：《成都市城区普通本科院校体育场馆利用现状及对策研究》，成都体育学院硕士学位论文，2012。

束了生活。无论体育的外延与内涵如何界定，体育与身体活动密切相关的观点是一致认同的。面对科技理性，现代体育对人类身体的奥秘和机制展开了研究。体育运动与科学技术相互影响，科技刺激体育发展，体育发展推动科技发展。人们将科学技术应用于体育，不断挑战体育动作的"高难"和"复杂"并感受其带来的惊险和刺激。人们在控制和训练身体的过程中强迫身体完成各种任务。人们在研究体育和身体的过程中忘却了体育本身内含的自然性和生活性。从某种角度来说，体育成了有计划、有目的地摧残健康的科学和技术。

陶玉流和王家宏在研究中称："情感作为个体经验中最亲切的感受和最深刻的体验，是人们精神大厦中最深沉、最稳定、最核心的特质和支柱。体育游离于学生的生活世界之外，融入科学世界，成为提高锻炼效果的一种手段或因素，成为外在的知识和技能。这样的体育无益于学生精神世界的建设，不能丰富大学生精神生活。"[①]

在这个背景下，大学体育要追求学科知识化、学习专业化、评价数字化、技能机械化。大学体育特别是大学体育课程所持有的体育教育观念、目的、内容，没有充分体现"人本主义"精神，没有将教学内容、方式与大学生生活实际和大学生的心理倾向、心理期盼及心理需求很好地结合起来，仍然把"技能"教育作为"健身"的手段，注重体育的知识化、项目的学科化和考试的标准化，没有能够以"大学生"和大学生的"生活"为中心。

第一，学科知识化。

原本来源于学生日常生活的体育知识、体育理论和体育技能，成了凌驾于日常生活之上的另类的教条和体育行为规范。对学生而言，这些体育教条和规范是一种不可抗拒的"绝对的命令"。这样，在体育教育过程中，学生成为落实和贯彻这些"绝对命令"的工具，不再是完整的人。学生只能机械地、无条件地服从或遵守这些原则和规范。而这种机械的、无条件服从式的体育教育无法扣动学生心灵，只是学生被动的、呆板的行为表现。现实中，一旦体育课程结束，学生就不会主动进行体育活动，或者盲

---

① 陶玉流、王家宏：《体育回归生活世界的缘由及途径》，《上海体育学院学报》2009 年第 2 期，第 42~45 页。

目地进行体育活动。应该说，体育教育过程中，重视体育知识技能是具有合理性的。因为有效的体育过程是通过学生主体性思维运作，从而掌握体育知识、技能的过程。但如果仅仅把掌握体育知识技能作为体育教育的唯一旨趣和最终目的，用代表体育原理和规范的概念和理论体系建构而成的"科学世界"取代学生的现实生活世界，这样的体育教育必然丧失其本真意义。

在本体论上，把体育视为独立于现实生活之外的专门活动，于是，体育过程成了知识传授和认知开发的过程，本体论背后蕴含着"只有掌握了体育知识和发展了体育锻炼能力，才能进行体育活动"的观念。体育和现实生活分属两个不同的空间，分别在各自的轨道上运转。重知识专业化、轻知识普及化是专业化体育的基本特征。专业化的内容理想化地向大学生传授完美的动作技能，而这些精确的、完美的动作技能往往脱离学生的生活基础和生活经验，因而变得难以理解，那么，这些完美的动作技能几乎不可能落实到学生的体育实践活动中去。学生很可能仍然按照常人的标准进行体育活动。学生在某些特定的场合例如考试，奉行的是一套体育规则，而实际体育锻炼行为仍然按照自己真正的生活中的习惯进行。

知识化的体育观认为，体育过程仅仅是传递和掌握体育知识和技能的过程，教师往往在传递单纯的价值观念、比赛准则和技能规范的过程中，宣讲和示范体育知识和技能方法，忽视学生的情感体验、判断能力和选择能力的培养，仅以学生体育知识技能掌握程度来判断学生体育水平和体育教育的教学效果。知识化的体育实际上追求的只是体育的外在形式，而不是在生活原理、文化素养和内在素质上下功夫。知识化的体育是脱离学生具体生活过程的体育，它传递给学生的是剥离生活底蕴的体育知识和技能，而体育的意义在于体育知识技能蕴含的生活底蕴，而不是对体育知识和技能的机械的记忆和重复的练习。

此外，一个成功的体育过程，只有将社会发展所需要的体育知识技能内化为学生的体育认识，再将学生的体育认识外化为行为实践，并且变为学生自己的体育行为习惯，学生才能真正掌握社会发展所需要的体育知识技能，这才能够构成一个知、情、意、行完整统一的体育过程。现实中，教师用"智育"的方法和原则开展"体育"。忽视体育原本内在的生活性和实践性，过分地夸大体育知识和体育技能，使体育脱离了学生的生活实践，忽视了培植学生的精神、情感和涵养，极可能导致学生的"知"和"行"之间桥梁的缺失。学生可以掌握大量体育规范和体育原则，而教师所期望学生的体育行为却难以积极发生。当前，让体育教师头疼的现象——学生既理解了体育知识，也掌握了一定的技能，却无进行体育活动的习惯，就是例证。

第二，学习专业化。

这里的"专业化"表现为"只有专业""只要专业""只是专业"。我们要培养的是在真实的现实时空中生活的普通大学生。任何时代的体育都要向人们传递一定的价值理想、体育知识和体育技能，但理想不是空想，更不是脱离现实生活，任何社会都不能用运动员的标准来要求所有的普通大学生。那种认为"专业"仅仅在竞技体育领域和学校体育专业领域的观点也有失偏颇。现实中，体育理论和运动技战术是专业运动员或者学校高水平运动员和体育专业大学生该学该练的，普通学生不是专业运动员，体育也不是他们的专业内容，无须学习体育及健康相关理论和运动技战术。

第三，评价数字化。

艾里奇认为："现代社会，纯粹的精神与灵魂，已经将自身与生活剥离开来，成为只能进行定量分析的、具有抽象性质的并表现出对权力的欲望僵死的文化。"大学体育充斥着事实、经验和数据，遮蔽了价值、意义和精神，体育越来越淡化其追求健康、自由和快乐的本然特性。大学体育评价的数字化，使其成为被排列和折算的名次和分数。大学生为了体育考试参加体育活动，为了学分来上体育课。这些数字，在很多情况下，不能全面准确地反映一个大学生真正的体育水平，不能反映一个学生的体育参与程度，也不能反映大学生体育参与的自主性。王和平的调查数据显示，上体育课是为了得到学分的男生为13.6%，女生为46.4%。①

第四，技能机械化。

我们首先要明确一个问题：我们要培养的是远离大众的高水平运动员，还是在现实世界中生活的普普通通的个体？事实上，这两者之间并不

---

① 王和平：《当代大学生体育动机及同一与差异性的研究》，《北京体育大学学报》2005年第10期，第1351～1352页。

矛盾。问题在于，过分地重视运动技能和高水平运动队，就会忽视普通大学生体育教育的功能。

技能机械化首先表现在：大学生及其生活成了被体育知识技能控制的客体。体育知识技能成了主体，而体育技能中没有源于生活的主题，看不到活生生的大学生的诸种需要，不关注大学生的情感体验，不侧重大学生意志的锤炼。这种缺乏感情色彩和人情味的技能教学方式，不可能和大学生的情感世界和生活经验相通，难以引起大学生的共鸣。这使得大学生的独立思考能力被拒于学习的大门之外。其次，表现在对大学生的"二元"认知。人是"一元"主体，是一个活生生的整体。技能可以被机械地划分成几个部分、几个阶段，但人不能按照技能阶段学习的需要被机械地"切割"成不同部分。在技能学习的主导下，大学生按照技能的要求被主观地划分为不同的动作阶段。人的运动不等同于机械的运动，也不能单单以机械运动的方式来解释人的运动。

3. 个体价值缺失——遗忘生活现实

高校对高等教育的内部规律（即大学要使受教育者得到全面发展）的重视程度有待提高。大学要明确其服务国家和地方需要的理念。

目标常指个体在生活中注重和追求的各种具体目标，在自我决定理论中，即是生活目标。[①] 生活目标是人在为了生存和发展而进行的各种活动中所欲达成或维持的状态。[②] 生活目标是一种寻求获得、维持或避免的期望状态，是人们试图通过认知或行为策略而达到的最终目的。积极向上的生活目标的功能在于帮助人们控制生活方向，提升生活质量，使人们获得成功。南丁格尔说："成功或幸福是不断实现有价值的目标或理想的过程。"[③] 生活目标包含生活的方方面面。

大学生在选择生活目标时，要按照自己的兴趣选择学习专业，选择职业，选择交往客体，但在自主选择的同时还需要遵守社会需求原则。当代大学生的价值取向越来越现实，理想信念淡化，生活目标不坚定。[④] 徐曼

---

① 康海琼、郊淑燕编译，孙炳照校《生活目标的概念及其与康复的关系》，《中国康复》2006年第2期，第140~142页。
② 厄尔·南丁格尔：《最奇妙的秘密》，http://blog.renren.com/share/224880240/558520574。
③ 厄尔·南丁格尔：《最奇妙的秘密》，http://blog.renren.com/share/224880240/558520574。
④ 徐曼：《大学生学习压力状况调查与分析》，《思想教育研究》2011年第2期，91~94页。

对大学生进行生活目标调查的过程中发现，在大学生回答"哪些因素会使你产生心理压力？"时，排在前三位的分别是学业、就业和人际关系问题。① 这说明学业、就业和人际关系是大学生在日常生活中最为关心的。另外，大学生对自己的娱乐，即休闲时光的安排也会根据自己的不同需要、不同的实际情况来分配时间和选择内容，设定不同目标。体育并没有融入各行业就业要求，即使有要求，与其他各方面要求相比较，对体育的要求也是可以忽略不计的。体育最近才被列入大学人才的评价机制，而在大学对大学生是否合格、是否优秀的评价系统中，体育无足轻重。体育在大学生的现实生活中，对大学生的升学也几乎不产生什么影响。即使产生影响，相对于大学生专业成绩和道德水平，体育影响力微小。因此。体育在大学生的学业、就业、娱乐和人际交往四大生活目标选择中是处于游离状态。

第一，体育被大学生学习目标边缘化。

目前，大多数大学生感觉学习压力很大。徐曼在调查中发现，认为有学习压力的大学生占41%，"认为和高中时差不多"的占27%，认为"现在的学习压力更重"的占27%，只有5%的大学生认为没有学习压力，有43%的大学生认为学习成绩的好坏常常给自己带来压力，对考试存在着不同程度的焦虑的大学生占10%~15%。基础差、性格内向、不灵活使用学习方法的学生更容易产生压力，甚至是焦虑。② 因此，大学生大多数时间和精力都是消耗在完成学习目标中，而除体育课以外的所有大学生课程设置和考核目标内容基本是与体育无关的。即使是体育课程的考核，也因考核标准和考核内容的因素没有要求大学生把体育融入生活。大学生面对繁重的学习压力，在回答"你主要通过什么途径缓解学习压力？"时，有35%的大学生选择上网排解，只有28%的大学生选择购物或运动，还有24%的大学生选择吃饭睡觉，13%的大学生选择倾诉心理压力。③

许多大学生学习的目的是就业或者升学，而在大学生升学的目标中基本没有关于体育的要求，即使有，也是极低的或者不重要的要求。大学生

---

① 徐曼：《大学生学习压力状况调查与分析》，《思想教育研究》2011年第2期，第91~94页。
② 徐曼：《大学生学习压力状况调查与分析》，《思想教育研究》2011年第2期，第91~94页。
③ 徐曼：《大学生学习压力状况调查与分析》，《思想教育研究》2011年第2期，第91~94页。

为了就业，在大学期间，不停地奔波在教室、图书馆、实验室，目的是要通过各个课程的考试，拿到学分，而这与体育无关；为了在就业过程中更胜一筹，大学生努力考取各种证书，这些目标都与体育无关。因此，体育并没有融入大学生的学习目标。即使在大学生的各种评优、评选政策中，也只是轻描淡写地提及体育，且在执行过程中可以忽略不计。当年，马约翰在清华时就规定，学生"五项测验"不达标，不懂百米赛跑、铅球、篮球的基本常识，少年班是不允许出国留学的。著名学者吴宓跳远达不到及格线，延了半年，练习到及格方允许其出国。①

第二，体育被大学生娱乐目标边缘化。

关于大学体育设施器材学生满意度和大学网络设施满意度的调查发现，31.7%和31.6%的大学生分别认为学校的体育场馆和设施"基本不能"或"完全不能"满足他们参与体育活动的需要。31.5%和27.8%的大学生分别认为学校及自身具备上网设施"基本能满足"或"完全满足"其进行网络休闲的需要。② 现实中，大学校园公共场所、大学生寝室、教室、图书馆的网络设施很完善，基本都能够满足大学生对电脑和手机上网的需求，大学生可以随时随地上网。而由于大学生对体育活动缺乏足够正确的认识、学校的场地设施条件差、大学生对体育消费不认可等原因，只有少数人在休闲时间选择参加体育活动。一项在对大学生休闲娱乐方式的调查中发现，阅读课外书籍的大学生占19.5%，看电影、电视占14%，聚会、社团活动占12%，聊天占14%，逛街占12%，棋牌类占5%，旅游占7%，打游戏占8%，美术、书法、艺术类占4%，健身、体育类占4.5%。③ 可见，大学生的娱乐目标与体育的关系甚微。在大学生娱乐目标面前，体育的娱乐功能被快捷方便、信息丰富、形式多样的网络的娱乐功能边缘化了。根据相关统计，吉林省大学生用于网络休闲的频数远远超过了用于参与体育活动的时间，每周3次以上用来网络休闲的时间占

---

① 张伯苓：《不懂体育者，不可当校长》，《中国教育报》2014年7月31日，第3版。
② 张楠楠、陈彦志：《吉林省大学生网络与体育休闲娱乐方式的研究》，《当代体育科技》2013年第16期，第3~4页。
③ 张楠楠、陈彦志：《吉林省大学生网络与体育休闲娱乐方式的研究》，《当代体育科技》2013年第16期，第3~4页。

50.9%，占休闲时间的一半，而用于体育休闲的时间只有13.5%。① 另一项研究表明："选择上网娱乐的大学生占到28%，选择闲聊的大学生占44%，选择自习和运动的大学生加在一起只占12%。"大学生活动中心、运动场和体育馆等设施的使用效率不高。在问大学生"课余时间最长待在哪里"时，75.3%的大学生回答是寝室聊天和上网。② 体育游离于大学生的娱乐目标之外。

第三，体育被大学生就业目标边缘化。

体育作为产业，虽然在当今我国已经有了空前的发展，但是相对于发达国家而言，我国体育产业还有很大的发展空间。在我国，经济发达地区体育产业发展的总体水平远远不及西方中等发达国家。近年来，部分省区市体育产业增加值占当地GDP的比重为0.7%~1%，就业人数占当地从业人数的1%左右。③ 2002年体育产业占GDP的0.3%，④ 2009年中国体育产业占GDP的0.7%。⑤ 我国体育在就业和择业的功用上只是对体育专业大学生而言的；对于普通大学生，在择业和就业的过程中，体育是不被要求的，绝大多数的岗位，只是对大学生提出有无疾病的要求，相对于大学生其他方面的要求，而对体育的要求可以忽略不计。因此，体育游离于大学生就业目标之外。

第四，体育被大学生交往目标边缘化。

信息化社会，网民群体已经远远超过了体育人口，体育的大众性敌不过网络的大众性。网络拥有高效、快速、方便、独特的交流方式，使人们在学习、工作之外获得广阔的交往空间。相比之下，体育作为人类交往平台的功能在网络面前逐渐失去其原有的本真意义，体育的交往功能逐渐被网络所取代。

调查显示：现今，网络非面对面的交往方式成为大学生主要的交往方

---

① 张楠楠、陈彦志：《吉林省大学生网络与体育休闲娱乐方式的研究》，《当代体育科技》2013年第16期，第3~4页。
② 尹平：《民办高校大学生闲暇时间利用的现状及教育对策研究》，辽宁师范大学硕士学位论文，2011，第16~20页。
③ 张林、陈锡尧、钟天朗等：《我国体育产业未来5年发展构想与展望》，《体育科学》2006年第7期，第13~19页。
④ 刘凡：《2002年体育产业将占GDP 0.3%》，《市场报》2002年3月16日。
⑤ 杨凡：《中国体育产业占GDP的0.7%》，《北京商报》2009年1月12日。

式。72%的大学生平均每天上网时间长达 3 小时，42%的大学生甚至达到 5 小时。大部分大学生习惯性随时随地查看手机 QQ、微信、微博的动态更新。[①] 体育作为面对面的交往平台，却被认为是微不足道的。

现代大学生的交往场所仍是以宿舍、教室、食堂为主，但计算机和网络正控制着大学生的生活，网吧在过去一度成为大学生交往的主要场所之一，几乎与食堂所占比例相接近。上网甚至成为大学生的生活方式，而大学体育场馆并不包括在大学生交往场所里面。[②] 因此，体育游离于大学生的交往目标之外，体育不再是大学生交往内容的主要部分，体育场馆不再是大学生的主要交往地点，体育活动也不再是大学生交往的方式。

从高等教育价值视角来看，我国大学体育存在的问题之一是缺乏核心价值理念。我国大学生体育生活化困境根源在于大学体育应有的社会发展价值、个体人本价值和学科发展价值三者在大学体育现实中的失衡。一个没有精神底蕴，缺乏个体人本价值追求的大学体育很难获得社会和大学生的认可与尊重。

三 原因剖析

体育是一种文化现象与文化过程，也受社会文化的影响与塑造。所以，我们考察体育脱离生活的原因也必须深入这种现象的核心和基础，挖掘其背后历史的、社会的、文化的根源。

毛泽东在《体育之研究》中分析了"不好运动"的四个原因。"一则无自觉心也。"[③] 大学生体育锻炼行为产生的条件是大学生对体育产生感情，而要对体育产生感情，必须能够对体育有一个清晰的认知。大多数大学生对体育没有一个正确的认识，或者只是一知半解，不能使得大学生对体育产生感情，而其他学科，大学生能够孜孜不倦地学习，是因为他们理解不好好学习，将来没有谋生的手段，而体育不是大学生谋生的手段。大学生体育锻炼行为不能自觉。"一则积习难返也。""我国历来重文，羞齿

[①] 王帅、抗雷、乔波：《当代大学生网络交流方式及特点研究》，《现代交际》2014 年第 4 期，第 213~214 页。

[②] 李学斌：《大学生人际交往方式的调查研究》，《青年探索》2008 年第 3 期，第 91~94 页。

[③] 毛泽东：《体育之研究》，《新青年》1917 年 4 月 1 日第三卷第二号。

短后,动有好汉不当兵之语。虽知运动当行之理,与各国运动致强之效,然旧观念之力尚强,其于新观念之运动,盖犹在迎拒参半之列。故不好运动,亦无怪其然。"在我国固有的传统教育观念里面,历来是重文轻武,甚至以武为羞耻,即使有些大学生对体育锻炼有清晰的认知,也会被这种思想所束缚。"一则提倡不力也。"此又有两种:"其一,今之所称教育家,多不谙体育……其次,教体操者多无学识,语言鄙俚,闻者塞耳。所知惟此一技,又未必精,日日相见者,惟此机械之动作而已。夫徒有形式而无精意以贯注之者,其事不可一日存,而今之体操实如是。"这里说明大学生体育生活化不得盛行,还因为大学提倡不力。大学内部要承担很大的责任,表现在大学体育"硬件"和大学体育"软件"的匮乏,从而成为阻碍大学生体育锻炼行为自觉的一个因素。"一则学者以运动为可羞也。""四者皆不好运动之原因。第一与第四属于主观,改之在己;第二与第三属于客观,改之在人,君子求己,在人者听之可矣。"①

百年前毛泽东的观点对于剖析今日大学生体育脱离生活的原因仍有很大的启示。

1. 理念偏差

毛泽东在《体育之研究》中早已归纳了传统文化中朱熹、老子、陆九渊等主张以静养生的观点。"朱子主敬,陆子主静。静,静也;敬,非动也,亦静而已。老子曰无动为大。释氏务求寂静。静坐之法,为朱陆之徒者咸尊之。近有因是子者,言静坐法,自诩其法之神,而鄙运动者之自损其体。"② 中国儒家"求寂静"思想深深地影响着汉代至今的教育观念,形成了"重文轻武"以及"万般皆下品,唯有读书高"的人生追求。儒家教育思想使受教育者的发展过于片面,书院和私塾以与实际生活的实用知识相脱节的经书为基本的课程内容,这些教学内容与体育毫无关系。忽视了体育对于人全面发展的重要作用。中国儒学强调"刚健"、"进取"、"自强不息"以及"浩然正气",主要指向人的精神修养,而不是肉体力度。教育内容是单一的经书,选拔人才就是选官,选官的唯一途径就是科举考试,科举考试的内容是经书内容,所以有"书中自有颜如玉,书中自

---

① 毛泽东:《体育之研究》,《新青年》1917年4月1日第三卷第二号。
② 毛泽东:《体育之研究》,《新青年》1917年4月1日第三卷第二号。

有黄金屋",看中的也是手无缚鸡之力但满腹经纶的人才。经过两千年的积淀,在国人思想观念中形成了一系列固定的心理模式,成为人们生活中的要求和普遍理想,其惯性一直无形地支配着今天人们的思想和行为。现代选拔人才的制度虽然有了巨大变化,但仍然逃离不了重文轻体的樊篱。笔者在与新生交流中感觉到:体育被"升学第一"所替代。学校体育步应试教育后尘,注重学生体育考试成绩,体育内容即为考试内容,进行体育活动的时间是在参加体育考试之前。这样造成了近20年我国青少年体质的持续下降。这种体育理念与体育行为与鼓励拼搏竞争、永不言败的体育精神格格不入,从而造成了大学生对体育不认可,更不会自觉地接受。这就导致大学生体育认知出现了各种偏差,直接或间接地影响着大学生体育生活化的进程。[①]

大学生对体育认知的偏差,表现在以下几个方面。

其一,大学生身体观的偏差。

尼采的"一切从身体出发""以身体为准绳"思想,莫里斯·梅洛-庞蒂的"世界的问题,从身体开始"的观点,福柯的"围绕在'身体和生命'的政治权力",都标志着现代西方哲学开始关注"身体"。

大学生大约都是在书本或者宣传当中体会身心的统一,体会身体与心智的关系,但是一系列数据表明,大学生对身体的理解仍然存在很大的偏差。大学生对身体美的现实要求是:没有病,没有残缺。对健硕的、优美的体格的追求则被对其他事物的追求所掩盖。体育运动在身体方面的追求是:肌肉结实美、身体曲线美、姿势美、肤色美、匀称美、柔软弹性美、筋骨强壮美等。大学生身体发育基本完型,大学生身体在内质上和外在形式上呈现健康美。但是对身体美的一些标志却未能得到大多数学生的重视,这说明他们对身体美这一体质文化的和谐内涵存有盲区。[②] 大学生对身体的基本解释没有清晰的认知,更不可能理解什么是思维方式的身体,什么是精神修养的身体,什么是权力展现的身体。这成为大学生身体观偏差的主要原因,也是大学生体育生活化的障碍之一。

---

① 张鸿盘、游桂香:《谈高校体育教学改革》,《体育科技》1985年和第1期,第24~26页。

② 左新荣、崔琼:《大学生身体美、运动美和人格美认知的调查分析》,《北京体育大学学报》2007年第2期,第175~178页。

身体的基本解释：一是指人或动物的整个生理组织，有时特指躯干和四肢，指人或动物的全身，人或动物各生理组织构成的整体；二是指健康状况，指体格、体魄；三是指亲身履行。如果仅这样来理解和诠释身体就简单得多。但是人类对于身体的研究远不只这些，至今"身体"对于我们仍是个谜。黄俊杰指出："东亚儒家思想传统把'身体'作为政治权力、社会规范、精神修养三方面展现场所的身体，以及作为隐喻的身体。"①柏拉图思想中潜藏的心物二分预设，认为"死亡就是心灵从肉体中获得解放"。到笛卡儿时，这种思想更为彰显。西方哲学史上，人的身体长期受到灵魂的奴役，受到心的驱使。安乐哲、吴光明和 Kristopher Schipper 在解读了道家身体观、庄子的身体思维和中国古典哲学中人的身体的基础上，得出了一致结论："中国哲学的'身体'是一种'身心互渗'的过程"。②

作为思维方式的身体。这是作为表达主体的身体。"身体思维"方式有两种表现形式：一是"思维"通过"身体"作为工具进行思考活动；二是"身体"本身进行"思维"活动。吴光明称"语言"运用"身体"器官进行陈述，即"身体"本身就是一种"语言"，是"身体"本身在说话。"身体思维"是指透过身体来思考，思维活出身体，身体也活出思维。就是借由身体的观点和样态来思想，也就是由身体所活出的思考。"身体"是人进行思考的物质的载体，但它不仅仅是肉体，还是"思考的心"和"活动的身体"的合体。大学生把"身体"仅理解为是思想的载体，是不科学的。

作为精神修养的身体。先秦时期儒家的身体观有三派，其中，践行观强调，"形—气—心"的结构，主张生命与道德的合一，人身乃精神化的身体；自然气化观强调自然与人身同是气化的产物；礼义观强调人的本质、身体与社会建构是紧密联系的。总而言之，王阳明认为身体包括"血缘身体、生机的身体、知痛痒的身体、应急的身体、活动的身体、病体、舒适体"。③儒家的责任便是让宇宙的生机保持顺畅，让麻木的肢体重新

---

① 黄俊杰：《东亚儒家思想传统中的四种"身体"类型与议题》，《孔子研究》2006年第5期，第20~32页。
② 杨儒宾：《中国古代思想史中的气论与身体观》，台湾巨流图书公司，1993，第394~395页。
③ 陈立胜：《王阳明思想中的"身体"隐喻》，《孔子研究》，2004年第1期，第60~73页。

畅通。大学生普遍没有意识到身体的融会贯通与思考的融会贯通是休戚相关的。

作为权力展现的身体。不少政治思想家常常表示"身体"是承载丰富的政治思想和政治价值,是政治组织展开论述的一种"隐喻"或"符号"。国家权力常常通过支配与控制公民的身体,使之转化为"国家的身体"。中国传统文化中的礼者,体也,履也。身体是透过礼节而建构出人与人的关系。

"身体"是人精神修养境界的体现,更是一种治平之学,因为"治身与治国,一理之术也"。马克思早期著作《1844年经济学哲学手稿》中蕴含了丰富的身体美学观念。他提出了"劳动的身体"理念,并认为通过实践活动扬弃异化劳动,最终能导致身体的解放和审美王国的建立,而身体美则是肉身先天素质与人之社会属性的完美统一。

当代大学生没有认识到"身体"是知识水平、修养水平、生活方式、道德品质的体现,是生活的点滴体现。不能领悟这一点就不能全方位领悟身体的意义,体育生活化就不能在大学生中得到实现。

其二,大学生体育观的偏差。

体育是人的自然本性的需要,体育过程也是一个人社会化的过程。现代体育这一人类精神文化的积累,是人的社会化的中介。人作为一个完整的个体的存在,是身体、心智和精神相统一的个体。体育的目的是人,大学生参与体育不是以心灵和本性为出发点,而是强调对"数字"的认同,强调对"技术"的崇拜。人们在走向现代化过程中,逐渐忽视了人文价值,而乐此不疲地追求"方法"和"手段"。当问及"在运动中,是否表现出了强意志力和独立性"时,不超过半数的学生回答"是"。[1] 这可能是因为学生体育能力较弱;也可能是因为长期以来忽视了对学生的独立性培养。在单纯的生物学的视野和观念的影响下,大、中、小学体育课变成了没有思维和情感的、增强体质的、简单的、机械的、重复的操练,这些简单操练削弱了学生对体育的兴趣。陈巧云等调查得出:"对体育课感兴趣的男生和女生分别为35.5%和21.2%;参加课外活动不足三次和三次

---

[1] 左新荣、崔琼:《大学生身体美、运动美和人格美认知的调查分析》,《北京体育大学报》,2007年第2期,第175~178页。

以上的分别为25.5%和18.5%；对体育课无兴趣和讨厌上体育课的分别是31.2%和29.2%；喜欢快乐体育、运动量小的分别是51.7%和73.5%。"① 左新荣等表示："大学生对体育运动体验的起点较低，尚难以认识体育运动的技巧性；大学生对体育运动多停留在本体活动及感性上的娱乐，而无法体会体育的游戏性和智慧性。"②

《体育运动国际宪章》写道：每个人应能自由地发展和保持他或她的身体、心智与道德的力量；因而任何人参加体育运动的机会均应得到保证和保障，确信保持和发展人的身体、心智与道德力量能在本国和国际范围内提高生活质量，相信体育运动在培养人类基本价值观方面应做出更有效的贡献……体育运动应谋求促进各国人民间与个人间更加密切的交流……体育运动却并不局限于人体的幸福与健康，还有助于人的充分和平的发展。③ 在对大学生的调查中，大学生的体育目的排在前3位的分别是增强体质、消遣娱乐和减肥健美，其后是社交、参加比赛和治疗疾病。④ 而从城市发展的角度来讲，体育精神恰恰与现代城市精神是相契合的，李睿在研究中表明："现代城市的开放精神与现代体育的参与精神相契合；现代城市的团结精神与现代体育的团队精神相契合；现代城市的契约精神与现代体育的规则精神相契合。"⑤ 那么现代大学生要在城市立足、社会立足，大学生的个体精神就要与社会精神、城市精神和企业单位精神相契合，而这些精神个体都可以在体育锻炼与体育活动的参与中获得，公平公正、信守诺言等的个体精神品质都可以在体育中获得。

其三，大学生健康观的偏差。

大学生的健康状况是令人担忧的。调查发现："日常生活中在校男女大学生小病、不适较多。体质较差、经常感冒的男女大学生占14.7%；经

---

① 陈巧云、刁素建：《当代大学生健康观念和健康意识的调查研究》，《湖州师范学院学报》2002年第3期，第96~99页。
② 左新荣、崔琼：《大学生身体美、运动美和人格美认知的调查分析》，《北京体育大学学报》2007年第2期，第175~178页。
③ 转引自杨文轩、冯霞《体育与人的现代化》，《体育学刊》2003年第1期，第1~5页。
④ 乔培基、王胜超、肖明：《对大学生健康观念和体育锻炼行为特征的调查与分析》，《上海体育学院学报》2004年第3期，第74~78页。
⑤ 李睿：《现代城市精神与现代体育精神之契合》，《体育与科学》2013年第4期，第29~32页。

常头痛、疲劳、失眠的男女大学生分别占39.1%和56.8%；有胃痛、胸闷、心慌的男女大学生分别占12.3%和18.9%。"[1]

传统的健康观认为，身体没有疾病就是健康，这种观点是片面的、狭隘的。大学生对于心理健康也有一定程度的了解，但是同时也还存在很多误区。[2] 例如把心理健康与精神病混为一谈，还有部分学生认识不到心理健康与身体健康的关系。在对于心理健康与身体健康两者关系的认识方面，有91.6%的人认为心理健康会影响身体健康，58.9%的人认为身体健康会影响心理健康，同时有72.5%的人认为两者有密切关系。[3] 大学生心理问题的发生率为25.91%。[4]

另外，大学生漠视健康、忽视健康意识的培养，认为无须形成健康意识，也依然能够健康地生活。事实上从健康到生病这是一个区间，每个人都处于这个区间中的一个状态。而这种状态是随时可以转化的，所以要拥有健康意识才能持续保证个体健康。这种健康意识可以通过许多途径来培养，主动地对大学生进行培养，使其具备为健康而选择健康生活方式的心理。而现今不少学生是被动地接受培养，因而效果不佳。即使部分学生有了心理准备，有了积极的态度，可能因缺少科学的运动方法、手段，凭自身的感受和经验来参加体育锻炼，结果也达不到健康的效果。[5] 调查显示：在校大学生中记忆力减退的占52.1%；情绪起伏过大的占34.1%；对公益事业有热情和积极性的占60.8%；缺乏自信心、有自卑感的占57.3%；对现实生活不习惯的占52.3%；缺乏耐力、爱发牢骚的占64.6%；担心自己前途的占72.8%。[6] 从调查看，在校大学生关心自己前途问题的占首

---

[1] 陈巧云、刁素建：《当代大学生健康观念和健康意识的调查研究》，《湖州师范学院学报》2002年第3期，第96~99页。
[2] 钱铭怡、马悦：《北京市大学生对心理健康的认知》，《中国心理卫生杂志》2002年第12期，第848~852页。
[3] 钱铭怡、马悦：《北京市大学生对心理健康的认知》，《中国心理卫生杂志》2002年第12期，第848~852页。
[4] 田可新、苏磊、唐茂芹：《大学生对自身心理健康影响因素的认知和评估》，《山东精神医学》2005年第3期，第133~135页。
[5] 朱潇雨、杜娟：《我国大学生健康意识的内涵及培养方法研究》，《东北农业大学学报》（社会科学版）2012年第4期，第69~71页。
[6] 陈巧云、刁素建：《当代大学生健康观念和健康意识的调查研究》，《湖州师范学院学报》2002年第3期，第96~99页。

位，其心理素质、身体素质状况都不尽如人意。

现今，我国大众生活有了前所未有的自由与宽容，现代体育对很多人来说非常熟悉，但它只是以碎片的、枝节的形式出现在大众的脑海中，没有作为完整的存在方式全方位地渗透到个体日常生活之中，没有真正在大众内心得到认可。其实，大众日常生活中，体育经常是处于一种"不在场"的状态。或者说体育是说着"重要"，做时"次要"，忙时"不要"。那么导致体育生活化进程极其缓慢的原因是什么呢？我们认为，中国传统文化根基或寓所是被人们习以为常的、不假思索地置于背景世界之中的日常生活世界。也就是说体育生活化从根本上遭遇到了中国传统的日常生活结构的抵制。日常生活是一个以重复性思维和实践为基本存在方式，[①] 日常生活的内在结构和运行图式具有稳定性、持久性、停滞性、保守性、惰性、重复性、习惯性、常识性。[②] 这种日常生活图式在每一个个体的日常生活中得到深刻反映，使得民众的思维呈现出极端的保守性，中国大众往往习惯于消极的、被动的模式。"日出而作、日落而息"的封闭的日常生活，使得中国民众常常容易不思进取，这种心理强有力地影响着大学生，并渗透到体育活动等方面。这些都是阻碍着体育生活化的进程。林语堂曾深刻地写道："大多数中国人仍将墨守成规，我觉得中华民族的传统势力是如此之强，人们的基本生活方式将会永远存在。"[③] 虽然林语堂说得有点消极，但是中国传统的这种极其顽强的日常生活图式不消除，体育生活化只能存于"文件"、"口号"和"学位论文"中，而难以深入大众日常生活。因此，体育要真正实现生活化，必须立足于人自身的现代化，促使每个个体真正超越传统的封闭的经验式的日常生活状态。

对大学生体育生活化而言，体育没有深入大学生内心世界，是受到大学生精神世界中"原存在"的体育认知的"抵制"。而这种"原存在"的对体育、健康和身体的认知，毫无疑问是受到中国传统文化的影响。李泽

---

① 李力研：《野蛮的文明》，中国社会出版社，1998，第78页。
② 葛翠柏、王正伦、唐永干等：《体育哲学的力作》，《体育文化导刊》2007年第4期，第78页。
③ 常生、陈及治：《大学生体育锻炼行为研究现状分析》，《北京体育大学学报》2004年第10期，第52~56页。

厚说"民族几千年积累下来的内在的文明，是相当强固的，是持久保持作用的，是相对独立的，直接间接地、自觉不自觉地、全方位地影响、支配、主宰着人们。"[①] 中国传统的体育认知也左右着大学生生活中与体育有关事情，甚至成为指导原则和基本方针，构成了大学生共同的体育认知和体育行为状态。传统体育认知经历了变异，却具有其独特的稳定性。否认了这一点，就忽视了大学生根深蒂固的体育认知结构，体育的生活化只能停留在表面上，甚至是空谈。

2. 制度建设

大学生体育生活化离不开大学体育制度，大学体育制度作为大学生体育生活化理念和行动的调节机制，不容忽视。在大学体育发展的不同时期与不同阶段，大学体育制度总是或强或弱、显性或隐性地左右着大学生体育生活化。

大学体育制度是紧紧围绕大学体育制定的所有组织管理和规章制度。健全的大学体育制度既是学校体育重视程度的体现，也决定着校园体育文化建设的高度。健全的大学体育制度引领和支持校园体育文化。但校园体育制度的研究一直没有得到重视，在所有影响大学生体育生活化的因素当中，大学体育制度的研究一直是被忽略的部分，没有人关注校园体育制度是否合乎大学生体育生活化要求。大学体育制度既是一个教育管理问题，也是一个体育管理问题。已有研究当中也存在许多问题：首先，关于大学体育制度对大学生体育生活化重要意义的认识不足。统计中国期刊网1995~2013年所有文献后发现，对大学体育制度研究的文献占制度研究文献不足1%。其次，大学体育制度研究比较零散，没有把大学体育政策、法规研究真正列入其研究领域。

从制度本身来说，20世纪80年代以来，国家正式颁布了一系列关于体育及学校体育的政策法规（见表2-26）。这些制度的陆续出台是对大众体育生活化的积极倡导，使得大众体育权利在法律上得到了确认，为我国体育生活化的运行指明了方向。

---

① 钟秉枢：《体育运动与现代人格塑造》，《武汉体育学院学报》2007年第10期，第5页。

表 2-26 我国现有体育制度

年份	制　度	颁布单位
	《中华人民共和国宪法》	国务院
1954	《准备劳动与卫国体育制度暂行条例》	政务院
1975	《国家体育锻炼标准》	国务院
1982	《国家体育锻炼标准》	国务院
1984	《关于进一步加强和改进新时期体育工作的意见》	中共中央、国务院
1990	《学校体育工作条例》	国家教育委员会
1990	《大学生体育合格标准实施办法》	国家教育委员会
1995	《全民健身计划纲要》	国务院
1995	《中华人民共和国教育法》	全国人大
1995	《中华人民共和国体育法》	全国人大
2002	《国家学生体质健康标准》	教育部、国家体育总局
2008	《国家学校体育卫生条件试行基本标准》	教育部
2002	《全国普通高等学校体育课程教学指导纲要》	教育部
2007	《中共中央 国务院加强青少年体育增强青少年体质的意见》	国务院等
2007	《国家大学生体质健康标准》	教育部、国家体育总局
2008	《教育部中小学体育工作督导评估指标体系（试行）》	教育部
2010	《全民健身计划（2011~2015 年）》	国务院等
2010	《国家中长期教育改革与发展规划纲要（2010~2020 年）》	国务院等
2010	《河北省中长期教育改革和发展规划纲要（2010~2020 年）》	省政府
2011	《切实保证中小学生每天一小时校园体育活动的规定》	教育部
2014	《高等学校体育工作基本标准》	教育部
2014	《国家学生体质健康标准（2014 年修订）》	教育部
2014	《学校体育工作年度报告办法》	教育部
2014	《学生体质健康检测评价办法》	教育部
2014	《中小学体育工作评估办法》	教育部

国家制度是指导性的文件，政策是制度的反映，是大学体育理念的重要体现，是大学体育精神和意识的重要载体。大学体育的发展需要一系列政策的引领。① 在大学体育发展的不同时期与不同阶段，相关政策总是或

---

① 潘凌云、王健、樊莲香：《我国学校体育政策执行存在的问题与应对策略》，《体育学刊》2017 年第 2 期，第 81~84 页。

强或弱、或显性或隐性地左右着大学生体育生活化。大学体育政策作为大学生体育生活化理念和行动的调节机制，不容忽视。政府意识到大学体育工作的重要意义及存在的问题，试图通过出台一系列政策，改变大学体育工作的现状，促进大学生加强身体锻炼，改变大学生体质持续下降的事实，增强大学生的身体素质。2000～2015 年，国家教育部发布的 67 份文件、国家体育总局发布的 202 份文件和中共中央、国务院、教育部、国家体育总局等联合发布的 54 份文件中，[1] 与高校体育有关的政策法规主要包括《体育法》《教育法》《高等教育法》等基本法律制度，《全民健身计划（2011～2015 年）》、《高等学校体育工作基本标准》和《国家学生体质健康标准》等十余个条例、意见、标准和办法。然而，这些政策法规出台的影响究竟怎样呢？

笔者查阅了各级政府颁布的政策法规文件，获得了构建普通高校学校体育绩效管理体系政策支持和法规依据。[2] 大学体育政策的连续出台表明政府对大学体育实施的干预，这也明确了大学对待大学生体育生活化的态度和行动方向。这些政策对大学体育提出了更多具有可操作性的措施。使我们更深刻地认识到：体育在高校教育中的重要地位已经确立了，系列政策的出台与执行遏制了大学生体质下滑的局面，使大学体育逐渐步入科学发展的轨道。这些都是政策作用的结果。但这些政策在实践落实过程中，陷入不能解决学校体育发展中实际问题的窘境。体育在学校被"边缘化"的现实和体育游离于学生学习和生活之外的现实，并没有得到改变，学生的体质状况并没有因此得到太大的改善，未从根本上改变高等学校体育发展的"尴尬"的现实处境。

其一，大学体育政策与大学生体育锻炼相关性有待加强。

在研究大学生体育生活化影响因素的过程中，本研究从这些制度的出台与大学生体育锻炼现状的相关性着手，分别于 2014 年和 2016 年，对大学生体育锻炼时常性现状及其与大学体育制度的相关性进行了调查与分析，本研究在描述两次调查与分析结果的基础上，剖析原因并提出相关建议和对策。

在对 2014 年的调查结果进行探索性因子分析过程中，大学体育制度

---

[1] 钱建龙、赵望娣、高四等：《对我国近 36 年学校体育制度的分析》，《军事体育学报》2016 年第 2 期，62～66 页。

[2] 刘志红：《普通高校学校体育绩效管理研究》，河南师范大学博士学位论文，2013。

被萃取到大学层面,表明大学体育政策是大学生体育生活化的影响因素,但是在大学层面因素中权重较小。对数据进行回归分析,其结果如表2-27所示。

表2-27 回归分析结果

结果	预测者	β	t	p
坚持参加体育活动	国家层面政策	0.059	0.916	0.360
	学校层面政策	0.084	1.294	0.197

2016年调查中,关于政策的条目在探索性因子分析第一次聚类的过程中就被淘汰了。数据回归分析结果如表2-28所示。

表2-28 回归分析结果

结果	预测者	β	t	p
身体锻炼	国家层面政策	0.014	0.139	0.847
	学校层面政策	-0.033	-0.422	0.673

2014年和2016年两次对大学生的调查数据显示:国家层面体育政策($\beta=0.059$,$t=0.916$,$p=0.360$;$\beta=0.014$,$t=0.139$,$p=0.847$)、学校层面政策($\beta=0.084$,$t=1.294$,$p=0.197$;$\beta=-0.033$,$t=-0.422$,$p=0.673$)均与大学生体育锻炼显著不相关。

其二,大学体育政策立意有待提高。

大学生仍然把体育排除在他们的生活和学习目标之外,大学生体育观、身体观、健康观的偏差仍然没有得到改善。这是因为大学体育制度立意有待提高:一是"强迫"体育,二是增强体质的出发点,三是细致的政策。

"强迫"体育不利于大学生体育自觉性的提高。大学生体育行为是对大学生体育制度的执行,而这一"强迫"执行并不能从根本上改变大学生对体育多元价值的认知,也不能使得大学生的体育兴趣得到提高,不能让大学生内在地、自觉地开展体育活动。大学生的体育观念来源于他们的日常生活,来源于学校对体育的态度,来源于父母对体育的态度,来源于社会对体育的态度,而这些都不可能靠不停地出台细致到规定好体育课时间和人数等的政策来改变。事实上，调查结果表明大学生认为他们的体育锻炼行为与政府出台的政策不相关。反而"强迫"措施一结束，大学生即停止运动，学界关于大学生离开学校就终止体育锻炼的研究，可以证实这一点。研究表明，目前我国城市儿童青少年身体活动参与属于一种被动状态。[1] 因此，政府必须转变"强迫"的体育理念，使得大学体育的价值均衡发展，从分离到融合，实现"一体两翼"；把大学解放出来，把大学体育解放出来，给大学体育足够的自由，使大学生从"被迫"到"自觉"，实现大学体育文化自觉。大学体育需要更多的自主权和自治权。"大学体育发展史"不应该是大学体育规章制度发展史。大学生体育生活化是体育在大学生生活中自觉的过程与结果，体育是自觉的，而不是"强迫"的。"强迫"与大学生体育自觉背道而驰。

增强体质的出发点存在偏差。我国政府为促进儿童青少年体质健康的发展出台了一系列相关政策，2007年中央七号文件明确：学校教育现在和以后一段时间的一个基本目标是增强学生体质。2014年，教育部颁布《学生体质健康监测评价办法》和《学校体育工作年度报告办法》，两个文件的核心内容是"学生体质健康"，重点是"检测评价和报告"[2]，制定了"学生体质健康"标准，规定了大学体育工作内容。2016年，国务院办公厅出台的《关于强化学校体育促进学生身心健康全面发展的意见》指出，学校体育以提高体育兴趣、形成体育习惯、掌握锻炼技能和增强学生体质为主线。这些文件强调的都是增强学生体质的重要性。[3] 儿童青少年体质健康方面政策数量频度高、层级类型多。[4]

中共中央办公厅、国务院办公厅、教育部出台的一系列大学体育政策强调的是大学生体育习惯的养成和大学生的体质健康，但是大学生的体质不由科学身体锻炼习惯全权负责，大学生身体素质由许多因素决定，遗传

---

[1] 张加林、唐炎、陈佩杰等：《全球视域下我国城市儿童青少年身体活动研究——以上海市为例》，《体育科学》2017年第1期，第14~27页。
[2] 张文鹏、王健、董国永：《让学校体育政策落地生根——基于教育部〔2014〕3号文的解读》，《体育学刊》2015年第1期，第66~69页。
[3] 李斌：《基础教育体育与健康课程改革实施困境与对策——从制度变迁中路径依赖的成因谈起》，《体育科学》2017年第3期，第13~20页。
[4] 杨成伟、唐炎、张赫等：《青少年体质健康政策的有效执行路径研究——基于米特-霍恩政策执行系统模型的视角》，《体育科学》2014年第8期，第56~63页。

基因、健康的生活方式、社会环境等都影响着大学生的体质健康。① 首先，行为遗传学表明感觉寻求的基因研究同样提示基因通过人格对个体的行为产生影响，体育锻炼行为也是受遗传因素影响。虽然研究显示体育锻炼的遗传力在不同国家、不同地区、不同年龄人群有较大差异，而且遗传力随着年龄增长逐渐减小，在大学生这个年龄阶段体育锻炼行为也受到遗传因素的影响。② 其次，中国青少年体质健康状况不容乐观的现实很大程度是受生活方式的影响，而健康生活方式的内涵不仅仅是科学的身体锻炼。科技进步带来的自动化、信息化的"便捷"改变了人们传统的生产和生活方式，身体活动行为似乎都已从日常生活之中逐渐减少甚至消失。视频类久坐活动、交通类久坐活动、文化类久坐活动、教育类久坐活动、社交类久坐活动的增加是当今社会的一个突出问题，而学生更面临着严重课业负担的"特殊"的久坐行为模式。我国儿童青少年整体性的久坐行为比较严重。③ 健康只靠个人努力是不够的，它是被一个复杂的多因素系统制约的，需要体育、卫生计生、教育等多个部门相互配合。④ 另一个问题就是体育锻炼的赋予价值，不仅仅在于强身健体，从价值论视角，体育运动的功能除了强身健体之外，还有其道德培育功能、政治功能、个体完善功能。以增强体质为出发点无疑是对大学生身体锻炼赋予价值和功能的缩小化。

大学体育政策过细。政府出台的各种政策，一方面表明政府对学校体育的重视，另一方面也透视出政府对学校体育的过度干预。例如文件中规定绩效评估学校体育工作，表彰成绩突出的地方、学校、部门和个人；在教育评优、评先和评估中，学生体质健康状况连续3年下降的地区和学校"一票否决"。例如，2014年6月出台的《高等学校体育工作基本标准》，详细地规定了大学体育工作规划、大学体育基础能力建设与保障、大学体育课外活动与体育竞赛、大学体育课程、大学生体质监测与评价等内容。

---

① 乔玉成：《当代人类慢性病发病率飙升的病理生理学基础——基于人类进化过程中饮食—体力活动—基因的交互作用》，《体育科学》2017年第1期，第28~44页。
② 石岩、周浩：《体育运动与人格三大研究主题述评及展望》，《体育科学》，2017年第7期，第60~72页。
③ 郭强、汪晓赞、蒋健保：《我国儿童青少年身体活动与久坐行为模式特征的研究》，《体育科学》2017年第7期，第17~29页。
④ 龙佳怀、刘玉：《健康中国建设背景下全民科学健身的实然与应然》，《体育科学》2017年第6期，第91~95页，封三。

有些规定可以说是过于细致，如"对学时数量的规定，对身体素质测试的规定，对课外活动的规定"。这些细致的规定看似有较强的政策指向性和预期，保证了大学体育工作的常态化与法制化。但有违自由、自治的大学精神，违背了多元社会对大学生个性化的需求，也违背了教育的本质、体育的本质、行为发生的心理学原理。大学体育同样肩负着探索体育未知世界和引领社会体育时尚的责任。大学有自身的复杂规律，大学应该有充分的办学自主权。上述这些政策规定与大学生体育生活化所需要的大学生体育自主性、日常与生活相融性和价值认知的可能性是相冲突的，是对大学间差异的忽略，是对大学生个体差异的忽略，并且有可能导致急功近利行为和弄虚作假行为的发生。

这些政策的科学性、有效性和可执行性值得商榷。例如要求大学生每次体育课都有30分钟的身体素质练习这一硬性规定，而世界卫生组织[1]、美国[2]、英国[3]、澳大利亚[4]、新加坡[5]等国际组织和政府机构纷纷提出了儿童青少年每天进行60分钟"中等到大强度"身体活动的建议标准。

这些过细的政策使得大学体育工作量巨大，高校体育师资严重缺乏。细致政策执行的监督工作量也巨大。

政府对学校体育的重视对于大学生体育生活化，是必要的也是重要的。也只有政府的重视，大学体育才能克服现实的困难，排除实践中的障碍。但是政府不能过度干预大学体育教育。

其三，大学体育政策的配合度有待提高。

大学体育政策与大学教育政策接洽不畅。国家和地方颁布了一系列促

---

[1] World Health Organization, *Global Recommendations on Physical Activity for Health*. Geneva: World Health Organization, 2010.

[2] National Physical Activity Plan Alliance, 2014 United States Report Card on Physical Activity for Children and Youth. Columbia SC, 2014.

[3] Department of Health, Physical Activity, Health Improvement and Protection. Start Active, Stay Active: A Report on Physical Activity from the Four Home Countries' Chief Medical Officers. London: Department of Health, Physical Activity, Health Improvement and Protection, 2011.

[4] 马瑞、宋珩:《基本运动技能发展对儿童身体活动与健康的影响》,《体育科学》2017年第4期，第54~61页。

[5] Hoefer W. R., Mckenzoe T., Sallis J. F., et al., Parental Provision of Transportation for Adolescent Physical Activity. *Am I Prev Med*, 2001, 21 (1): 48-51.

进青少年体质健康的政策,这些政策的目标应该是让所有相关部门紧密地配合起来,为学生创造更多的体育运动的机会。但是许多政策不能在各个部门间配合完成,导致有些内容并不适应我国青少年现实生活状态。如,中央七号文件提出的"减轻学生课业负担、确保学生每天锻炼一小时"的目标没有实现。① 我国大学教育制度使大学生生活充斥着各种各样的课程、各种各样的实验,白天是必修课,晚上是选修课,工作日不够排就排到周末,学生整日奔波于教室与教室之间、教室与实验室之间。我国教育制度中看重学历和各种资格等级证书的现象依然存在,而这一"看重"直接为应试教育的衍生提供了肥沃的土壤,让"应试教育"进一步从高中延续到了大学,高校教学目标随之发生了相应的变化。大学生疲惫地忙于考级、考证、考研,牺牲锻炼身体时间去换取所谓未来的工作保障。

大学体育政策与中小学体育制度融合不良。我国现有学校体育制度不能做到一贯制。前一阶段的学习要为后一阶段的学习打下基础。但现实中,学校体育不连贯,大学体育与中小学体育断裂。小学体育"形式化",其中的原因是多方面的。如小学生大多为独生子女,小学生在课堂上的安全问题成为体育教师关注的焦点。另外,体育设施器材的不完善、学校对体育课程的不重视等,使得小学体育呈现"形式化"状态。初中体育表现为"应试化",因为体育成绩算入中考总分,关系到学生能否考入一个理想的高中。体育课的教学内容变成体育升学考试的内容,体育教学的方式变成了考试的方式,得到满分成为体育教学唯一的目标。体育课外活动内容也是考试内容的重复练习。因此,初中体育呈现"应试化"状态。高中学生面临重要的高考,而体育被这些高考科目排挤,体育课时间被其他课程占用是极其普遍的现象,甚至有的学校取消了体育课程,更无从谈及课外体育活动。高中体育被其他计入高考成绩的科目"边缘化"。大学的学科制使得体育"知识化和科目化"。学生修得体育课程的学分成为大学生参与体育学习和体育锻炼的主要动力,不需要修体育课程的学期,就出现没有体育学习的现象。而研究生阶段体育更是"虚无化"。

因此,学校体育教育缺少系统性、完整性。中小学生体育课内活动缺

---

① 郑家鲲:《青少年体质健康促进中的政府责任及其实现路径》,第三届中国体育博士高层论坛,2010,第 396~401 页。

失,学生的身体素质呈下降趋势;有意识地缩减对学生体能、意志品质有深远意义的运动项目的教学,有的学校甚至取消了长跑测试,有的学校采取"圈养"的授课方式。体育课程的法定地位在现实中得不到保障,体现在全国多达45.9%的学校没执行学校体育课程,也没有遵守国家的规定去开设要求的体育课程。这严重地违背了教育的连续性。学生无法系统地、完整地学习到体育知识技能,从而无法养成体育习惯,提高体育能力,形成终身体育意识,更无从谈及体育生活化。

大学体育制度与相关制度配合不力。现有大学体育制度更多关注的是布迪厄的惯习理论的"运动的身体",过多地关注大学生惯习性的体育行为。从体育人类学的视角来讲,大学体育制度是对大学生运动的身体的关注;从体育人类学的视角来讲,大学体育政策不仅要关注大学生的身体运动,也要加强对如世界杯、奥运会、全运会等大型体育赛事,以及各种校园体育赛事及体育行为的解释力。要达到大学生体育行为自觉,首先大学生要体育文化自觉,要构建在福柯实践理论基础上产生的"文化建构的身体","文化建构的身体"强调把身体看作一种"文化建构",这有助于在全球化背景下达成大学生对体育文化更为多元的理解,从而实现大学生体育文化自觉。

在校园内,如果要通过加强青少年身体锻炼来改善青少年的体质健康,那么学校、家庭和社区都要被考虑到。要用相应的政策去推进学校体育、倡导家庭体育、完善社区体育,三方面政策融会贯通,这是一项复杂的系统工程。[①] 中国大学生是全面健身体系中的一个特殊群体,他们离开父母,在大学校园里生活和学习。他们每天接触的人是老师和同学。但他们的体育活动促进仍然需要学校、社区和家庭三方合力。然而,大学、社区和家庭沟通与合作的局面并没有形成,其合力微弱,很难实现大学生体质健康促进政策的既定目标。学科交叉、社会协力和部门联动要在构建和实施大学体育制度的现实中被考虑到。加拿大的AHKC建立了以评价体系为核心,多学科交叉、多部门合作的评价共同体,2004~2016年连续发布

---

① 唐炎:《体育与高考:"热议"背后的"冷思考"》,《体育学刊》2013年第2期,第1~7页。

儿童青少年身体活动报告。① 在全民健身体系中，促进大学体育教师体育锻炼的政策是缺失的，高校教师的榜样作用缺失。

其四，大学体育制度目标有待明确。

盖恩认为最优政策执行的一个基本条件就是"政策执行者深刻理解政策目标"，即政策主体观念上对政策的支持和认同，政策与政策主体间形成有效互动，政策主体秉承正确的政策思想观念。否则，无论社会多么需要该政策，无论政策本身是多么合理，无论政策颁发部门是多么权威，无论政策颁发部门是多么有影响力，政策目标最终都无法实现。大学体育政策目标应进一步明确，且结合政策执行主体的生活目标。目前，大学体育政策目标存在与大学生生活目标相脱节的现象。

大学体育政策目标与大学生交往目标不一致。在信息化社会中，网络使得大学生在学习之外获得广泛的交往空间。体育曾经被作为一个重要的交往手段，而其具有的交往功能正逐渐被高效、快速、方便的网络所取代。体育的大众性敌不过网络这一独特交流方式的大众性。因此，体育早已经不在大学生的交往目标之中。大学体育政策的目标是促进身体健康，这与大学生的交往目标形成两条平行线，不能相互影响，更不能相互融合。

大学体育政策目标与大学生学习目标不一致。大部分学生感觉学习压力很大，他们在学校的主要目标是学习，大多数大学生都把自己的时间和精力用来完成自己的学习目标。而体育学习一直不是他们的目标，因为现有的体育考核标准和内容未能使大学生将体育融入生活。体育素养的提高、体育锻炼行为习惯的养成和身体素质的提高也都不是他们的最终学习目标。

大学体育政策目标与大学生就业目标不一致。就业是大学生关注的三大目标之一。在我国大学生求职过程中，对于普通大学生身体和身体素质，只要求无残疾无疾病，绝大多数岗位是没有明确的和隐形的要求的，即使有要求，相对于其他方面素养的要求而言，对身体素质的要求可忽略不计。因此，提高身体素质也不在大学生就业目标之中。

---

① 张加林、唐炎、陈佩杰等：《全球视域下我国城市儿童青少年身体活动研究——以上海市为例》，《体育科学》2017年第1期，第14~27页。

政策的重要目标是要实现主客体对政策的认同。通过调查发现，大学生不认为大学体育政策与他们的体育行为有关，说明相关政策不能很好地帮助他们实现生活目标。所以，在制定大学生体育锻炼的相关促进政策时，要有更加全面、更加理性的思考。

其五，大学体育政策执行不力。

大学对体育倡导不力。张伯苓说："不懂体育，不能当校长。"[①] 但现实情况是，国家颁布大量保护学生体育权利的法律法规，但大学生的体育权利在很大程度上并没有得到充分的保证。[②] 为数不少的大学领导不明白体育，对体育的功能、体育的方法、体育的本质等没有清晰的认知。

现今大学生体育生活化的不力，大学内部要承担很大责任，如大学体育硬件和大学体育软件的匮乏是阻碍大学生体育锻炼行为自觉的一个因素。如校园体育制度时效性差，校园体育制度缺乏保障监督机制，高校没有形成自己的特色体育传统。各个大学体育制度大同小异，不能根据自身特色和实际情况制定相应的、系统的体育制度。已经制定的体育制度也不能显示其应该具有的连续性、规划性和规范性，很多体育制度是学校临时制定的，甚至不同领导针对同一问题制定完全不同的体育制度。一种体育制度的建立、发展到成熟是需要经历很长时间的，是一个过程。体育传统的形成也是一个长期的、积累的过程，甚至需要几代人的努力。在校园体育制度的实行过程中，必须设立监督机制。没有监督机制，就会使已有制度的执行停于表面、流于形式。

体育课程的教育功能弱。大学校园里与大学生体育生活化息息相关的就是体育课程与体育课外锻炼。在我国，大学体育课程是必修课，一周一次的必修课程并没有使大学生对体育价值有更深刻的认识，没有提高大学生体育的自我效能，没有使得大学生自觉、自主地参与体育锻炼，没有使得大学生养成科学的体育行为习惯，也没有使得大学生掌握一到两项体育技能，并把它们作为终身体育锻炼的项目。更多学校的课外体育锻炼更是流于形式。

---

① 张伯苓：《不懂体育者，不可当校长》，《中国教育报》2014年7月31日，第3版。
② 汪君民：《义务教育阶段学生体育权利评价指标体系的构建及福建省实证研究》，福建师范大学博士学位论文，2011。

3. 行动异化

韦伯认为："现代性与传统是相对的，用理性的精神把人从宗教社会拉回到世俗世界，以摆脱神学的束缚，恢复人的主体性自由。"① "哈贝马斯把从现代性理性中获得的控制世界和他人的能力称为'工具理性'。"② 工具理性以改造自然、控制自然为目的，在人类源源不断的欲望的支撑下，人开始逐渐"物化"。培根提出"知识就是力量"，标志着他把用于自然科学领域的模式转移到人文社会科学领域以及大众的日常生活中去。这种以改造和控制自然为目的的价值取向日益猖獗，人进一步被"物化"。在工具理性的威力之下，个体不能按照内心的需要行事。

大学体育近百年的发展使之完全深入现实生活，并深深地打上了现代性的印记，成为现代性的一部分。体育以技术性、工具性和功利性为特征，体育人文性迷失、自由丧失和意义性丧失，体育内涵公平、超越、团结、实现个体追求等积极信念的文化实体在近几十年遭遇多种挑战，陷入了现代性的困境。现代体育的重要表征和核心特质在大学生体育方面表现无遗。大学体育现代性以科技为手段、以竞技为推动力、以功利性为特征。大学体育与大学生生活目标的脱离，使体育生活化的个体生存、娱乐、健康和生命的价值呈现迷失状态。

第一，体育娱乐化：误读体育本质。

体育生活化发展经历了萌芽、发展、价值遮蔽和回归四个阶段。体育生活化萌芽阶段的身体活动注重发挥生存功能，体现了基于人自身需要这一"人本"价值取向。体育生活化发展阶段注重体育娱乐功能的发挥，体育即游戏，体现了精神人本价值取向。体育价值遮蔽阶段注重人体健康的功能，体现了工具价值取向。体育生活化回归阶段注重个体生命价值的回归。生命的价值是生存、娱乐、健康价值的理性融合。现今，体育生活化需要的是上述几种价值取向的融合，而不是单一的价值取向。

赫伊津哈在《游戏的人》中，明确表达游戏是人类的本质。从人类学角度来讲，体育的本质就是游戏，竞赛和游戏的本质是一样的。③ 无可厚非，体育具有游戏的娱乐功能，体育是人类的娱乐形态。在中华民族的发

---

① 韦伯：《新教伦理与资本主义精神》，彭强译，陕西师范大学出版社，2002，第175页。
② 郑晓松：《技术与合理化——哈贝马斯技术哲学研究》，齐鲁书社，2007，第55页。
③ 赫伊津哈：《游戏的人：文化中游戏成分的研究》，花城出版社，2007，第53页。

展史上，体育生活化的发展过程就是劳动到游戏的转变过程，体育生活化也是在体育的劳动本质向游戏本质转化的过程中得到了发展。但是，长期以来，体育娱乐价值的凸显，给人们留下体育只是娱乐消遣的片面认知。大学体育对大学生个体人本价值忽视的表现和曲解，形成大学体育娱乐化的局面。大学体育娱乐化的出现又使得大学体育的其他个体价值得不到充分的展现。

在体育生活化的发展阶段，体育作为娱乐游戏盛极一时。先秦时期大众用投壶活动来愉悦身心和矫正怠情，强化了体育运动在人们日常生活中的娱乐精神。隋唐时期体育运动朝娱乐方向更进一步。娱乐性地蹴鞠、击鞠、步打球、踏鞠等各类球戏得到了开展，拔河、秋千、登山、竞渡娱乐性很强的体育活动成为人们立春、清明、重阳、端午时的娱乐方式。① 多种儿童游戏在唐代《小儿诗·五十韵》中被介绍，足见体育运动的娱乐性。宋朝皇室马球的盛行使得体育进一步朝娱乐方向发展。② 但是这些娱乐性体育运动却是远离大众的日常生活，是儿童的游戏方式，是节日的欢庆方式，是达官贵人闲来无事的消遣。对于大众来说，是浪费时间的，是无用的、奢侈的。

另外，我们在展现体育作为游戏娱乐本质的时候，不能忘记游戏的娱乐之外的原则，游戏是在没有时势的必需和物质的功利前提下，是在特定的时间和空间中开展的活动，游戏呈现明显的被游戏者广泛接受遵循的秩序和规则。③ 游戏是秩序、规则，它是非物质属性和非理性的。游戏人是自愿的。现今，不仅体育在大众健身领域被娱乐化，竞技体育也被娱乐化，体育项目娱乐化，比赛过程娱乐化，体育冠军娱乐化。之所以这样，根源在于把体育当成追求利益的手段。娱乐功能的膨胀，使体育的个体生存、健康、生命价值被或多或少忽略了。

人的行为结果或人所造之物反过来统治、支配着人，形成了一种物化意识。这种意识加剧人的个体化困境。伴随着高技术和消费社会带来的物

---

① 陈革新、张宝华：《浙江省中职学生体育认知水平及行为的研究》，《吉林体育学院学报》2009年第3期，第87～88页。
② 王海源、管庆丽：《对德国大学健身体育的认知与诠释》，《中国体育科技》2005年第4期，第33～35页。
③ 赫尹津哈：《游戏的人：文化中游戏成分的研究》，花城出版社，2007，第25页。

质主义，以及市场经济的发展和全球化的推进，大众受到"拜物意识"影响，出现人格的"物化"。随着时代的发展，人们生活节奏越来越快。有些人认为进行体育活动是奢侈的，是在浪费时间，是玩物丧志。作为游戏性质的娱乐体育对于他们的成功是无足轻重的，甚至在特定情况下成为障碍。对于面对学习压力和就业压力的大学生，娱乐价值凸显的体育就可有可无了。另外，现代科技发展背景下，体育的娱乐功能又被电脑和网络的娱乐功能边缘化，更加剧了体育的边缘化。

第二，体育工具化：生活主体的缺失。

前文所表述的大学体育工具化是大学体育生活化的学科发展和社会服务价值的体现，大学体育工具化造成了大学体育的功利主义。

一般意义上理解的体育工具化，指片面强调体育的社会工具价值，轻视体育内在的育人、育体价值。在具体的体育实践中，表现为人对社会需要的绝对服从，无视人的生活需要，轻视人固有的创造性，忽视人的主体性地位。体育工具化是现代性在大学体育身上的重要反映。韦伯在"合理化"理论中表明：受工具理性（目的理性）支配的人类，过着刻板、单调、千篇一律的生活……主体自由性受到挑战。日常生活中的大学生也不例外，在工具理性的支配之下，大学生呈现工具化，表现为体育过程中生活主体的失落。"工具理性"的意思是指通过日常生活中用实践的方法去确认工具（手段）的有用性，使得事物的最大功效得以实现。"工具理性"是为人的某种功利的实现服务的。过度追求工具有效性将致使解放人类的工具转变为奴役人的工具。在科学技术变成奴役人的工具的过程中，为数不少的体育行为者多多少少地具有了一定程度的"工具性"，这种工具性迫使体育参与主体不断企图拓展可以获得更多利益回报的空间。体育的工具理性与物质的利益有关，涉及体育手段与体育目标二者的关系，这时的体育主体所关心的是选择有效的手段去达到既定目标；体育工具理性地把成绩与效果作为判定体育相关活动价值的唯一标准，认为能够带来满意结果就是好的。体育观念、体育思维，都不过是工具而已。体育工具理性地使得体育相关行动只受追求功利的动机驱使，体育行动者纯粹从成绩与效果最大化的角度出发考虑问题，漠视人的情感和精神价值。个人发展的最高境界是人的全面自由发展。社会主义的建立和发展需要个体主体性、独立性和创造性的完整人格。这正是体育追求的价值指向。

第三，体育陷入功利主义。

"体育功利化"成为一种意识形态，主体实践过程的有序感、现实的身份感和理想的幻灭感取代原始体育文化内涵和价值认同；体育主体开始更多地考虑自身身份和地位在世界体育语境中的确立，这意味着利益因素影响各种实践主体。

体育陷入功利主义是与"价值理性"对体育的要求相违背的。"价值理性"看中的是体育参与主体人格的完善，"价值理性"更关注体育实践是否遵守体育精神内涵，在体育实践中是否能够真正实现公平和公正。"价值理性"的体育并不看重体育行为产生的结果，顾拜旦认为："生活中最重要的事情是斗争和奋力拼搏，而不是胜利或征服。"《奥林匹克宪章》强调："奥林匹克主义是增强体质、意志和精神并使之全面均衡发展的一种生活哲学。"奥林匹克的宗旨是："通过开展没有任何形式的歧视并按照奥林匹克精神——以相互理解、友谊、团结和公平比赛精神的体育活动来教育年轻一代，从而为建立一个和平和更美好的世界做出贡献。"埃德斯特隆也说："奥运会无法强迫人们接受和平，但是它为全世界的青年人像亲兄弟一样欢聚一堂提供了机会。"[①] 但体育过度的市场化和商业化运作带来了诸多问题，可以说，实践主体因为已经成为利益联结中的一员，而发生了变异。变异的体育主体不停地以多重身份出现，最大限度地获得社会的认同。体育在主体不断重新组合各种利益的语境中不断被修正，甚至是被重新塑造。

小　结

本章剖析了大学生体育生活化，包括促进大学生全面发展和促进大学生生命质量提升的个体人本价值；推动体育产业发展和满足社会和谐发展需要的社会发展价值；确立大学体育学科地位、推动大学体育学术研究和促进大学体育专门人才培养的学科发展价值。阐述了大学生体育生活化是通过为大学体育确立组织原则，通过促进社会成员对大学体育的认同，通过提高社会系统对大学体育的控制效率，帮助大学体育走出了现有困境。

---

① 王霞光、马剑、季芳：《让全球铭记一个美好的盛典——"同一个世界　同一个梦想"系列报道（下）》，《人民日报》2008年8月7日，第7版。

本研究又着重从"价值演变"的视角对体育生活化进行了纵向研究和现实考察。通过对体育生活化历史脉络的分析，勾勒出体育生活化经历了四个阶段：初民时期的劳动生活化、基本生活资料得到满足后的游戏生活化、进入工业文明时代后的工作生活化、现代性危机暴露后的体验生活化。大学生体育生活化经历了民国时期健身强国价值萌发、健身强国价值凸显、大学生体育生活化价值被政治化、大学体育以学科发展价值主导以及大学生体育生活化价值多元化五个阶段。对于大学生体育生活化的现状，通过调查数据分析得出：我国大学生在体育参与的日常性、体育价值多元性、体育参与自主性和体育与生活的相融性方面现状不容乐观，存在诸多问题，其中的原因是多方面的。这些问题具体表现为：大学生体育政治工具化，大学生体育商业工具化，大学体育脱离大学生生活目标。具体原因：①存在理念偏差，大学生健康观、身体观、体育观存在偏差。②相关制度。大学体育政策与大学生体育锻炼日常性不显著相关，大学体育政策立意有待提高，大学体育政策配合度有待提高，大学体育制度目标有待明确，大学体育政策执行不力。③行动异化，体育娱乐化，体育工具化，体育陷入功利主义。本章为后续研究提供了历史和现实依据。

第三章　大学生体育生活化的影响因素与行动路径

第一节　我国大学生体育生活化社会生态模型构建

关于体育生活化的影响因素，学界通过研究，基本达成如下共识，体育生活化受内外两个方面因素的影响。[①][②]"内环境包括：体育生活的主体，即人、体育运动项目；外环境包括：自然环境、社会环境（政治环境、经济环境、人文因素）。"[③] 尽管研究者们表述各异，但都是从主体本身和外在环境的角度来阐述的。主体本身因素指个人的体育意识、体育态度、体育观念。长期受传统观念的影响，人们在意识和生活方式的转变方面都具有滞后性、顽劣性和不科学性的特点，人们对体育锻炼的价值意义以及体育生活化的价值意义缺乏理性的认知。外在环境因素包括人们的物质文化生活水平、政策和制度保障与支持、体育设施环境、闲暇时间、生活环境、生活方式等因素，阻碍着体育生活化的进程。

学者们详细阐述了制约我国体育生活化发展的各种因素，例如人们的传统观念导致大众对体育认知的偏差、社会经济发展水平、缺乏体育知识，等等。但是没有人研究体育的现代性困境对于体育生活化进程的影响。

对已有相关文献进行梳理后发现，还没有对大学体育教学生活化、大

---

① 熊茂湘、刘玉江、周特跃：《论体育生活化的实现及其实现环境》，《武汉体育学院学报》2003年第5期，第40~42页。
② 程晓峰：《人本经济学视角下的体育生活化分析》，《北京体育大学学报》2002年第6期，第742~743页。
③ 熊茂湘、刘玉江、周特跃：《论体育生活化的实现及其实现环境》，《武汉体育学院学报》2003年第5期，第40~42页。

学体育生活化、大学生体育生活化等影响因素的研究。以上对体育生活化影响因素的分析为我们分析我国大学生体育生活化的影响因素奠定了一定的基础。然而，我们仍然能够从中发现一些问题，首先他们没有考量这些因素对体育生活化的影响程度，其次没有对这些因素中的主次进行分析。必须在对体育生活化内涵及历程分析的基础上抓住体育生活化的本质要素，并找出影响因素中的核心因素。

一 影响因素理论分析

笔者从动力系统的角度对大学生体育生活化影响因素进行了详细的分析。笔者认为，大学生体育生活化的动力系统由学校外在拉力和大学生自身内在驱力构成，内外力共同作用于大学生体育生活化。学校外在拉力系统可以引导大学生的体育行为，促进大学生体育生活化，单独形成一个系统，也可以促进大学生的体育内在驱动系统，作用于大学生体育生活化。大学生内在驱力系统包括体育认知状况和体育行为状况，可以单独形成系统并作用于体育生活化，也可以通过外在拉力的影响作用于体育生活化。两股力量也可以同时作用于体育生活化。而体育生活化也可以反向促进学校体育硬件与软件的建设，提高学生的体育认知，形成一个循环系统，如图 3-1 所示。

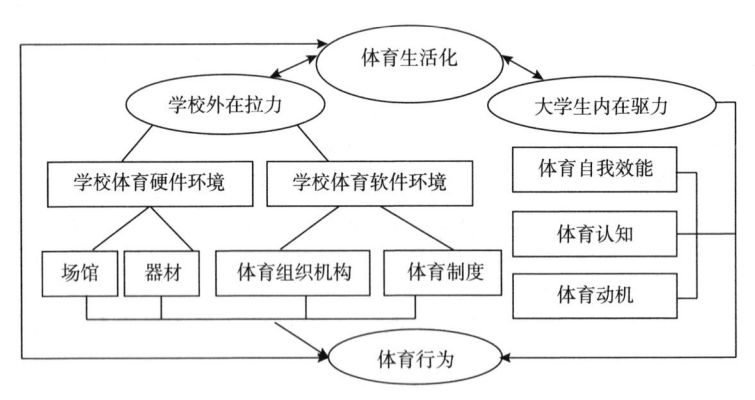

图 3-1 大学生体育生活化的动力系统

狭义的大学生体育生活化是大学生体育锻炼行为自觉的过程与结果，即大学生自觉地去锻炼，自觉地把体育变为生活的一部分。体育生活化强调把实用的体育观念变成一种精神状态，实现主体体育行为自觉。体育生活化突出体育的全民性，而大学生群体却与体育生活化失之交臂。因此必须使体育生活化成为大学生的一种生活理念，让生活体育化成为大学生的日常行为。行为的发生机制非常复杂，受诸多因素相互影响，如行为取决于人格因素、情感因素和环境因素等。据此，笔者提出了大学生体育生活化的综合影响模式。大学生体育行为的构成要素由行为者（大学生）、行为方式（大学生体育行为方式）、行为硬件（学校体育基础硬件）和行为软件（学校体育软件）四个部分构成，如图3－2所示。

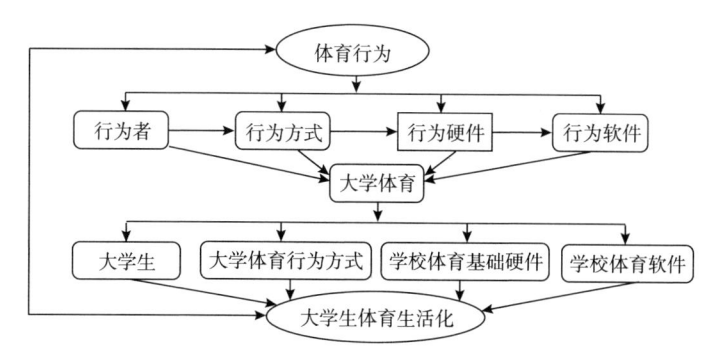

图3－2 大学生体育行为发生的四大要素

大学生内在的体育锻炼行为自觉是大学生体育生活化的内在动力，大学生要有自觉性，首先要对体育有一个清晰和全面的认知，在这一基础上才能有恰当的情感，才会激发体育动机，才会有体育锻炼行为的自觉。同时，大学管理者的体育认知、体育态度以及体育教师的水平等都在学校的体育管理当中得到体现。因此，大学体育硬件的配备和软件的完善是大学生体育生活化的外在拉力系统。

1. 外在诱因

梳理研究发现，关于体育生活化的外在诱因主要包括："人们的物质文化生活水平、政策和制度保障与支持、体育设施环境、闲暇时间、生活环境、生活方式、经济发展水平、观念、体育人口数量"。[①] 另外，"缺乏从事监控、指导体育生活化的体育指导员，使体育生活化健康的发展受到阻碍。体育生活化得不到及时的科学指导，缺少更有趣、更科学的内容，

---

① 陈立勇：《体育生活化的发展及制约因素》，《解放军体育学院学报》2004年第3期，第9页。

运动负荷得不到监督,组织和经费也得不到支持和保障。"① 也有学者表明:"立法落后,设施建设不合理和经费投入不足,缺乏社会体育指导员等等阻碍体育生活化进程。"② 还有研究表明:"我国的传统文化、个体主观意识、国家和地方经济实力、学校体育发展情况、大众生活环境、现代生活方式、社会体育情况、体育文化现状、余暇文化情况和体育指导员现状等等是影响体育生活化进程的主要因素。"③ 有学者强调:城乡经济水平差异、东西部经济水平差异、城乡体育资源差距明显等都阻碍了体育生活化发展。④ 长期的计划经济影响了体育生活化的发展。⑤

行为学派认为,行为是由外在环境决定的。大学生体育生活化包含的体育行为是由哪些外在环境因素决定的呢?鉴于上文,本研究认为,学校体育管理系统、学校体育硬件和学校体育软件、大学生的休闲生活方式等都会对大学生体育行为产生影响,如图3-3所示。

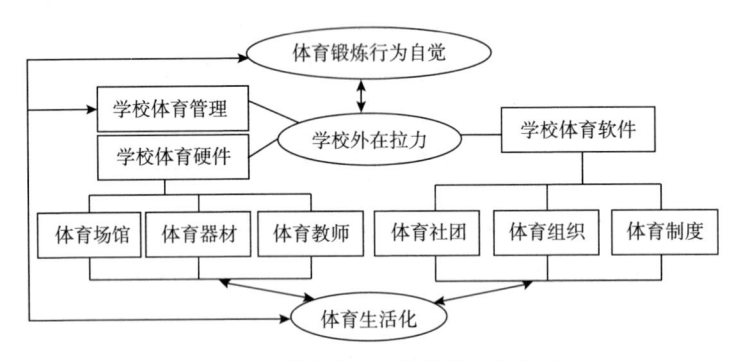

图3-3 大学生体育生活化外在拉力系统

(1) 学校基础硬件

体育基础硬件设施,包括体育场馆的建设、体育器材的配备、体育设

---

① 陈佩华、王家林:《对体育生活化的再论析》,《南京体育学院学报》(社会科学版) 2002年第2期,第97~90页。
② 陈佩华、王家林:《对体育生活化的再论析》,《南京体育学院学报》(社会科学版) 2002年第2期,第97~90页。
③ 陈济川:《关于国民体育生活化进程影响因素的思考》,《宁德师专学报》2004年第3期,第247~251页。
④ 邹桂芳:《我国体育生活化构建策略探析》,《成都体育学院学报》2009年第4期,第26~28页。
⑤ 梁利民:《关于体育生活化的深层思考》,《上海体育学院学报》1997年第11期,第13~17页。

施的完备。如是否按照人均场地面积要求来建设场地，是否根据人数来配备器材，等等。良好的体育设施和服务可以促进大学生体育行为的发生和维持。

在中国知网输入"大学体育场馆设施"，共计有206条相关文献，输入"大学体育设施"，中国知网有132篇。删除无关文献和重复文献剩下77篇。通过对文献的梳理，关于大学体育场馆设施的研究分为以下几个方面。第一，对大学体育场馆设施现状进行调查的有11篇；第二，对大学体育场馆设施经营、开放现状研究的有50篇；第三，对大学体育场馆进行管理研究的有7篇；第四，其他的有9篇。

无论是这四类当中的哪一类研究都为我们进一步研究打下坚实的基础，让我们明晰当今大学体育场馆设施的配备状况、大学体育场馆设施对社会开放程度以及开放的积极作用及其运营中的困难，也让我们理解大学体育场馆设施没有得到很好的社会开放的原因所在，还可以了解先进的技术在大学体育场馆设施管理中的运营、先进管理理念向大学体育场馆管理的渗透。

然而，从文献的数量分配上来看，50篇文章都集中在对大学体育场馆设施对社会开放情况进行的研究，其实就是如何使场馆能够更充分地发挥它的经济功能。无论场馆的对外开放还是场馆的不对外开放，归根结底都会归到经济上来。但是，大学体育场馆首先是要关注大学生的学习、娱乐、健康和生命，而这些都是大学生体育生活化的精髓。对于体育场馆设施的建设、管理、经营都必须时刻以大学生体育生活化的理念和精髓为核心。这方面的研究却无人问津。

（2）学校基础软件

大学体育基础软件是外在拉力系统的重要组成部分。学生会体育部工作的正常且高质量的开展、大学生体育社团的数量、大学生体育社团开设的质量等都是大学体育基础软件包含的内容，对大学生体育参与都能起到积极的促进作用，对大学生体育生活化起到拉动作用。学校体质监测部门定期对大学生体质状况进行监测，并且及时将测试情况进行反馈，将对促进大学生体育生活化水平提升发挥重要作用。这是因为大学生体质健康水平是受多方因素制约的，大学生体育生活化水平直接决定着大学生身体健康水平。人才评价体系如果能把学校体质监测部门的检测结果作为评价人才的指标之一，这将会改善大学生体育参与行为，从而促进大学生体育生活化的进程。

2. 内在动因

内在影响因素即主观因素主要包括个体的体育态度、体育意识、体育价值观、体育观念等。人们体育认识水平的高低不但决定着个体的体育行为，而且直接影响我国体育人口的数量。[①] 由于受中国传统观念的长期影响和束缚，人们意识的转变和生活方式的转变都带有一定的滞后性、不科学性和顽劣性，对体育参与和体育生活化的价值意义缺乏理性认知。目前，我国大众的体育观念需要转化，因我国传统生活模式而产生的心理积淀使得大众对体育生活价值的认知起点低，影响了我国体育生活化的进程，甚至"劳动即体育"的观念还存在于一些人的意识里面。[②] 陈立勇认为："人们的体育观念制约着体育生活化。"[③] 陈配华等强调："落后和片面肤浅的价值观阻碍体育生活化进程。"[④]

心理学家认为："认知过程是个体在实践中对认知信息进行接受、编码、贮存、提取和使用的心理活动过程。而完成这些心理活动的能力，称为认知能力。"[⑤] 体育认知指的是人们对体育的想法和看法，是对体育所产生的感知觉、理解、判断、评价、信念，是人们通过获取关于体育的信息，在对信息进行加工的基础上对体育做出的反应。[⑥] 体育认知包括大众对参加体育锻炼的价值的认知、健康的认识、体育态度的认知、体育参与效能的认知。主体越是正性的认知，体育行为越趋向于最佳体育行为阶段；越是负面的认知，就会越偏离最佳行为阶段。

[①] 关辉、夏平：《体育生活化探析——我国居民的体育生活化状况》，《楚雄师专学报》2001年第3期，第111~113页。
[②] 梁利民：《关于体育生活化的深层思考》，《上海体育学院学报》1997年第11期，第13~17页。
[③] 陈立勇：《体育生活化的发展及制约因素》，《解放军体育学院学报》2004年第3期，第9页。
[④] 陈配华、刘家林：《对体育生活化的再论析》，《南京体育学院学》2002年第2期，第19~21页。
[⑤] 韩盛祥：《对体育认知结构的认识与应用》，《体育文化导刊》2003年第10期，第36~37页。
[⑥] 罗慧坚、杨建平：《试析影响大学生体育认知方式的致动因素》，《中国电力教育》2009年第7期，第99~100页。

大学生体育认知包括体育基础认知、体育价值认知、体育自我效能认知和体育态度认知四个方面。体育基础认知是大学生对体育相关的基本理论知识和各运动项目的基本知识、基本技术和基本战术所产生的感知觉、理解、判断、评价、信念。体育自我效能认知是大学生对于自身发生体育行为所应该具备条件的认知。体育态度认知是大学生在自身道德观和价值观基础上对体育的评价和行为倾向。这四个方面共同构成大学生体育认知。体育认知是大学生在获取关于体育的信息并对相关信息进行加工的基础上，调整体育行为，激发体育动机，改变对体育价值和体育基础内容的认知，能够激发人们的体育动机，促发体育行为，促进体育生活化。体育价值认知就是大学生对体育自身价值所产生的感知觉、理解、判断、评价、信念。

（1）体育基础认知

体育这一学科，有着丰富的知识和学问。体育是一种浓缩了民族文化和汇集了世界文化的社会文化现象。我国传统民族体育和西方体育文化交相融合。体育有自己完整的专业学科体系，又交叉融合其他学科。体育已经成为我国社区文化建设的重要内容和有效载体。[1] 大学生对体育学科基础知识认知得越多，越有利于大学生体育行为的发生与维持，有助于体育生活化的实现。而体育生活化又能够为更多的人提供更广阔的发展空间。

（2）体育价值认知

体育中的许多功能都是其他形式的活动无法取代的。体育生活化作为一种新的生活方式的出现，说明体育属于每一个个体，属于每一个需要和热爱它的人。每个个体都有权利分享体育，分享它满足现代人的各种需求与促进人的和谐的功能。体育生活化对于个体有重要意义，而且通过促进个体的生理健康、心理健康、道德健康和社会适应来促进个体更好地生存和生活，可以为个体享受生活提供重要的方式，为个体全面发展提供可能。体育生活化更能够促进社会的和谐、可持续发展。体育价值观是受其体育目标和生活方式影响，可以从体育总体价值层次来认识体育价值观，集中表现在重视或鄙视体育的观念。也可以从体育价值取向层次来理解体

---

[1] 富学新、杨文轩、邓新华等：《美、英、俄、德高校学科专业设置对我国体育学科体系建设的启示》，《体育学刊》2007年第9期，第7~11页。

育价值观。① 大学生的体育价值观影响着大学生个人的行为和大学生群体行为，而且决定大学生体育行为的心理基础就是大学生的体育价值观，即在相同外部环境下，不同大学生产生不同体育行为，是由其自身的体育价值观决定的。只有大学生认识到体育生活化的价值，认识到体育生活化可以全方位地满足大学各方面的需要，领悟到体育生活化对于一个国家、一个民族的重要意义，才能践行体育理论，养成体育习惯，形成自觉体育行为，促进体育生活化的实现。关于大学生体育价值认知的研究，把相关核心词语输入知网进行检索，得出有101篇相关文献，而真正关于大学生体育价值认知的文献只有郑汉山的《关于广州大学生体育价值观的研究》1篇，还是研究价值观的，不是研究价值认知。在知网硕士毕业论文中输入"大学生体育价值认知"，得到的结果有66条，但是其中相关文献研究的是中学生的体育文化价值。在知网博士毕业论文中搜索"大学生体育价值观"，出现19条，但是真正关注大学生体育价值认知的论文1篇也没有。综上所述，关于大学生体育价值认知状况的研究还没有，而恰恰就是大学生对体育价值认知的状况制约了大学生的体育行为。可以说，大学生对体育价值的认知一定程度上决定着大学生体育生活化的命运。

(3) 体育自我效能认知

阿尔伯特·班杜拉最早提出自我效能感，其是"指个体对自己是否有能力为完成某一行为所进行的推测与判断"。② 体育自我效能感是个体对自己是否有能力完成体育活动所进行的推测和判断。③ 大学生的体育自我效能感属于大学生身体自尊，是大学生进行体育活动的效率和能力的简称，是大学生体育自我效能认知，是自己对自己体育能力和效率的评价。自我效能高的学生更愿意积极参与体育活动，能促进体育生活化，反之，体育自我效能低的学生不愿意参加体育活动，低体育自我效能感将成为大学生体育生活化的重大障碍。

大学生的体育认知越全面、越正性，其体育动机越能得到激发。而决

---

① 鲁飞：《论体育的核心价值观》，《成都体育学院学报》2006年第5期，第27~29页。
② 刘景黎：《自我效能感对高校大学生体育能力的影响》，《辽宁体育科技》2008年第3期，第92~93页。
③ 刘景黎：《自我效能感对高校大学生体育能力的影响》，《辽宁体育科技》2008年第3期，第92~93页。

定体育行为的是体育动机,随着动机强度由弱到强,个体体育行为就会发生变化,其变化过程是由前意识阶段到意识阶段,然后到准备阶段,再到行动阶段,最后到维持阶段,甚至动机更强烈会导致运动成瘾行为的出现。三者相互影响,相互作用。

(4) 体育动机

动机是激发和维持个体活动,促使该活动朝某一目标进行的心理倾向,是发动、指引、维持身体活动和心理活动的内部过程。[①] 动机是促发行为的因素。动机概念紧密联系"内驱力"和"诱因"。内驱力是由需要而产生的发生行为的内部力量。诱因是指外在目标刺激,只有其成为内在需要的时候,才能促发行为。体育活动能够满足什么样的内在需要就是个体体育价值的认知问题。有什么样的价值认知,就可以满足个体什么样的需要,就会激发个体什么样的体育行为。体育动机是指推动、停止或中断学生参加体育学习和身体锻炼的内部动因。[②] Deci 和 Ryan 认为,人类所有行动的产生都是由一系列动机驱动的,人们是否参与某项活动或执行某项任务是由内在动机和外在动机共同决定的。[③] 基于自我决定理论,动机既是按照以自我决定程度为区分点的连续体,也是以内在动机和外在动机为端点的连续体。学者普遍认为影响人类行为的动机包括内在动机和外在动机两大类。Iso - Ahola 认为动机是那些能够启动、指导和维持人类行为的力量。从心理学的角度来研究体育行为为什么能发生,体育行为是否发生,实际上是指体育行为主体对体育行为的做与不做的选择。虽然影响体育行为的因素非常多,其中不乏各种心理因素,但最终的因素是体育动机决定体育行为,体育行为的改善是体育生活化的基础。

但仅有动机,行为并不一定能够发生,行为的决定是由个体动机和个体行为能力决定的。这两个因素只有同时存在行为才能发生。所以体育行为是由体育动机和体育能力两者共同促发的。本研究从体育价值认知,即体育能够满足大众何种需要的角度来促进动机生成,从体育基本原理认知和体育自我效能认知的角度来研究体育能力。两者共同促成了体育行为的发生和持续。

---

① 叶奕乾、祝蓓里:《心理学》,华东师范大学出版社,2003,第43页。
② 祝蓓里、季浏:《体育心理学》,高等教育出版社,2003,第19页。
③ Deci, E. L., Ryan, R. M., *Instrinsic motivation and self - determination in human behavior*. New York: plenum, 1985.

(5) 体育生活化的内在驱力系统

第一，简单模型。

从不同的角度分析，体育动机有不同的分类，例如，直接动机与间接动机；内部动机与外部动机；生物性动机与社会性动机。体育动机直接决定着学生体育学习和锻炼活动的倾向性、活动强度和坚持性。体育动机对体育行为选择的影响程度，取决于体育动机对大脑影响的程度和力度，体育动机对大脑的影响力就是体育动机对体育行为的促发程度，即体育动机对体育行为促发的实际强度。如果体育动机的作用强度越小，体育动机对体育行为的促发作用也就越小；如果体育动机的作用强度越大，体育动机对体育行为的促发作用也就越大。体育动机的作用强度决定了体育行为发生的迫切性。体育动机决定体育行为的选择，能够促发体育行为。但是体育行为真正的发生，还需要具体的体育能力，而体育能力具体表现为体育认知水平，体育认知水平高，体育能力水平相对高，反之亦然。体育认知和体育动机相互作用才能使体育行为真正发生（见图3-4）。

图3-4 体育生活化内在驱力简单模型

第二，复杂模型。

体育行为理想状态的存在，导致体育行为状态差距的出现，从而产生消除状态差距的需要，进一步产生消除状态差距的动机，最后体育行为发生变化，向体育行为的理想状态改变。虽然体育动机和体育行为存在不同类型和多种变化，但二者之间仍然存在一定的共性和普遍的规律。体育动机的形成和发展在个体发展以及社会发展的影响和制约下遵循一定的模式和时序。个体体育行为包括个体体育行为的选择和个体体育行为的执行。而个体体育行为的前意识阶段、意识阶段、准备阶段、行为阶段和维持阶段构成了体育行为变化的过程。结合体育动机的发展维度，构成了体育行为复杂模型（见图3-5）。复杂的体育行为模型的构建基于以下假设。

假设1：体育行为是狭义的体育行为，而不是广义的体育行为。

假设 2：关于体育的四个方面的正性认知都能够激发个体生物性动机和社会性动机，增加两种动机的强度。

假设 3：体育的生物性动机和社会性动机同时作用于体育行为的选择和执行，与个体体育行为的发展呈正相关关系。

个体的体育锻炼行为变化是一个连续的过程而非单一的事件，处于不同的体育锻炼行为变化阶段，体育锻炼行为习惯的养成不是一蹴而就的，而是存在行为变化的。各个阶段的反复和回退现象也是不可避免的。这就需要促进对体育价值认知的提升，进而转变个体的体育态度，强化个体的体育自我效能，进而又加强了个体的体育锻炼实践，推动大学生体育锻炼行为改变和巩固。

根据上述假设，分析体育认知、体育动机和体育行为的关系，可以得出：一是体育正性认知的增强可以直接激发体育动机，也可以间接改变体育行为的执行；二是体育自我效能认知和体育态度的认知，能够对体育行为的选择产生影响，而体育行为的选择促发体育行为的执行，体育行为的执行又能促进人们的体育认知。正性的体育价值认知，可以增加对体育基础的认知，改变体育态度，提高体育效能。从而形成一个良性循环。

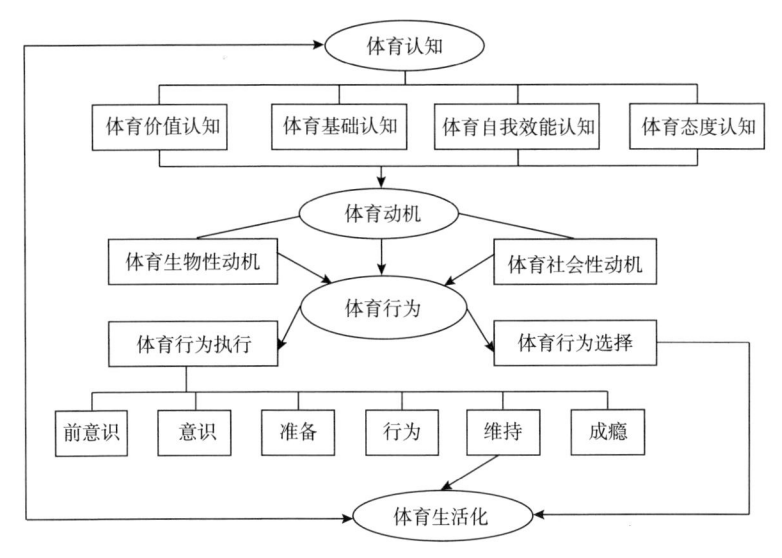

图 3-5 体育生活化内在驱力复杂模型

二 模型构建

1. 理论模型的初步提出

本研究力图从我国大学生体育生活化动力的主客观影响因素层面，反映外在和内在的动力系统，即大学生体育锻炼行为、大学体育硬件、大学生体育认知、大学体育软件和大学生体育动机五大系统。我们把大学体育硬件理解为大学生体育生活化的物质基础，把大学生体育生活化的软件理解为包含大学生体育生活化的制度保障和文化氛围，把大学生内在动力系统理解为大学生体育生活化的心理基础，大学生的体育锻炼行为理解为大学生体育生活化的践行情况。我们采用系统划分中的功能结构划分方法，把大学生体育生活化分为五个影响系统。图3-6是我国大学生体育生活化影响因素的理论框架。

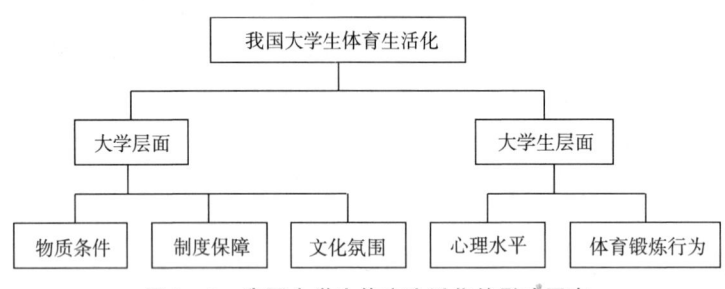

```
              我国大学生体育生活化
              ┌──────┴──────┐
           大学层面          大学生层面
         ┌───┼───┐         ┌───┴───┐
       物质  制度  文化    心理    体育
       条件  保障  氛围    水平  锻炼行为
```

图3-6 我国大学生体育生活化的影响因素

（1）物质条件系统

从我国大学生体育生活化动力系统来看，我们不应该把物质条件排除在外，因为物质条件是大学生体育锻炼行为发生的硬件，是大学生体育生活化的基本条件和表现的场域。

第一，体育场馆设施和器材。

体育场馆、设施、器材的配备情况是大学体育基础实力和大学体育重视程度的重要体现，包括大学体育场地、体育馆、体育设备、体育器材。场地器材先进程度是场地器材更新速度的表现，我们可以根据体育场馆建设时间、体育器材设备更新情况来评价。体育场馆布局是大学体育场馆设施在校园内位置情况和场馆内部布局合理程度的综合，体育场馆设施越便于生活、便于锻炼，越会对大学生体育锻炼行为起到积极的作用。体育场馆器材设施是大学生体育生活化的物质基础，不仅反映了学校对大学生体育的重视程度，也是大学生体育制度执行情况的重要体现。

高校体育场馆是指属于高校的，为满足师生体育教学、体育科研、运动训练、体育课外文体活动、体育竞赛的需要而专门建造的体育场馆及其设备的总称。从本文分析的大学生体育生活化的动力系统来看，体育场馆和场地是大学生体育生活化的重要的物质基础，大学体育场馆不仅是大学对体育投入的一个反映，更是大学对体育重视程度的重要体现，是大学生体育的物质需求的满足程度和分享大学经济实力的状况。大学体育场馆包括大学校园里的体育场地和各种体育馆。大学体育场地包括田径场、篮球场、排球场、网球场、高尔夫球场、溜冰场等。体育场馆包括体育综合馆、游泳馆、击剑馆、小球馆（羽毛球、乒乓球等）等。体育场地和各种馆的数量、质量和管理使用情况是大学生体育生活化物质基础的重要指标，它可以用来衡量每个大学生人均可支配的场馆面积和每周场馆使用次数和使用时间。大学体育场馆指标除能够反映大学对体育的重视程度之外，还是反映大学生体育生活化水平的合理指标系统。例如大学体育场馆总面积和生均面积就能反映该大学体育生活化物质水平。还有一个重要指标就是这些场馆大学生的使用情况。

本研究认为，大学体育场馆作为大学生体育生活化的必要条件和重要表现，有必要在大学生体育生活化指标体系中占有一席之地。当然，这里的大学体育场馆并不能完全反映大学生体育生活化的物质基础，例如，大学体育场馆质量、数量及管理使用情况的优良，并不能代表大学生终身体育和全体大学生参与。所以我们这里采用大学体育场馆指标只是系统中的一个必要部分。

体育器材设备是大学生体育生活化重要的物质条件，也是实现大学生体育生活化的重要保障。体育器材设备消耗的速度、频率相对要更快一些，体育器材设备的数量、质量、使用情况（生均占有量、种类齐全情况）是政府、大学对大学体育重视程度的重要反映，也在一定程度上反映了大学生的体育锻炼行为。当然，一部分器材设施是大学生自己提供的。因此，先进的、良好的、充足的大学体育器材设备是大学生的追求和期望。对于大学生体育生活化而言，我们更关注的是大学生对体育场馆的使用情况、对体育场馆的了解情况、对体育场馆的认可情况和对体育场馆的满意情况,这些指标能够充分反映大学生体育生活化的物质基础在大学生心目中的便利性和实用性。

第二,体育师资。

体育师资是影响大学生体育生活化的重要因素。根据大学生体育生活化动力系统,大学生体育认知和大学生体育动机决定大学生的体育锻炼行为,而大学体育师资却是直接影响大学生体育认知和大学生体育动机的重要因素。此外,大学体育师资情况不仅是衡量一所大学体育实力的重要体现,也反映了一所学校的综合实力。

作为大学当中直接把体育与大学生连接起来的教育主体,大学体育师资情况(教师的总数量、师生比、教师自身的体育态度情况和体育认知水平等)制约着大学生体育生活化。而对于大学生体育生活化而言,我们更关注的是大学生对体育教师的了解情况、大学生对体育教师的认可情况。这些方面是大学生对大学生体育生活化物质条件认可程度的体现。

(2)制度保障

制度保障是大学体育理念的重要体现,是各大学体育精神、体育意识的重要载体,是大学体育软件的重要组成部分,涉及精神层面,能够彰显大学自身体育特色。由国家体育制度和大学体育制度两方面构成。

第一,国家体育制度。

体育制度指的是负责管理体育事业的领导机构和组织,以及由这些机构和组织制定和实施的各种体育法规制度和措施的总和。政府体育制度是为应对体育面临的问题和任务,国家和体育事业相关政府部门或组织(体育决策层)制定和实施的关于各种体育活动的准则和规范。这里的国家体育制度是指国家层面的与大学体育相关的制度,是国家层面制定或出台的关于大学体育的准则和规范。

第二,大学体育制度。

国家体育制度中包含大学体育制度,大学体育制度是国家体育制度在大学内部的具体化和精确化。大学体育制度包括大学根据自身条件制定的制度,这是各个大学自身体育重视程度和体育实力的重要体现。从制度的数量、制度内容、制度执行力等方面反映了大学体育制度状况是合情、合理的,也是有效的。大学体育制度表明大学对待大学生体育生活化的态度和行动方向。

(3) 文化氛围

文化氛围是大学体育软件的一个重要组成部分，能够引导和诱发大学生的体育行为。文化氛围是由体育社团、体育组织、体育导向机制三个部分构成。

第一，大学体育组织。

在检索"大学体育组织"时，出现的内容基本是国家层面的大学体育组织，如中国大学生体育协会（FUSC）。我国高校区域性体育组织即是大学生体育协会。与西方发达国家相比较，我国大学生体育协会起步较晚，在组织权威性、组织知名度、社会影响力和组成成熟度等特性上都存在较大的差距。我国大学生体育协会基本上只是把政府的体育制度、体育理念传达到学校，或者协助政府相关体育部门举办各种大学生体育比赛。而笔者这里所说的大学体育组织包括大学体育管理组织。大学体育管理组织是对大学生体育锻炼行为促进和促发的直接机构，是大学生体育生活化软件系统的重要组成部分。大学生对学校体育组织的了解情况和认可度，从某个角度来讲，是与大学生体育锻炼行为呈成正相关关系。

第二，大学体育导向机制。

大学体育导向机制是大学体育文化氛围的重要体现，包括大学内部及网站关于大学体育的标语和关于大学体育的标志，大学体育的核心领军人物，大学体育口号等，这些都引导着大学生体育锻炼行为。

本研究更多关注的是大学生对这些指标的了解和认可情况，这些是他们对自身大学体育文化的了解和认可的体现，也是大学体育文化对大学生体育行为、体育意识所起作用的重要标识。

第三，大学体育社团。

大学体育社团是在大学团委领导下的大学生自己的体育活动组织，是大学生体育课外锻炼情况的重要体现，虽然体育社团的数量、社团的规模、社团的种类等都是大学生参与课外体育活动的重要体现，但是从大学生体育生活化视角看，大学生对体育社团的认知、认可和参与情况更能反映本研究的主题。

(4) 大学生心理水平

大学生心理水平包括大学生认知水平和大学生体育动机状况两个部分。

第一,体育认知水平。

体育认知是个体获得与体育有关的外部信息,并把这些获得的信息转化为个体自身的知识结构和理性认识的心理活动过程。[1] 蔡皓对上海市6所高校1588名在校大学生进行了调查,结果表明,上海市大学生的体育认知水平处于中等偏下水平。[2] 李继锋的研究表明:"吉林省大学生的体育认知水平处于良好略偏下水平。"[3]

体育知识和体育技能认知是大学生对体育相关理论知识和基本技术的掌握情况,如体育规则、体育卫生保健、体育解剖等知识。体育相对于智育、德育的特殊性在于它的技能性,大学生对体育知识和技能的掌握情况影响着大学生体育生活化。因为,一般情况下,大学生体育知识技能掌握得越好、越多,大学生的体育锻炼行为更倾向于发生。大学生体育知识技能掌握情况是由掌握体育项目数量、每个项目水平状况等内容构成的。Vega等认为,"相关知识掌握是行为发生改变的必要条件。"[4] Parcel指出,"知识行为改变的必要条件。"[5] Sallis认为,"科学的体育锻炼知识对体育锻炼行为的发生、对中等强度和大强度锻炼行为的保持具有提前预测的作用。"[6] 因此,体育锻炼知识水平是影响体育锻炼行为的重要因素。

体育知识是人开展体育活动的心理基础,是学校体育教学的重要部分。它是体育运动规律在意识中的反映。[7] 体育知识包括体育保健知识、身体锻炼知识、体育竞赛知识、体育基础知识、身体评价知识和运动技

---

[1] 蔡皓:《上海市大学生体育认知水平及行为调查》,《体育文化导刊》2007年第9期,第72~74页。

[2] 蔡皓:《上海市大学生体育认知水平及行为调查》,《体育文化导刊》2007年第9期,第72~74页。

[3] 李继锋:《吉林省大学生体育认知水平及行为的研究》,《吉林化工学院学报》2012年第12期,第102~104页。

[4] Vega, W. A., Sallis, J. F. Patterson T., et al., "Assessing Knowledge of Cardiovascular Health - Related Diet and Exercise Behaviors in Anglo and Mexi - can Americans," *Prev Med*, 1987 (16): 696 - 709.

[5] Parcelg, Baranowski T., "Social Learning Theory and Health Education," *Health Educ*. 1981, 12 (3): 14 - 18.

[6] Sallis, J., Hovell M., "Determinants of Exercise Behavior," *Exerc Sport SciRev*, 1990 (18): 307 - 330.

[7] 高凤华、潘苑:《体育价值认知》,《体育与科学》2001年第1期,第7~9页。

知识等。① 一定的体育知识水平是学生进行终身体育的保证。

体育价值认知是大学生对体育价值的理解和认识。大学生对体育价值的了解情况，即大学生对体育的健身、健心、促进社会适应的直接价值的了解情况，及促进社会发展的间接价值的了解情况，影响着大学生的体育参与行为。体育价值认知具有不断超越它原有定势的趋势，并且不断影响人的评价、选择和行为。理论上讲，对体育价值认知得越充分，则大学生体育行为越自觉。②

第二，体育动机。

体育动机作为推动、停止或中断个体体育行为的内部动因，③ 为体育行为确定方向，发动、调节、强化和维持体育行为。它影响着体育活动效果。体育动机可以从不同角度进行分类。曾为民把体育动机分为正确的动机、模糊的动机和不正确的动机；大学生体育动机还可以被分为外在动机和内在动机、直接动机和间接动机、成就性动机等。体育动机是对体育功能价值摄取的动力，体育参与是实现体育动机的实践，什么样的体育动机激发什么样的体育行为。积极的体育动机能诱发体育的积极性、创造性和主动生。

（5）锻炼行为情况

基于狭义的大学生体育生活化，大学生体育锻炼行为的日常化和自主化是大学生体育生活化的根本体现。大学生体育锻炼行为是动态的过程，而不是体育锻炼行为的发生和没有发生两个静止的状态。我们要从动态的视角去研究大学生体育锻炼行为。根据前人研究，笔者从五个状态来研究大学生体育锻炼行为：前意识阶段、意识阶段、准备阶段、行为阶段、维持阶段。从类型角度，笔者把体育行为分为体育锻炼行为、体育消费行为和体育娱乐行为。

现今，在社会学研究领域中，经验选择法、专家咨询法、理论分析法、频度分析法以及这几种方法的综合是评价筛选指标的主要方法。本研究根据依靠已有的研究成果，结合我国大学生体育生活化动力系统的理论分析，初步设计了我国大学生体育生活化影响因素体系（见图 3-7）。

---

① 罗少功：《我国普通高校学生体育文化素养的理论研究》，河南大学硕士学位论文，2001。
② 潘前：《中美体育知识教学现状比较》，《福建体育科技》2004，第 2 期，第 37~39 页。
③ 祝蓓里、季浏：《体育心理学》，高等教育出版社，2003，第 19 页。

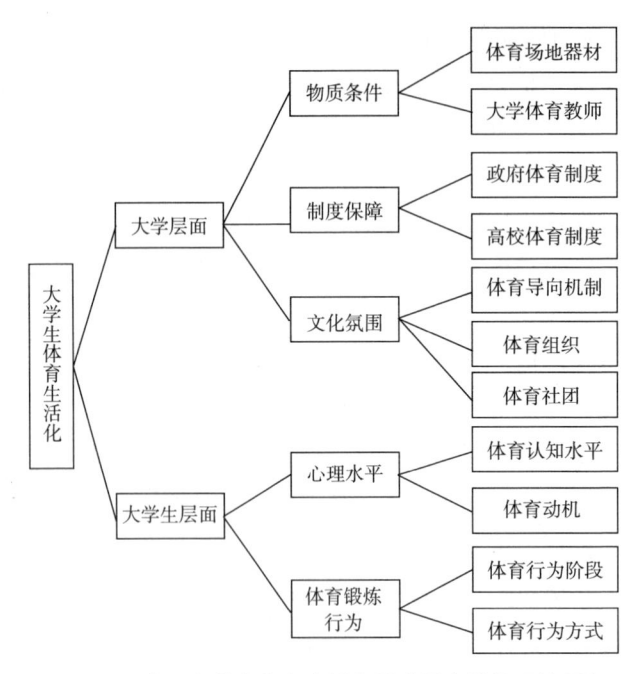

图3-7 我国大学生体育生活化影响因素结构理论框架

2. 意见征询对模型的修改

通过上文对大学生体育生活化内在和外在影响因素的分析，我们知道大学生体育生活化是受多种因素影响的。本研究以社会生态模型为理论基础，修订上文得到的影响因素。

社会生态模型最早用来研究影响儿童发育成长的各种因素（见图3-8），其核心观点是人的行为不仅受到个体内在环境因素（如个体的动机、信念等）的影响，还受个体外在环境（如政策、文化等）因素的影响（Bronfenbrenner，1977）。社会生态模型为研究决定行为复杂的、多层次的影响因素提供了一个框架。McLeroy等（1988）进一步挖掘了影响体力活动行为的个人和社会因素的内涵。他认为，个人因素包括知识、态度、行为、自我概念、技能等个体特性；社会因素包括人际因素、组织因素、社区因素、公共政策因素四个不同的层次。其中，人际因素包括正式的和非正式的社会网络，如家庭、同事、朋友等；组织因素包括组织特征、正式的和非正式的规则；社区因素指有确定边界的组织机构对人们行为的影响；公共政策因素指地方的乃至国家的法律和制度。根据社会生态模型，与健康行为相关的因素可分为五类：个人内部因素，如个人特征、知识、信仰和态度；人际因素，如家庭、朋友、老师（提供社会支持和角色界定）；组织因素，如学校、卫生机构和卫生设施；社区因素，如一定社会范围内的组织、机构和社会网络内的关系；政策因素，如当地各州的政策和法律［McLeroy，Bibeau，Steckler，and Glanz（1988）］。Emmons（2000）通过详细阐述影响下层健康行为的上层社会结构条件来扩展这一模型（见图3-9）（Berkman & Glass，2000）。这一模型是一个有意义的框架，在具体组织设置下，在健康行为方面，社会背景因素政策、社区和学校等各个层面相互作用、相互影响。研究者倡导用社会生态模型这一有效的框架去证明影响个人身体活动行为的具体相关因素。在行为（身体活动）促进理论当中，社会生态模型已被誉为最重要和最有效的理论（Humpel，Owen & Leslie，2002）。但是这一理论需要从不同研究领域补充一些关键的见解。因此，本研究从大学生体育生活化领域对该理论进行补充。

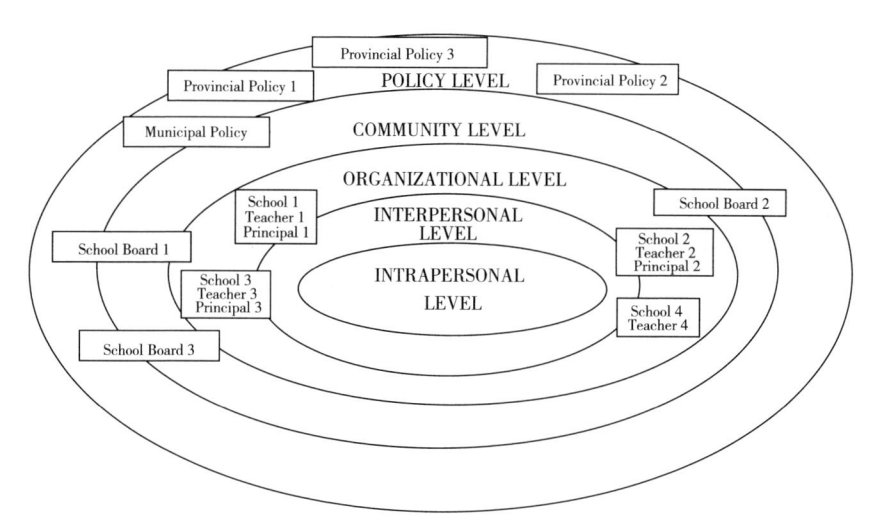

图3-8 根据社会生态模型层级招募参与者

国外社会生态模型被运用于诸多行为的研究，如HIV（Latrona & Rosanna，2014）、肥胖（Kevin，2010）、Ⅰ型糖尿病（Sylvie，Podolski，Deborah，Maureen & Thomas，2006）等各种疾病（Schwartz，Tuchman & Hobbie，2011；Habiba，Latifa & Roos，2010）。社会生态模型总结健康相关行为的多层次的影响因素是个人因素、人际因素、机制因素、社区因素

和政策因素（Tao Zhang & Melinda Solmon，2013）。Sallis 和同事们（2008）认为社会生态模型可用来去整合身体活动相关因素，调查影响个人身体活动行为的社会和物理环境因素。他主张不同身体锻炼行为发生在不同特定环境背景下，需要更多基于社会生态模型的具体类型的身体锻炼的研究。

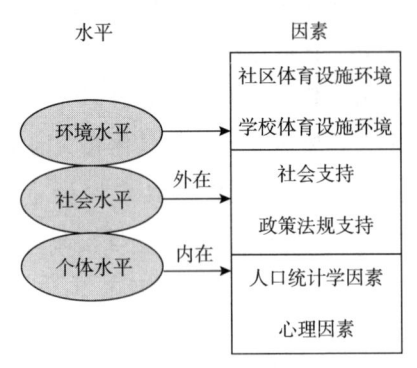

图 3-9 社会生态模型

在身体活动促进方面，学者构建了各自的身体活动社会生态模型。Langille 和 Rodgers 基于 Emmons 的社会生态模型研究了学校内的身体活动促进模型，分析了政策的影响、校园文化的影响。结果表明更高层次的政策渗透社会生态模型中的组织层面，但是学校有核心权力去决定如何实施身体活动战略。而且因为一直以来的学术成绩优先，所以学校在推行身体活动方面有困难。Alison Nelson，Rebecca Abbott 和 Doune Macdonald 为了挑战一些促进土著澳大利亚人的身体活动想当然的研究和方法，他们基于社会生态模型，评论已有文献，构建了澳大利亚人的身体活动模型。Wei-Dong Li 和 Paul Rukavina 应用了社会生态模型，构建了超重和肥胖儿童的身体活动生活生态约束模型。对社会生态模型进行实证的研究有：Hai-Chun Sun 用社会生态模型研究了妇女身体锻炼相关因素，她分析了全国青少年至成人健康纵向研究中波 Ⅰ、Ⅲ、Ⅳ（$n=5381$）的女性数据。结果表明：波 Ⅰ（青少年阶段）影响因素包括人种、种族、身体锻炼水平、体适能的自我感知、一般健康状况、改变体重的意愿、父母收入水平、父母教育水平、健康状况、抑郁、锻炼资源的可接近性、体育教育的天数和年级。Julie Fleury 和 Sarah 以社会生态模型为基础，研究非裔美国妇女的身体活动，表明社会生态模型为非裔美国人的身体活动干预提供了一个强大的理论基础。

对社会生态模型进行实验的研究有：Thomas Cochrane 和 Rachel Caroline Dave 应用社会生态模型的方法去增加身体活动，证明社会生态方法可以积极改变身体活动行为。Jessica Haughton、Guadalupe 和 Kari Herzog Burke 等根据社会生态模型的多个层次，社区健康工作者项目对身体活动促进进行实证研究。

国内关于社会生态模型的研究。梳理已有文献发现，社会生态模型的研究在我国刚起步。对所有检索到的相关文章进行梳理、分析，总结得出如下内容。①提出社会生态模型理念应用重要性的有：朱为模（2009）探讨了环境因素，即社会生态模型的宏观层次对步行等体力活动的影响。他认为未来数年，在体力活动与健康促进的研究方面，社会生态模式将成为主要的理论模型之一。②基于社会生态模型的文献综述研究：司琦（2016）等基于社会生态模型，研究了国内截至 2015 年 4 月正式发表的，以青少年和身体活动为研究对象的 54 篇文献，总结出了影响参与身体活动的所有个体因素——个体生态子系统。钟涛（2014）梳理文献得出，社会生态模型下，体力活动影响因素包括个体内层次、人际层次、组织层次、社区层次和政策层次，以期为未来应用该模型的相关干预研究提供理论借鉴。③构建社会生态模型的研究有：龙立荣和黄小华构建了大学生择业社会生态模型，他们突出了其中环境因素的力量（龙立荣、黄小华，2006）。康利平从社会生态模型理论研究出发，从个人、家庭和社会主观因素、物质环境因素、生态环境因素三个方面，对体力活动和相关环境作用机制进行了初步探讨。程芳对已有大学生择业社会生态模型进行了改进，形成了改进模型（程芳，2010）。刁翔正应用龙立荣的大学生就业社会生态模型，分析贫困大学生职业生涯发展的影响因素，提出基于大学生择业社会生态模型的贫困大学生的"一能五步"的生涯辅导模式（刁翔正，2015）。④实证社会生态模型进行的研究有：华丽在我国浙江对 II 型糖尿病自我管理行为的社会生态模型进行了检验，证明了已有 II 型糖尿病自我管理行为的社会生态模型的有效性（华丽，2010）。⑤验证社会生态模型的研究有：利用社会生态模型从"学生—学校—家庭"层面对肥胖学生进行干预，证明从这一模型着手的干预是有效的，且这一干预模式是值得推广的（崔馨月，2015）。

综上所述，社会生态模型作为一个全面的、综合性的分析框架，在健康行为研究领域的应用已得到学界公认。国外学者对社会生态模型在身体锻炼应用的研究态度，坚定了本研究应用社会生态模型去研究大学生体育生活化促进机制的科学性和合理性。国内社会生态模型的综述、社会生态模型的构建研究、实证研究和验证研究，为本研究提供了参考。国内研究的方法为单一的文献研究法，未能进行较深层次的、较全面的探索、分析和研究，并没有构建大学生体育生活化的社会生态模型。本研究运用多种方法，结合社会生态模型理论，对大学生体育生活化影响因素模型进行构建、实证和验证，以厘清大学生体育参与的促进机制。

为完善我国大学生体育生活化影响因素模型，笔者特邀请了15位体育社会学、高等教育管理学、体育心理学领域国内外知名学者和专家构成了专家群。用德尔菲法对影响因素指标进行选择，第一轮问卷调查结束后，适当地调整了指标体系，并将主要分歧和统一的意见都反馈给15位专家，请专家们对调整后的指标体系给出意见；第二轮问卷回收后，笔者对15位专家的意见进行了整理，分析修订了我国大学生体育生活化影响因素指标。结论如下。

大学生体育生活化是一个重要的现象，涉及教育、文化、经济、心理和社会多个领域。自我国现代大学诞生，大学生体育生活化作为一种社会现象，日益显现。这自然表明我国教育事业和体育事业的发展，也表明对大学生体育生活化认识的深刻性。我们阐释大学生体育生活化的根本动因，由单纯从国家、大学、大学生个体视角转化为从"社会—大学—大学生"这一视角来分析。根据"社会—大学—大学生"这一理论体系来对我国大学生体育生活化的根本动因进行分析。"社会"涉及政治学、社会学和经济学，"大学"涉及教育学和管理学，而"大学生"涉及教育学、人类学和心理学。这样能够更全面地分析我国大学生体育生活化的根本动因。"社会"指的是传统社会文化和现实社会文化的作用过程及作用结果，"大学"指的是大学执行相关部门的政策、大学体育相关的物质和文化基础，"大学生"指的是大学生的心理水平和行为表现。连接这三者的是体育生活化，从这三者相互关系中透视我国大学生体育生活化的通过合并各维度内部及不同维度之间的重复因素，对部分影响因素的名称进行了修改。例如，部分专家认为，项目层下面的某些因素存在重复的情况，删除了那些不太必要、太过宏观的影响因素。部分专家认为影响我国大学生体育生活化的因素主要包括：社会体育文化氛围、个体行为价值取向、现代生活方式、体育文化认同、代际和健康理念，但是关于大学生体育生活化影响因素的研究应该从大学生的角度出发，其影响因素不能太过于宏观，而"社会体育文化氛围"、"代际和健康理念"和"体育文化认同"过于宏观。结合专家的建议和本研究的研究旨趣，我们认为，可以用"校园体育文化氛围"来代替"社会体育文化氛围"；可以用"大学生对体育的认知"来代替"体育文化认同"，用"大学生体育价值认知"来代替"个体行为价值取向"。因此，需要增加一些其他可能产生影响的因素。例如，现代生活方式也可能影响大学生体育生活化。总结、参考各位专家的意见，笔者修改、合并、删除了前文初步假设的影响因素体系，又修改了二级维度的名称。因此，修改后的我国大学生体育生活化的影响因素结构模型如表 3-1 所示。

表 3-1　根据社会生态理论模型我国大学生身体锻炼指标修正

一级	二级	三级
个体因素	体育价值	大学生体育需要
		大学生体育兴趣
		大学生体育乐趣
	自我效能	大学生体育自我效能感
		大学生体育知识水平
		大学生体育技术水平
		大学生体育能力水平
社会因素	媒体平台	社会及学校媒体
	社会支持	同学和朋友的体育态度及行为
		老师的体育态度及行为
环境因素	物质基础	高校体育场馆设施器材
	气候条件	气候和空气质量状况

三 基本假设

在对我国大学生体育生活化的影响因素体系进行分析之后，笔者提出了本研究的研究问题和研究假设，具体如下。

问题1：我国大学生体育生活化的影响因素体系。

本研究的主要目的是探索我国大学生体育生活化的影响因素体系模型。笔者从社会生态模型视角，从社会、环境和大学生自身（个体因素）三个层面提出了体育价值、自我效能、气候条件、物质基础、社会支持、媒体平台六大因子。据此，提出研究假设1。

假设1：我国大学生体育生活化的影响因素体系模型由体育价值、自我效能、气候条件、物质基础、社会支持、媒体平台六大因子组成，这六大因子有若干个下属因素。

问题2：我国大学生体育生活化的影响因素权重关系。

对大学生体育生活化影响因素的重要性评分具有一定的难度，因此本书在因子分析部分对其进行验证，探索各影响因素间的权重关系，进而判断某个因素是否能够被纳入影响因素体系之中。我们提出了研究假设2。

假设2：我国大学生体育生活化的六大因子对于我国大学生体育生活化的影响存在主次之分。

四 验证假设

1. 问卷设计与调查取样

（1）问卷设计

设计问卷一方面是要检验上文提出的我国大学生体育生活化的影响因素假设模型，并根据数据分析结果修正构建的模型；另一方面是要了解我国大学生体育生活化的现状，并以对现状的分析为基础，寄希望于为高校相关部门倡导体育生活化和大学生体育生活化提供一些意见和建议。

为了切实了解我国大学生体育生活化的现状及影响因素，笔者设计了我国大学生体育生活化调查表（见附录2），对高校大学生进行了调查。问卷的设计从体育价值、自我效能、气候条件、物质基础、社会支持、媒体平台六个方面出发，设置了48个问题。问卷共分为三部分。

第一部分是个人基本信息部分（即个体特征因素），包括大学生年级、专业、性别、健康状况等特征。该部分要求大学生据实填写。

第二部分是大学生身体锻炼现状调查部分,包括体育锻炼日常性的情况、体育参与自主性的情况、体育融入生活的情况、多元体育价值观的情况等,要求大学生根据自己的实际情况进行选择。

第三部分是我国大学生体育生活化的影响因素的测量评价部分,作为本问卷调查的核心内容,该部分列出了48项影响因素。该部分采用李科特五点量表进行测度:1表示非常不正确,2表示不正确,3表示一般,4表示正确,5表示很正确。要求大学生根据自己的真实感受和实际情况,依据问卷上整理出来的影响因素,判断各个影响因素的重要性。

(2) 调查取样

第一,样本选择,本研究中的调查对象为大学生,全国所有高校的全日制大学本科、专科生都是可供选择的调查对象。

第二,问卷发放,笔者以多次小规模访谈方式来提高问卷的效度,规范问卷结构性,清晰问卷语言表达,科学设置问卷的问题。而访谈的重点是使指标设置更为合理。访谈结果显示,问卷总体上是比较合理的,但语言表达还需要进一步润色。在此基础上,笔者完善了问卷的初稿。

笔者分别在2016年3月到4月的两个周五对同一个班级上体育课的大学生进行了调查,以检验问卷的信度。根据两次重测的结果,形成了调查问卷的终稿。

然后,分别把问卷发给体育心理学、体育社会学、教育管理学等方面的15位专家,请他们分别对问卷的内容效度、结构效度等方面进行检验,表明问卷的有效性。

接着,进入了正式问卷的发放阶段。笔者在2016年4月至5月,主要采用问卷星产生链接,通过QQ和微信平台的形式向大学生发放包含问卷的链接。回收了313份。

第三,问卷信度检验,根据收集到的有效问卷,使用SPSS17.0计算得到克伦巴赫α系数为0.896,标准化的α值为0.899说明问卷具有良好的可靠性。

2. 因子分析模型

因子分析来源于从教育学和心理学的研究。1904年斯皮尔曼为了解决智力测试的多元统计问题提出了因子分析法。这种方法能简化变量的结构，使分析问题变得更简单且更直观，故该方法目前广泛应用于经济学、社会学、人口学、管理学等学科领域。

因子分析是利用数学工具，通过分析变量（因子）间的相关系数矩阵内部结构，再重新组合原变量，将众多的原变量组建成少数的独立变量。因子分析就是要找出这些影响系统的最少的独立变量的因子，用较少具有代表性的因子来概括多个变量所提供的信息，找出影响观测数据的主要因素，反映变量间的内在关系。因子分析常用下面的数学模型来表示：

$$\begin{cases} x_1 = a_{11}F_1 + a_{12}F_2 + \cdots + a_{1j}F_j + \varepsilon_1 \\ x_2 = a_{21}F_1 + a_{22}F_2 + \cdots + a_{2j}F_j + \varepsilon_2 \\ \vdots \\ x_i = a_{i1}F_1 + a_{i2}F_2 + \cdots + a_{ij}F_j + \varepsilon_i \end{cases}$$

其中，x_i 是已标准化的可观测的评价指标；F_j 是不可测的公共因子，其含义要根据具体问题来解释；a_{ij} 是因子载荷，即第 i 个指标在第 j 个公共因子上的系数；ε_i 是与公共因子 F_j 彼此独立的特殊因子。

3. 实证分析与讨论

根据使用 SPSS17.0 对问卷调查数据进行因子分析。

首先进行 KMO 检验和巴特利特球形度检验，具体结果如下。

表 3-2　KMO 和 Bartlett 的检验（1）

	Kaiser–Meyer–Olkin	Bartlett	df	Sig.
number	0.850	5302.151	703	0.000

表 3-2 中 KMO 检测值为 0.850，说明数据适合进行因子分析。同时，巴特利特球形度检验给出的相伴概率为 0，即拒绝原假设，认为数据适合并且需要进行因子分析。表 3-3 是旋转后的因子成分矩阵，其中各因子包括的题项已经根据因子的载荷量进行了排序。

表 3-3　旋转后的因子成分矩阵（1）

	value	media	competence	facility convenience	weather	social support
QUESTION6	0.706					
QUESTION7	0.748					
QUESTION8	0.812					

续表

	value	media	competence	facility convenience	weather	social support
QUESTION10	0.732					
QUESTION31		0.652				
QUESTION32		0.652				
QUESTION33		0.691				
QUESTION1			0.457			
QUESTION2			0.571			
QUESTION3			0.809			
QUESTION4			0.832			
QUESTION5			0.653			
QUESTION9			0.587			
QUESTION36				0.739		
QUESTION37				0.389		
QUESTION38				0.811		
QUESTION39				0.803		
QUESTION20					0.654	
QUESTION21					0.586	
QUESTION22					0.589	
QUESTION23					0.769	
QUESTION14						0.633
QUESTION15						0.703
QUESTION16						0.641
QUESTION17						0.519
QUESTION18						0.532

注：①提取方法为主成分分析法。
②旋转法：具有 Kaiser 标准化的正交旋转法。

根据第一次探索性因子分析结果，重新编制问卷条目顺序（见附件2），再次收集数据，得到741份有效问卷，随机分为两部分，前341份数据进行探索性因子分析，考察影响因素分布，后而400份数据进行验证性因子分析，考察影响因素的权重。

再次进行 KMO 检验和巴特利特球形度检验，结果如表 3-4 所示。

表 3-4　KMO 和 Bartlett 的检验（2）

	Kaiser – Meyer – Olkin	Bartlett	df	Sig.
number	0.841	5789.116	325	0.000

表 3-4 中 KMO 检测值是 0.841，说明数据适合进行因子分析。同时，巴特利特球形度检验给出的相伴概率为 0，即拒绝原假设，认为数据适合并需要进行因子分析。

表 3-5　旋转后的因子成分矩阵（2）

	competence	value	media	social support	weather	facility convenience
QUESTION2	0.498					
QUESTION9	0.683					
QUESTION10	0.647					
QUESTION11	0.509					
QUESTION13	0.735					
QUESTION23	0.752					
QUESTION21		0.549				
QUESTION19		0.766				
QUESTION16		0.756				
QUESTION4		0.417				
QUESTION8			0.684			
QUESTION18			0.709			
QUESTION26			0.624			
QUESTION12				0.546		
QUESTION15				0.366		
QUESTION1				0.695		
QUESTION6				0.612		
QUESTION17				0.362		
QUESTION7					0.755	
QUESTION20					0.777	
QUESTION22					0.446	
QUESTION25					0.612	
QUESTION3						0.761
QUESTION5						0.724
QUESTION24						0.601
QUESTION14						0.351

表 3-5 中各题项的因子载荷量均达到了 0.35 以上，因子分析的结果符合相关要求。此时，六个因子解释的总方差为 64.79%，这说明六个因子包括原始变量的绝大部分信息。这六大因子的命名如下。

因子 F1 包括：您觉得进行身体锻炼很有趣，您觉得进行身体锻炼非常快乐，您觉得自己比较擅长某一体育项目，您觉得自己掌握较多的身体锻炼知识，您觉得自己的体育技能水平高于大多数同学的水平，您对自己目前的身体锻炼状况很满意。

因子 F2 包括：您觉得进行体育锻炼能促进您的身体健康，您觉得进行体育锻炼能促进您的心理健康，您觉得进行身体锻炼能促进您与其他人的交往，您认为缺乏充足的身体锻炼会影响今后的学习工作生活。

因子 F3 包括：社会媒体关于身体锻炼的宣传影响着您进行身体锻炼，学校网站、广播台、校园标语等关于身体锻炼的宣传促进您进行身体锻炼，微信、微博、QQ 等社交网络平台关于身体锻炼的宣传促进您进行身体锻炼。

因子 F4 包括：您同学或者好友对您进行身体锻炼非常支持，您同学和好友自己经常进行身体锻炼，与同学和好友在一起时，您同学或好友经常与您一起进行身体锻炼，您辅导员非常支持您进行身体锻炼，您辅导员自己常进行身体锻炼。

因子 F5 包括：天气太冷或者太热您就不会进行身体锻炼，空气质量不好您就不会进行身体锻炼，在大风、雨雪等天气状况下您就不会进行体育锻炼，您所在地区的地理气候条件对您进行体育锻炼有所影响。

因子 F6 包括：学校体育场馆、场地设施能够满足您进行身体锻炼的需要，您学校体育场馆设施包括室内体育馆、室外体育场、游泳池/馆、网球场等，您学校体育场馆设施不需要多长时间就能够达到，去学校体育场馆交通便利。

4. 对原假设影响因素体系的修正

因子分析后，重新组合原假设 1 中的影响因素体系，修改了原假设 1 中的几个二级维度的名称。假设 1 中的影响因素由原来的六个二级维度 26 个具体影响因素，删除六个因素后，重新组合萃取成六个主因子 20 个具体影响因素。

表3-6　大学生身体锻炼影响因子的结构模型拟合指数

	CMIN (X2)	DF	CMIN (X2) /DF	CFI	TLI	RMSEA	SRMR
MODEL	365.058	161	2.270	0.907	0.891	0.05	0.062

把萃取成的3个主因子，按其对我国大学生体育生活化影响的重要程度排序：大学生自身因素最为重要，社会因素排在第二，环境因素排在第三。验证了假设2。经因子分析修正后的影响因素的结构模型如图3-10所示。

社会支持的因子负荷是0.714（见表3-7），它包括问题12、15和1。根据R-SQUARE的估计值，Q1是0.075，Q12是0.621，Q15是0.548。Q12解释社会支持是最有效的，解释率是62%，最弱的是Q1。这一结果告诉我们社会支持与大学生体育参与水平相关。调查表明同学和朋友规律地参加身体锻炼对学生形成身体锻炼习惯有很大的影响。[1] Graham，Schneider 和 Dickerson 发现高社会支持和学生在校体育活动有关联。[2] 对于大学生，研究表明无论男生还是女生，社会支持对于参与体育锻炼是重要的。[3][4] 本研究表明，比起父母对大学生身体锻炼的影响，中国大学生更多地受同学们的影响。政府和大学要创造良好的环境鼓励学生互相帮助去提高身体锻炼水平。

自我效能因子（竞争力）负荷是0.585（见表3-7）。它由问题9、10、13和23组成。R-SQUARE 估计值中，Q9是0.506，Q13是0.506，Q10是0.361，Q23是0.491。Q9和Q13对自我效能有很强的贡献率。与Q9和Q13相比，Q23要弱于Q13和Q9，Q10弱于Q23。他们都适度地解

---

[1] Haichun Sun, Cheryl A. Vamos, Sara S. B. Flory, "Correlates of Long-term Physical Activity Adherence in Women," *Journal of Sport and Health Science*. 2016（3）：1-9.

[2] Arab American College Students' Physical Activity and Body Composition: Reconciling Middle East-West Differences Using the Socioecological Model Research Quarterly for Exercise and Sport 2011 by the American Alliance for Health, Physical Education, Recreation and Dance Vol. 82, No. 1, pp. 118-128, 2011 March.

[3] Available online at www.sciencedirect.com Journal of Sport and Health Science xx（2016）4：1-7 Neighborhood Environment, Physical Activity, and Quality of Life in Adults: Intermediary Effects of Personal and Psychosocial Factors Eleni Theodoropoulou, Nektarios A. M. Stavrou, Konstantinos Karteroliotis

[4] De Bruijn GJ, Kremers SP, Singh A, et al. Adult Active Transportation: Adding Habit Strength to the Theory of Planned Behavior. Am J Prev Med. 2009 Mar；36（3）：189-194.

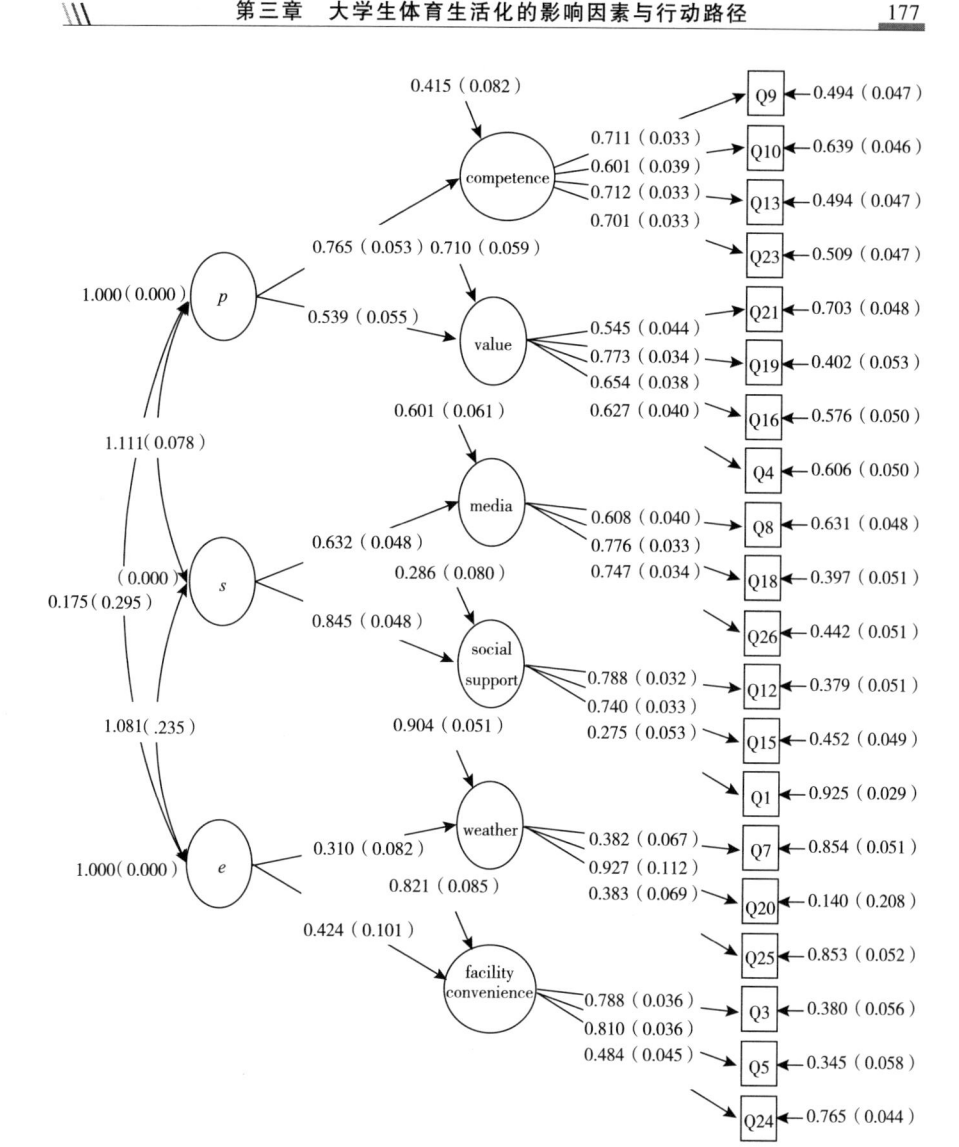

图 3-10 我国大学生体育生活化模型

释了变量，证明自我效能是一个很重要的解释大学生身体锻炼的变量，[1]包括亚洲大学生参与身体锻炼。有研究报道中国大学生的自我效能感低于美国大学生，这很可能部分地解释了为什么中国大学生呈现低的身体锻炼参

---

[1] De Bruijn GJ, Gardner B. Active Commuting and Habit Strength: An Interactive and Discriminant Analyses Approach. *Am J Health Promot*. 2011 Jan-Feb; 25 (3): e27-36.

与率。① 因此，中国政府和高校应该采取措施提高大学生的自我效能感。学生高的身体自我效能感来自好的体适能和运动技能。因此政府和大学要更多地关注在体育课堂上对学生的训练。事实上，好的体适能和技能对于大学生常规积极参与身体锻炼是必要的，也是重要的。

体育价值的估计值是 0.290（见表 3 - 7）。它包括问题 4、16、19、21。R - SQUARE 估计值中，Q16 是 0.424，Q4 是 0.394，Q19 是 0.598，Q21 是 0.297。Q19 最有效的解释价值，解释率是 59.8%。然后是 Q16，解释率最低的是 Q21。这结果告诉我们大学生对价值的认知是另一个重要的大学生身体锻炼的影响因素。这一结果与大多数社会认知理论的结论一致，行为是被期盼结果和认知的行为价值所决定的。身体锻炼是基于期盼价值理论的。② 为了提高大学生体育价值认知，政府和大学应该让学生知道身体锻炼与健康的关系，让学生明白身体锻炼提高智力、认知、心理健康和身体健康。学院应该让学生知道身体锻炼与社会发展的关系，例如身体锻炼是如何促进经济和社会可持续发展的。

物质基础（设施便利性）的估计值是 0.179（见表 3 - 7）。它包括问题 3、5、24。R - SQUARE 估计值中，Q3 是 0.620，Q5 是 0.655，Q24 是 0.235。Q3 和 Q5 有很强的解释性。该结果表明设施便利性对于大学生参与身体锻炼是必需的。娱乐活动场所的距离和抵达便利程度与身体锻炼行为呈正相关关系。研究结果表明人们认为运动场所不方便，③ 与大量的体育设施相比较，运动设施的便利更为重要。因此，当大学建体育设施的时候，不是选择"碰巧有一块空地"，而是要注意体育设施的便利性。

媒体平台的估计值是 0.399（见表 3 - 7）。它由问题 8、18 和 26 构成。R - SQUARE 估计值中，Q8 是 0.369，Q18 是 0.603，Q26 是 0.558。Q18 和 Q26 是很有效的反映媒体的问题。充分运用媒体去宣传身体锻炼的价值、身体锻炼知识和科学身体锻炼方法，应该从小学一年级就开始。体

---

① Bopp M, Kaczynski A. T., Wittman P., The Relationship of Eco - friendly Attitudes with Walking and Biking to Work. *J Public Health Manag Pract.* 2011 Sep - Oct; 17 (5): E9 - E17.

② Bopp M, Kaczynski A. T., Wittman P., Active Commuting Patterns at a Large, Midwestern College Campus. *J Am Coll Health.* 2011 Aug - Oct; 59 (7): 605 - 611.

③ Zi Yan, Bradley J., Cardinal b, Alan C. Acock. Understanding Chinese International College and University Students' Physical Activity Behavior. *Journal of Sport and Health Science.* 4 (2015) 203 - 210.

育媒体的宣传对大学生身体锻炼促进有积极作用，且在促进大学生提高体育意识、提高运动水平、形成锻炼习惯等方面有积极效果。被调查的87%男孩和女孩认为体育媒体宣传影响身体锻炼习惯。[1] 总之，媒体是重要的身体锻炼影响因子。[2]

研究显示气候对大学生身体锻炼有一定的影响，其估计值是0.096。它包括问题7、20、25。R-SQUARE估计值中，Q7是0.146，Q20是0.860，Q25是0.147。Q20是最有效的解释问题，80%解释气候。Q7和Q25对气候变量有几乎相同的解释率。这一研究结果并不多。有研究得出：女生中9.6%、14.3%和23.6%分别认为地理位置、季节因素、雨雪对她们的身体锻炼有影响。[3] 考虑到气候条件的R-SQUARED值，我们总结得出：气候是一个相对微弱的影响因素。

表3-7 因子和条目的R-SQUARE估计值

因子	条目	估计值
社会支持		0.714
	Q1	0.075
	Q12	0.621
	Q15	0.548
自我效能		0.585
	Q9	0.506
	Q13	0.506
	Q10	0.361
	Q23	0.491
媒体平台		0.399
	Q8	0.369

---

[1] 马骉、张帆、司琦：《影响青少年参与身体活动的个体因素综述——基于社会生态模型的个体生态子系统》，《浙江体育科学》2016年第3期，第101~105页。

[2] Available online at www.sciencedirect.com Journal of Sport and Health Science xx (2016) 4 (18): 1-7 Neighborhood Environment, Physical Activity, and Quality of Life in Adults: Intermediary Effects of Personal and Psychosocial Factors Eleni Theodoropoulou, Nektarios A. M. Stavrou, Konstantinos Karteroliotis.

[3] Sharma M., Sargent L., Stacy R., Predictors of Leisure-time Physical Activity Among African American Women. *Am J Health Behav*. 2005; 29 (4): 352-359.

续表

因子	条目	估计值
	Q18	0.603
	Q26	0.558
体育价值		0.290
	Q16	0.424
	Q4	0.394
	Q19	0.598
	Q21	0.297
物质基础（设施便利性）		0.179
	Q3	0.620
	Q5	0.655
	Q24	0.235
气候条件		0.096
	Q7	0.146
	Q20	0.860
	Q25	0.147

五　影响因素对大学生身体锻炼影响的实证

1. 研究假设

目前，基于社会生态模型的身体锻炼方面研究的文献并不多。关于社会生态模型包括的因子怎样影响身体锻炼的问题不是非常清楚，这些因子之间是怎样的相互作用关系也不是特别清楚。因此，本研究的问题是，中国大学生身体锻炼程度与社会生态模型中个体因素、社会因素和环境因素是什么关系。

为了回答这个研究问题，我们依据社会生态模型确认四个主题：人口统计学问题、个体因素、社会因素和环境因素。本研究检验个体因素、社会因素和环境因素与大学生身体锻炼的线性模型关系。另外，我们从量的角度分析不同因子的贡献率。

首先，要分析大学生身体锻炼的六个因子的数据；其次，分析六个因子的关系；最后，我们构建大学生身体锻炼的社会生态模型。该研究的目的是检验我国大学生体育价值、自我效能、社会支持、媒体平台、气候条件和物质基础（设施便利性）与大学生身体锻炼的关系。基于上文，本研究的假设是：

H1：体育价值和自我效能对我国大学生身体锻炼程度有积极的影响。

H2：社会因素（媒体平台和社会支持）显著影响我国大学生身体锻炼。

H3：环境因素（气候条件和物质基础）显著影响我国大学生搞体育生活化。

2. 方法

研究背景和参与者。该研究是大型研究的一个部分，该研究的首要目的是调查我国大学生身体锻炼现状，第二个目的是调查大学生身体锻炼影响因素。最终目标是为大学生提供一个指南，帮助大学生从以娱乐为中心到以健康为中心的身体锻炼的改变。我们使用微信和QQ平台给中国大学生发放问卷，共回收875份。调查是匿名的，参与者完成问卷的具体时间也是不知道的。所有大学生都是志愿者，他们可以选择参与问卷或者不参与问卷。

变量和测量。我们用上文创编的有效问卷去获得人口统计学信息数据，去测量身体锻炼现状，去考察体育价值、自我效能、社会支持、媒体平台、气候情况和设施便利性因素状况（Huang & Sun，2016）。问卷用Likert 5点条目（5 = 非常同意，1 = 非常不同意），问卷25个条目是随机顺序。问卷包括两个部分：第一部分5个题目，是获取身体锻炼信息；第二个部分20个题目，是测量大学生身体锻炼影响因素。

数据收集。参与研究者是中国的全日制大学生，为了快速完成问卷收集和确保反映的一致性，我们用问卷星在线研究平台去收集数据。我们发问卷星的链接给大学生。从2016年5月11日到16日，我们收到来自10个省区市的875份问卷。98.1%的大学生用手机提交问卷，1.9%的大学生用电脑提交问卷。

数据减少和分析。我们经过深度分析，去除了134（15%）份问卷，因为他们完成问卷时间少于完成问卷需要的最短时间150秒。我们用OLS线性回归作为统计方法，以性别和社会生态因子作为自变量，以身体锻炼为因变量做多重线性回归。

3. 结果

用回归分析去探索体育价值、自我效能、社会支持、气候条件、媒体平台和物质基础（设施便利性）与大学生身体锻炼的关系。结果见表3-8，性别差异显著（$\beta=0.165$，$t=5.636$，$p<0.001$），男生身体活动多于女生。

社会生态因素，价值（$\beta=0.071$，$t=2.214$，$p=0.027$），自我效能（$\beta=0.400$，$t=11.408$，$p<0.001$），社会支持（$\beta=0.198$，$t=5.751$，$p<0.001$）和气候情况（$\beta=-0.182$，$t=-6.337$，$p<0.001$）都显著影响身体锻炼。

体育价值和身体锻炼的积极相关（$\beta=0.071$，$t=2.214$，$p=0.027$）证明积极的身体锻炼越多，大学生认为运动越重要。例如，这一研究结果与大多数社会认知理论的结果是一样的。他们认为身体活动是以由期盼结果和期望价值决定的价值期望框架为基础的（Welk，1999）。自我效能对身体锻炼的选择有显著的影响（$\beta=0.400$，$t=11.408$，$p<0.001$）。一些研究已经证明身体活动自我效能与青少年的身体活动有积极的关联（Whitt-Glover et al.，2009）。前期文章和最近调查表明自我效能和身体活动参与有持续的积极关系（Annesi，Faigenbaum & Westcott，2010）。因此，假设1得到支持。

有规律的身体活动参与的同学或者朋友对学生身体锻炼习惯养成有很大的影响（$\beta=0.198$，$t=5.751$，$p<0.001$）。对于大学生，身体锻炼的社会支持主要来源于同学和父母（Wold，Anderssen，1992）。然而，同伴对青少年健康行为的影响作用被确认为随着年龄增大而增长的（Eccles，1999）。总之，研究已经表明社会支持对男大学生和女大学生身体锻炼的影响是同样重要的（Wallace & Buckworth，2003）。因此，假设2得到支持。

气候作为自然科学研究中一个环境因素（例如生态学和生物学）很少在社会科学领域被检测。虽然心理研究发现气候改变影响个体的情绪，很少有体育管理方面的研究考察这一变量。我们的研究中，气候是一个显著影响大学生身体锻炼的因子（$\beta=-0.182$，$t=-6.337$，$p<0.001$）。因此，假设3得到了支持。这一结果能够在两个层次得以解释：生理和心理。在生理层面，差的气候条件降低学生的身体锻炼参与的积极性；在心理层面，不良气候状况影响学生情绪，降低他们参加身体锻炼的勇气。

相比之下，媒体平台（$\beta=-0.057$，$t=-1.736$，$p=0.083$）和物质基础（设施便利性，$\beta=-0.003$，$t=-0.109$，$p=0.913$）对大学生身体锻炼没有显著影响。

表 3-8 回归分析结果

Outcome	predictors	β	t	p
PA	gender	0.165	5.636	0.001
	values	0.071	2.214	0.027
	efficacy	0.400	11.408	0.001
	social support	0.198	5.751	0.001
	weather	-0.182	-6.337	0.001
	media	-0.057	-1.736	0.083
	facilities	-0.003	-0.109	0.913

4. 讨论

身体锻炼与健康息息相关（Ekelund et al., 2006; Stensel, Gorely, & Biddle, 2008）。明晰大学生身体锻炼相关因素是很重要的。因此，应该尽可能地设计干预措施去促进大学生参与身体锻炼。本研究的目的是基于社会生态模型去探索社会因素、个人因素和环境因素与我国大学生身体活动的关系，结果支持因变量与自变量假设的多重变量关系。

与许多身体锻炼研究发现一样，本研究表明性别差异显著，男生身体锻炼多于女生。这一结果支持新加坡的研究，男孩比女孩身体活动多。[1][2]研究发现建议政策制定者应关注提高女生的身体锻炼。

后来的回归分析结果证明以社会生态模型为基础的具体的影响因子体育价值、自我效能、社会支持、媒体平台、气候条件和物质基础（设施便利性）是大学生身体锻炼的影响因子。个体因素价值和自我效能显著影响中国大学生身体锻炼，这一结果支持其他研究者的观点，即自我效能是预

---

[1] Chen Qiaoyun & Diao Sujian, "Research on College Students' Health Concept and Health Consciousness," *Journal of Huzhou Teachers College*, 2002, 24 (3): 96-99.

[2] Clemmens & Hayman, "Increasing activity to reduce obesity in adolescent girls: A research review," *Journal of Obstetric, Gynecologic, and Neonatal Nursing*, 2004: 33 (6), 801-808.

示大学生身体锻炼行为的一个因素。① 一方面,提高大学生的身体活动自我效能对增进大学生身体锻炼是非常重要的;另一方面,我们必须采取措施让大学生意识到积极参与身体锻炼的价值。

我们发现社会支持是身体锻炼的一个很重要的因素。我们的研究结果表明社会因素(社会支持)与中国大学生身体锻炼显著相关。这一结果同前人的朋友经常参与身体锻炼对学生的常规身体锻炼有显著影响的研究成果是一致的。② Wold 和 Anderssen 身体锻炼的社会支持主要来源于同伴和父母。③ 研究通常从同伴和父母维度来考量社会支持,同伴和父母都对身体锻炼行为有显著影响。④ 但是中国大学生离开他们的父母,生活在大学宿舍里,因此,同学和舍友的身体锻炼行为对大学生身体锻炼的影响被认为是最大的。⑤ 只有同伴的社会支持与大学生身体活动有极显著相关。因此,同学舍友对身体锻炼行为支持更重要。

正如预测的那样,环境因素(气候)显著影响我国大学生身体锻炼。这一结果与 Yang 和 Wang 的研究结果一致。⑥ 我们经常忽略气候的影响,因为我们认为气候不可控制。我们对气候到底怎样影响身体锻炼参与了解甚少。大学应该考虑到地理条件、季节因素、雨雪等对大学生身体锻炼的影响。尤其是恶劣的天气条件下,不仅要提供物质条件去促进大学生身体锻炼,也要想办法鼓励大学生参与身体锻炼。

总之,社会生态模型基础下的影响因素与我国大学生身体锻炼显著相

---

① Chen Qiaoyun & Diao Sujian, "Research on College Students'Health Concept and Health Consciousness," *Journal of Huzhou Teachers College*, 2002, 24 (3): 96 – 99.

② Wu, T., & Pender, N., "A panel Study of Physical Activity in Taiwanese Youth: Testing the Revised Health – promotion Model," *Family & Community Health*, 2002, 28 (2), 113 – 124.

③ Okun, M. A., Ruehlman, L., Karoly, P., Lutz, R., Fairholme, C., & Schaub, R. (2003). Social Support and Social Norms: Do Both Contribute to Predicting Leisure – time Exercise? American.

④ Chang Shen & Jizhi Chen, "Administrative Situation Analysis of Physical Activity Behavior of College Students," *Beijing Sport University*, 2004, 27 (10): 1305 – 1307.

⑤ Liu Liping, Chen Shanping &Wei Xiaoai. The Comparative Study of Health and Physical Activity Behavior Lv Lishan. Study on the Effects of College Sports Environment on the Sport Behavior of College Students in Guangzhou, Guangzhou University, Master's Degree Thesis, 2013: 40.

⑥ Yang Na, Wang chun mei, "Investigation and Analysis of Female University Students'PA in Shandong Province Physical Training," *Shandong Normal University*. 2006 (1): 23.

关。每一个因素也可以独立地影响我国大学生身体锻炼。但是如果期盼其中一个因素能够单独地为大学生更多身体锻炼行为的发生负责也是不合理的。研究建议学校多层次、多角度的干预在促进青少年身体锻炼方面是有效的。[1] 马矗等研究认为，影响青少年参与身体活动的个人因素有性别、年龄、态度、动机、自我效能、学习压力、运动技能和锻炼习惯。[2] 另外，研究发现个人因素、社会因素和环境因素有高度的相互作用。这一研究提供了关于我国大学生身体锻炼文献的有价值的信息。本研究建议大学做一个全盘的影响大学生身体锻炼因素的调查，未来我们会根据社会生态模型去考察各个不同因素之间的关系，为大学提供更多更具体的建议去促进大学生身体锻炼。

第二节 我国大学生体育生活化行动路径

大学生体育生活化从广义上来讲就是大学生自觉地把体育融入生活的过程与结果。这里谈到的"体育"指的是体育的"全部"，包括体育意识、体育消费、体育锻炼、体育行为、体育知识、体育精神、体育比赛等内容。这里的"融入"指的是对生活的渗透。大学生体育生活化从狭义上来讲，就是大学生体育锻炼行为自觉。大学生体育生活化要求大学体育以"大学生"为本和以"生活"为价值取向。它要求大学体育去工具化、去商业化、去课程化和去专业化。我们要以大学生体育生活化对大学体育的这四个要求，从政府、大学和大学生三个层面来构建我国大学生体育生活化路径。

被调查的专家一致认为，体育锻炼行为是最重要的影响因素。对大学生体育锻炼行为进行调查的结果与其他学者研究的结果是一致的。针对能够促进大学生体育自觉的大学应有行动和大学生应有行动，设计了问卷，问卷为多选题。对11所高校的3585位大学生进行了调查，题目"您认为要实现大学生体育锻炼行为自觉，大学应该做到"中设计了六个选项，分

---

[1] Bray, S. R., & Born, H. A., "Transition to University and Vigorous Physical Activity: Implications for Health and Psychological Well-being," *Journal of American College Health*, 2004, 52, 181e188. and that Engaging in Physical Activity can Reduce Anxiety and Depression in College Students (Petruzzello & Motl, 2006).

[2] 马矗、张帆、司琦：《影响青少年参与身体活动的个体因素综述——基于社会生态模型的个体生态子系统》，《浙江体育科学》2016年第3期，第101~105页。

别是：A. 出台相关政策；B. 建设好场馆设施；C. 配备健全的体育器材；D. 配备优秀体育教师；E. 成立管理部门；F. 创造良好体育氛围。除此之外，还设计了开放式的题目"如果大学怎样，您就会坚持体育锻炼？"得出结果如表 3-9 所示。

表 3-9 题目"如果大学怎样，您就会坚持体育锻炼？"的调查结果

分类	出台政策	场馆设施	体育器材	体育教师	管理部门	体育氛围
百分比（%）	22	79	79	17	4	70

大学生认为如果他们坚持体育锻炼，大学应该做的事情是加强体育场馆的建设、设施和器材的配备，在开放式的问卷部分还有 50% 的大学生强调大学体育场馆设施器材能够不收费或者降低收费。另外，大学生认为大学校园体育氛围的加强对他们体育自觉起到很大的作用。统计结果的先后顺序是：场馆设施、体育器材、体育氛围、出台政策、体育教师和管理部门。调查结果显示，选择"成立管理部门"、"配备优秀体育教师"和"出台相关政策"三个选项的大学生是很少的，大概跟出台政策、体育教师和设立管理部门都带有强制参与体育活动有关，这个结果反映了大学生对"强迫体育"没有好感，反映他们在体育参与方面需要更多的自主性，而需要大学做的就是提供完备的物质基础和营造良好的体育文化氛围，诱导大学生体育锻炼行为的发生和坚持。

根据对专家的调查、对影响因素的分析与权重、对大学生的调查，在以如何实现大学生体育锻炼行为自觉的思考下，构建我们的行动路径，具体由以下三个部分构成（见图 3-11）。

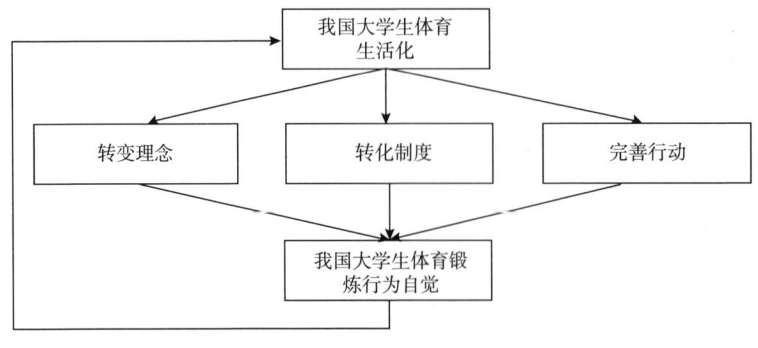

图 3-11 我国大学生体育生活化路径

一 转变理念

政府的体育理念都反映在它出台的一系列的规章制度和政策中。近些年，政府出台了一系列关于学校体育和大学体育的政策，力图使学校体育走出现实的困境，使学生体质得到增强。然而，这些政策结果收效甚微，大学仍然处于体育"说起来重要，做起来次要，忙起来不要"的状态，大学生仍然把体育排除在他们的学习和目标生活之外，大学生体育观、健康观、身体观的偏颇依旧没有得到改善。而大学生这些观念来自哪里？来源于他们的日常生活，来源于学校的体育态度，来源于父母的体育态度，来源于社会对体育的态度。而这些都不可能靠不停地出台细致到规定好体育课时间和人数等政策来改变。政府必须转变"强迫"的体育理念，使大学体育的价值均衡发展，从分离到融合，实现"一体两翼"；把大学解放出来，把大学体育解放出来，给大学体育足够的自由，使大学生从"被迫"到"自觉"，实现大学体育文化自觉。

（一）从分离到融合："一体两翼"

如前所述，大学生体育生活化的不同阶段呈现出不同的特征。不同的阶段以不同的价值主导为特征，各种价值处于分离状态，直到今天大学生体育价值才呈现多元化的趋势，而恰恰是这种多元化的呈现增加了大学生陷于价值迷失状态的可能性。毫无疑问，这种状况导致我国大学生体育生活化的工作很难有效展开和落到实处，导致大学生群体对体育生活化思想和实践活动陷入一种知而不信、知而不行、言行分裂的低效畸形发展的怪圈。因此，应积极发挥和充实大学生体育生活化的三个重要价值，即社会发展价值、个体人本价值和学科发展价值，探索和寻求它们之间的和谐融合之路，达到"三赢"的目的。体育生活化则要求大学生体育坚持价值取向"一体两翼"，组成形成一个整体，共同前行，即以大学生体育生活化的个体人本价值为"体"，以大学生体育生活化的社会发展价值和学科发展价值为"两翼"。

以大学生体育生活化的个体人本价值为"体"，即以大学生个体人本价值为主体。在坚持以大学生为本，关注学生需要为重心的同时，充分发挥学生的主体性。以个体人本价值为"体"，就是要纠正大学生主体需要的偏差，合理发展大学生的需要，满足大学生的需要，以大学生的需要为本。要充分关注大学生多元化的需要，既要关注大学生主体短期需要，也要关注大学生的长期需要；既要关注大学生主体局部需要，也要关注大学生的整体需要；既要关注大学生主体物质需要，更要关注大学生的精神需要。

学科发展价值为一"翼"，即要以体育学科发展为源。因为大学体育是体育相关新知识、体育相关新技术创造的源泉，而体育新知识和新技术又通过推动体育事业发展，促进社会经济发展。因此，学科发展是必需的，没有学科的发展，就没有体育知识体系，就没有体育课程体系，就没有体育专业，就没有体育院系，就没有体育科学技术的产生和发展。然而，不能单纯以学科发展为标杆来发展大学体育，忽视大学体育的其他基本功能。体育有其学科规律之外的其他规律，有其学科属性之外的其他属性，不能因为其学科属性、学科规律而忽视或者轻视大学体育的其他属性和规律。

以社会发展价值为另一"翼"。大学培养的人才最终是要通过社会来检验的，人才最终是在社会中体现其个人价值的。因此，大学体育的社会发展价值也是必须强调的，但是不能过分强调。例如，2014年出台的大学体育课程标准和大学生体质测试标准，试图让所有的大学生按照统一的模式来参与体育学习，让所有的大学生按照一定的标准进行体质测试。笔者认为，这样的做法过于绝对化。这种强制措施的实施，势必要按照同样的思想标准和同样的身体标准，用同样的模具来衡量和要求学生、培养学生。这样的结果，培养出来的是具有同样思想和体质的工具。这与大学的精神、体育的精神、大学生的主体性是相违背的。因此，我们承认社会发展价值的重要性，但是我们又必须重视大学生的个体性。大学始终面对的是大学生个体，没有大学生个体的主体性的发挥，就无法提升大学生的创造力，就无法更进一步实现其社会发展价值。

因此，我们要建立以大学生个体人本价值为主体的，以社会发展价值和学科发展价值为"两翼"的大学生体育生活化的新格局。只有把大学体育的知识发展、社会发展和个体发展有机融合起来的格局形式，即建立大学生体育生活化价值的"一体两翼"格局，才能够促进大学生体育生活化。

(二) 从过程到目标：体育文化自觉

自觉是确证主体性的表现和过程，是主体人的自觉。自觉不仅仅是单纯的主体主观意识，更重要的，它是一种具有高度实践性的活动。自觉通过文化反省的途径来认识文化的产生、发展及没落等的一系列过程，促使人们清醒地意识到自身的历史使命，并将之付诸实践。"自觉"是一种包括两层含义的高度完善的状态，其中一层含义认为它完美地统一了"自在自为的个体的意识"和"社会普遍共相意识"，它和谐地统一了"社会的需要"、"个体自由追求"；另一层含义认为它巧妙地结合了"主观目的"、"客观现实"和"历史环境"，是人自身的和谐发展，人与自然的和谐发展，也是人与社会的和谐发展。[1] "自觉"状态的形成需要"人类主体能力的提高""客观条件的改善""对事物本质和客观规律认识的深入"三个条件共同达到要求。[2] 从而达到"不断发展认识与实践的状态、不断自我否定的状态、自我超越的矛盾冲破知性的局限和客观的限制的状态、'目的理性'和'工具理性'相统一的状态和主观、现实与历史相统一的状态。"[3] 因此，"自觉要求人类的主体能力和外在客观条件同时达到一定程度，才能选择合规律性合目的性的活动，为人自由而全面的发展提供广阔的空间，人与社会才能和谐统一地发展。因此，'自觉'就是人类逐渐改善客观条件，对事物的认识无限接近本质和客观规律的过程。"[4]

1997年，费孝通提出了"文化自觉"。他定义文化自觉如下：生活在既定文化中的人对自身的文化有"自知之明"，知晓其来历、过程、特色和趋向。提升自身文化转型能力，从而确立在新文化中的自主地位，这是适应新环境、新时代文化的选择。[5] 中国体育的文化自觉是指要在西方奥林匹克体系中的世界体育大背景下，了解我国体育的起源、发生、发展及

---

[1] 时海芳：《试论我国体育从"自为"走向"自觉"的发展趋势——把握体育本质推动我国体育走向自觉发展之路的哲学思考》，广西师范大学硕士学位论文，2008。
[2] 时海芳：《试论我国体育从"自为"走向"自觉"的发展趋势——把握体育本质推动我国体育走向自觉发展之路的哲学思考》，广西师范大学硕士学位论文，2008。
[3] 时海芳：《试论我国体育从"自为"走向"自觉"的发展趋势——把握体育本质推动我国体育走向自觉发展之路的哲学思考》，广西师范大学硕士学位论文，2008。
[4] 时海芳：《试论我国体育从"自为"走向"自觉"的发展趋势——把握体育本质推动我国体育走向自觉发展之路的哲学思考》，广西师范大学硕士学位论文，2008。
[5] 费孝通：《费孝通论文化与文化自觉》，群言出版社，2007，第267页。

其规律，认清中国体育的发展趋势，认清如何满足时代发展和人的发展。体育作为文化的一个部分，体育自觉要符合文化自觉所具有的内涵。体育文化自觉包含认同—比较—反思—创新这样递进的四层内涵。因此，要加强大学生对体育文化的认同，培养大学生体育文化反思意识，突出大学生体育主体性。大学生要在体育文化比较中进行体育文化的选择，得到体育文化的认同；大学生要在获得体育文化反思意识的基础上对体育文化进行选择，获得体育文化认同；大学生要在发挥主体性的过程中，选择和认同体育文化，从而实现体育文化自觉。

大学生体育的"自觉"状况是指："大学生既能够提高对自我主体地位的认识也能够正确地认识体育，达到工具理性与目的理性相统一，最终大学生能够按照体育的客观规律自主地、经常地参与体育活动。具体表现为：对体育的认识达到工具理性与目的理性的统一。"[①] 大学生体育自觉需要体育在大学生生活世界中的自觉，也需要体育在大学生精神世界中的自觉。"生活世界"需要生产满足衣、食、住以及其他一些东西的资料。同时，"生活世界"也有作为其精神投射的思想、观念、理想、信念、信仰等精神生活内容。人的自由与发展只有立足于人的日常生活的变革与发展才能成为现实，人的生存和人的精神世界的生成主要依赖于人的现实生活世界。自觉地对从传统体育文化中所继承的文化内容、形式和价值进行现代性转化，确立自主地位。

大学生体育生活化不奢求大学生对整个人类的体育文化的来历、形成过程、所具特色和发展趋势有非常清晰的认识，但是大学生有必要对自己国家的体育文化有一定的认知，大学生要对自己大学的体育文化有个清晰的认知。杨振宁说中国大学一个根本任务是要唤起大学生的文化自觉。大学体育就是要唤起大学生体育自觉。因为体育自觉对大学生体育意识和大学生体育行为会起到至关重要的作用。针对大学生体育自觉缺失，首先，大学要引导大学生进行正确的体育文化选择；其次，大学要加强大学生的体育文化认同；再次，大学要着力提高大学生的体育文化自觉意识；最后，大学要加强大学生体育文化教育，在教育过程中，要时刻突出大学生

---

① 时海芳：《试论我国体育从"自为"走向"自觉"的发展趋势——把握体育本质推动我国体育走向自觉发展之路的哲学思考》，广西师范大学硕士学位论文，2008。

的主体性。

体育文化自觉强调的是大学生要对体育文化有自知之明，要认识和把握体育文化的逻辑起点、演变过程及未来的走向。体育文化自觉的基础是对体育文化的自我认知。要通过引导大学生了解体育文化，来形成大学生体育价值观的自我认同。大学生既要了解我国体育文化的长处和短处，又要对占主导地位的奥林匹克文化有足够的认知，对体育文化包括体育理念、体育精神、体育历史、体育呈现方式和方法等有深刻的了解。以这些认知为出发点，培养和提升大学生体育文化自觉意识。

体育文化自觉意识包括批判继承意识。要培养大学生的批判继承意识，树立正确地对待体育文化的态度，正确区分精华与糟粕，在了解糟粕、认清糟粕及其根源的基础上，在吸取精华的自觉过程中，形成对体育文化的自我认同，从而达到体育文化自觉。

对于我国大学生体育锻炼行为而言，要达到自觉的状态，就要从大学生主体能力和大学客观条件两个层面来提出要求。大学生的主体能力达到一定程度，大学生才能选择合规律性、合目的性的活动；大学的客观条件达到一定程度，才能为大学生体育发展提供广阔的空间。

而现实当中大学生体育离自觉的状态还有很长的一段距离，在达到自觉的道路上还需要经历一个过程。在这个过程中，要不断采取各种措施来提高大学生主体体育能力，改善大学体育的客观条件，强化大学体育管理者和大学生对大学体育本质和客观规律的认识。[①] 只有"自觉"要求的这三个条件达到一定程度，才能充分发挥大学生体育的个体人本发展价值、学科发展价值和社会发展价值的"一体两翼"融合体的良性发展。也可以说，"自觉"对于大学体育，就是社会和大学逐渐改善客观条件，大学生对体育的认识无限接近本质和客观规律的过程。[②]

二 转化制度

当今我国大学生体育生活化现状还不能适应社会现代化的需要，有关

[①] 时海芳：《试论我国体育从"自为"走向"自觉"的发展趋势——把握体育本质推动我国体育走向自觉发展之路的哲学思考》，广西师范大学硕士学位论文，2008。
[②] 时海芳：《试论我国体育从"自为"走向"自觉"的发展趋势——把握体育本质推动我国体育走向自觉发展之路的哲学思考》，广西师范大学硕士学位论文，2008。

规章制度没有能够促进大学生体育生活化的进程，适应现代大学体制的大学生管理体制和运行机制还在探索之中。大学生体育生活化遵循的是生活教育的原则。生活即是教育，教育即是生活。教与学必须合一，社会即是学校，学校也是社会。社会体育与大学体育是不可分割的、相互补充的、相互牵制的，现实中两者是遵从不同的管理原则的两个独立的部分。从某种意义上来讲，大学体育只是社会体育的一个部分，社会体育又是大学体育的后续。大学生体育的生活化在全民终身体育的要求中扮演重要角色。因此，笔者从国家和学校两个层面，分别提出社会体育全民终身制、学校体育融合一贯制，通过二者来实现我国大学生体育生活化所需要进行的制度转化。

（一）社会体育全民终身制

社会体育全民终身制是从两方面提出要求的，一方面，要求国家体育的中心从"竞技体育"转移到"大众体育"，无论是《全民健身计划》等重要法规文件的出台，还是各地政府相应的政策配套都表明这个"转移"在我国已经初见端倪，而且必然发展下去。2014年9月2日，李克强召开国务院常务会议强调，体育产业的发展、体育产品和服务供给的增加既可以增强体质，可以保障和改善民生，也可以刺激消费、扩大内需、促进就业、发现新的经济增长点。要加快发展体育产业，拉动体育消费，推动全民健身。一要简政放权、放管结合，取消相关群众性体育赛事的审批过程，放宽赛事转播的权限限制。推进职业体育改革，鼓励发展职业联盟，让各种体育资源"活"起来，以适应群众多样化、个性化健身需求。二要高效率科学地盘活和管理现有体育设施，从而积极地推动向全民开放公共体育场馆设施，在更好服务群众的同时，提高体育场馆设施运营能力。完善相关政策，支持社会力量兴办面向大众的体育健身场设施。三要支持体育企业成长壮大。加快专业人才培养。推动体育健身与医疗、文化等融合发展，大力发展体育旅游、运动康复、健身培训等体育服务业。让体育产业强健人民体魄，让大众健身消费助力社会经济发展。[①] 这段文字看起来是关于体育产业的问题，但是我们仍然可以清晰地看到，每一段话的落脚点都在"大众健身"。这体现了国家对"全民终身体育"的强调，也就是

---

① 国务院：《取消商业性和群众性体育赛事审批》中国政府网，2014 – 09 – 03。

对体育的"全民性"和"终身性"的重视。

我们在明晰了体育生活化与终身体育两者之间因果关系的基础上，明白了体育生活化不仅是终身体育的重要内容，也是终身体育的延伸。这里我们要明白在全民健身的实现过程中，大学生体育生活化在其中的重要性和必要性。对于个体来说，人生体育的经历包括学前体育、学校体育和学后体育；而对于整个社会来说，全民体育分布在学前人群体育、学校学生体育和毕业后人群的社会体育。在两者中，大学生体育都是其中必要的和重要的组成部分（见图3-12）。

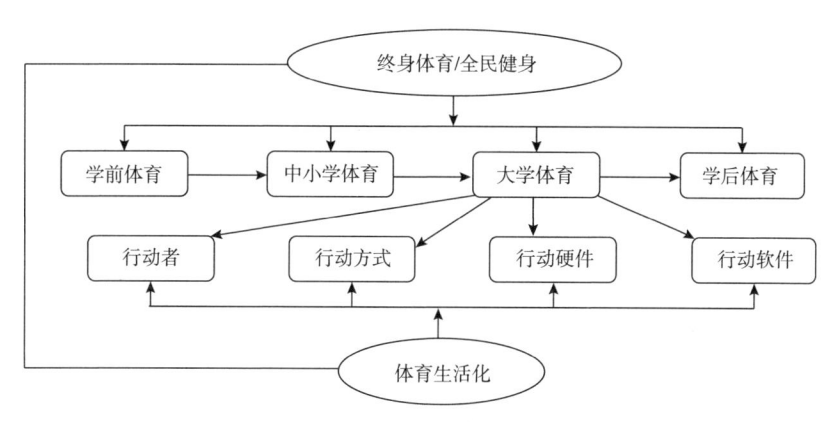

图3-12 大学体育与终身体育关系

1. 全民性

我国政府把体育生活化作为实现全民健身的一个指标，纳入政府体育部门的工作范畴。1995年，伍绍祖强调，当前体育发展的具体战略目标和战略措施应注意"六化、六转变"问题。其中第一化为体育生活化。同年6月，国务院颁布《全民健身计划纲要》。体育生活化是努力实现《全民健身计划纲要》的有力保证。1996年通过的《国民经济和社会发展"九五"计划和2010年远景目标纲要》（以下简称《纲要》），随后颁布了《公共文化体育设施条例》、《中共中央 国务院关于进一步加强和改进新时期体育工作的意见》、《全民健身条例》及各省区市相配套颁布的全民健身条例，均为实现《纲要》目标提供了政策保障。政府各级体育部门、各类行业体协、各单项体育协会都要为建立长效化和机制化的全民健身活动体系发挥各自优势，积极组织开展全民健身活动。

体育生活化对人类社会进步和人类适应社会环境和自然环境起着积极的作用，它是一种特殊的、文明的、进步的社会文化的创建过程，反映了社会个体成员新人格的塑造，丰富、充实了体育文化的内涵。因此，体育生活化不是想当然的问题，它是现阶段我国社会发展和现阶段我国体育自身发展的必然。体育生活化被纳入可持续发展的范畴，赋予了体育具有时代特征的新使命。体育生活化对社会体育在全民范围内的开展有积极的促进作用。

2. 终身性

终身体育源于终身教育思想。1978年，联合国教科文组织强调要采取措施保证体育活动能够贯彻于每个人的整个人生，[①] 美国、日本、俄罗斯都采取了相应的措施或者发出有针对性的倡议。美国倡议要培养学生终身体育活动兴趣和能力，要在学校体育中培养和保持学生的终身体育习惯。日本强调，要将学校体育与终身体育联结起来。俄罗斯则明确提出，要培养学生经常参加锻炼的习惯、终身的体育兴趣和自我运动的积极态度、自我独立锻炼的能力。[②] 终身体育这个美好的人类愿景终于走向了现实。这一思想也迅速传至我国，并很快被赋予了"终身"的含义：一是要终身进行体育活动，二是要终身接受体育教育。

学校体育作为社会体育的一个重要组成部分，应该为学生终身参与活动奠定基础。学校体育的对象是学生，几乎包括所有青少年和儿童，他们是祖国现代化事业的建设者和接班人。他们的体质和健康状况就是全民族的未来。终身体育是从个体成长的全面健身的纵向角度来说的，包括学前体育、学校体育和学后体育，其中学校体育又包括幼儿体育、中小学体育和大学体育。终身教育也可以分为接受正规教育和不接受正规教育两个方面。人类学家认为，人的素质非常重要。而体质是人所有素质的物质载体。体育生活化是必须对全体人民的体质负责的，是必须对每个个体的各个生理时段负责的。借助学校教育对每个学生进行体育教育，而在成年后可借助大众体育和社区体育、行业体育及传媒体育活动，使得体育成为人们自发的一种行为习惯，真正做到体育生活化。因此，大学生体育生活化

[①] 李建国：《论我国体育教学的发展方向》《中国学校体育》1993年第4期，第59~61页。

[②] 涂艳国：《走向自由——教育与人的发展问题研究》，华中师范大学出版社，1999，第56~59页。

对象的特点、内容的特点决定了大学体育在全民健身中具有十分重要的战略地位。社会体育终身制将为大学生体育生活化提供制度上的保障，促进大学生体育锻炼自觉和体育学习自觉，为终身体育打下基础。

在大多数学者都认为教育是为生活做准备的时代，杜威提出了自己的观点。他认为，教育是一种生活过程，当下的生活就是教育。教育是具有连续性的，而不是一个个独立的课程。作为教育重要组成部分的体育也不例外，体育的过程就是生活的过程，每天的生活也是体育的过程。体育不是一个个运动项目，也不是一节一节的课程，体育是连续不断的终身的教育，当下的生活就是在接受体育。而现实中终身体育更多的是以"口号"的形式出现在生活中，或者只是以一个个"目标"的姿态呈现。大学体育作为全民终身体育的重要部分，不应该是被割裂的。大学体育即是当下的生活，大学体育所授的知识和技能是在前期学习的基础上，为终身体育打下坚实基础，是保持体育连续性的重要环节。

（二）学校体育融合一贯制

教育应该是连续性的。体育作为教育的一个部分，也要遵守连续性的原则。大学体育要以价值融合和形式融合的状态，参与到"一贯制"学校体育中去。

1. 大学体育融合制

大学生体育生活化要求大学体育以"大学生"为对象，以"生活"为中心，即以个体人本价值为主体，以社会发展价值和学科发展价值为两翼，形成一个融合的整体，既要满足大学生个体的需要，也要满足社会和学科发展的需要，而大学生个体的发展是社会发展和学科发展的前提和基础。因此，要针对"一体两翼"的复合体，形成科学有效的制度。"融合制"讲求的是大学体育价值取向以复合的、多元的状态呈现。

"融合制"要求大学体育文化在大学生体育认知和体育行为中的复合。这里的大学体育复合讲求的不仅是大学体育价值取向的复合、大学体育内容和形式的复合，更是大学体育的全方位的复合。大学采取的是大学生自主选课制度，而呈现在大学生面前的具体的体育形式，就是各个体育项目。大学生体育生活化中的"体育"包含极丰富的内容，在整个大学体育过程当中，不是某个体育项目的呈现，而是体育知识、体育技术、体育精神、体育情感、体育价值、体育理想、体育道德、体育制度和体育物质条件的复合体。这个复合体可以概括为广义的体育文化，而这个复合体在各个大学生的认知世界里形成的状态直接作用于大学生的体育行为，且对大学生体育自觉的形成起到至关重要的作用。因为大学生在拷问文化与价值取向的过程中，不断地通过自我学习、自我反省、自我批判、自我超越，提高体育文化自觉意识，满足作为自觉存在的主体之需。这个不断拷问的过程也是大学生自我扬弃的过程，是大学生扬弃和拷问他们自己的体育认知和体育行为的过程。"融合制"要求大学体育要以复合的整体的体育文化形式呈现在大学生面前，而不是某一两个的体育项目。例如，大学体育教育中，系统的体育比赛只是属于少数大学生，那些所谓的学校高水平运动队队员每天占用着大学内部条件最好的场地设施，绝大多数大学生却只能是旁观者，这会挫伤大学生的锻炼积极性。大学生锻炼的热情无法调动，那么体育生活化就无法在大学得到实现。另外，大学体育场馆设施的管理情况、场地收费、具体开放时间、设施保养情况等，都影响大学生体育生活化。因此，这里所表述的"融合"不只是对体育价值认知进行复合，还是体育所有内容的融合，包括隐性的体育意识和潜在的体育精神与具体的体育形式、可视的体育内容、体育管理方式之间的融会贯通。

2. 学校体育一贯制

学校体育一贯制指的是从进入学校，即幼儿园、小学、中学、高中和大学，学校体育制度应该具有一致性。大学体育要适应中小学体育制度，也要承接学后的社会体育制度。各个阶段的学校体育目标是要求相互融合，相互补充，相互一致的，而不能是割裂的状态。正如陶行知提出的教育只有纵的分任，没有横的割裂。目前还没有找到有关一贯制学校体育的有针对性的研究。

无论是小学体育、初中体育、高中体育，还是大学体育，都应该培养学生的体育习惯。而且，前一阶段的学习要为后一阶段的学习打下基础。但现实中，学校体育不连贯，大学体育与中小学体育断裂。

"一贯制"试图打破现在大学、中学和小学各自的体育模式。学校体育一贯制能够促进学校体育的发展，有利于提高教育和教学质量，促进体育学科的发展。小学生的体育认知是朦朦胧胧的，中学是学生体育认知成长的阶段，大学体育是中小学体育的后一阶段，是人生正规体育教育的最后阶段。大学应该是大学生体育认知完善、提升的阶段，应该更清晰明了地认知到体育精神、体育文化、体育形式、体育知识的内涵和表现，认识到它们对于个体成长，对于社会发展，对于学科发展的功能与价值所在。因此，从小学到大学，学校体育制度必须具有一贯性。根据体育生活化的要求，学校体育制度必须贯穿每个学生的学校生活。

三　完善行动

对于我国大学生体育锻炼行为而言，要达到自觉的状态，就要从政府、大学的客观条件和大学生主体三个层面提出要求。政府必须放权，还大学体育自由；大学体育硬件和软件条件达到一定水平，才能为大学生体育发展提供广阔的空间，才能为大学生参与体育活动提供良好的体育氛围；大学生的主体意识、主体能力达到一定程度，大学生才能选择合规律性、合目的性的活动。因此我们从政府、大学和大学生三个层面来构建路径。

（一）政府层面

在大学生体质持续下降的趋势得不到控制的现实面前，政府陆续出台了一系列的政策，包括《高等学校体育工作基本标准》、《国家学生体质健康标准》（2014年修订），还有2014年出台的《学校体育工作年度报告办法》《学生体质健康检测评价办法》等。这说明政府已经意识到学校体育工作中存在的许多问题，认识到学校体育工作的重要意义。政府试图通过出台一系列政策，改变学校体育工作的现状，从而改变学生体质持续下降的事实。

政府连续不断地出台各种政策，不断地采取各种手段，这些都是政府对大学体育实施的干预。但是学校体育在学校被"边缘化"的现实和体育游离于学生学习和生活之外的现实，并没有得到改变，学生的体质状况并没有因此得到多大的改善。从这个角度来说，政府出台的政策和采取的手段收效甚微，可以说这些干预的有效性是较低的。

政府出台的各种政策，一方面表明政府对学校体育的重视，另一方面也透视出政府对学校体育的过度干预。例如，2014年6月出台的《高等学校体育工作基本标准》，对大学体育工作规划与发展、体育课程设置与实施、课外体育活动与竞赛、学生体质监测与评价、基础能力建设与保障等方面做出了详细的规定。有些规定可以说是细致入微：每学期的课时数、每次课的时间、每次上课的学生人数、学校开设体育项目的门数、每次课用心肺功能表示的运动强度、身体素质在考试中所占比例、每周课外体育活动的次数和每次活动的时间，等等。如果达不到要求，则停止高水平运动队的招生。这些细致入微的规定，表明政府对大学体育的重视，但同时也表明政府对大学办学过度干预。大学有自身的复杂规律，大学应该有充分的办学自主权。上述这些政策规定是与大学的自主性相冲突的，是对大学间差异的忽略，是对大学生个体差异的忽略，并且有可能导致急功近利行为、弄虚作假行为的发生。

首先，这些政策制定过细，不利于学校执行。例如要求大学生每次体育课要有30分钟的身体素质练习。是不是什么时间上体育课都适合30分钟的身体素质练习？在中国各类各层次高校的具体情况十分复杂的情况下，这些细致入微的政策是否能够在各个大学得到高效率的实施？即使大学按照要求执行了这些政策，能否达到政府部门所预定的效果，也有待考证。

其次，这样细致的政策的出台，违背了简政放权的大趋势，违背了自由、自治的大学精神，违背了多元社会对大学生个性化的需求，也违背了教育的本质、体育的本质，违背了行为发生的心理学原理。大学体育同样肩负着探索体育未知世界和引领社会体育时尚的责任。大学体育需要更多的自主权和自治权。大学体育脱离不了政府，但是"大学体育发展史"不应该是"政府大学体育规章制度史"的附庸。现实中，大学成了政府对大学体育具体管理的政策传达者，大学体育部门变成了机械的政策执行者，大学生变成了"被迫"体育的工具。这与培养大学生创新能力、发挥大学生主观能动性、发展学生个性的创新教育相违背。大学生体育生活化是体育在大学生生活中自觉的过程与结果，体育是自觉的，而不是强迫的。"强迫"与大学生体育自觉背道而驰。

政府对学校体育的重视对于大学生体育生活化，是必要的，也是重要的，也只有政府的重视，大学体育才能克服现实的困难，排除实践中的障碍。但是政府不能过度干预大学体育，政府必须还大学体育原有的和该有的自由。大学体育政策立意要明确体育在人类文明史上的价值，认同体育在社会生产方式上具有决定性的作用。早在1999年，美国人类学家桑兹（Robert Sands）就说过，"在本质上，体育已经成为全球化进程中文化大变迁的晴雨表和首要的媒介"[①]。

1. 变干预为监督

政府要变强迫的方式为大学体育自治的方式。政府要做的是对大学体育进行宏观管理监督和服务,要从大学体育的具体事务中退出。例如政府制定大学体育纲领性、指导性的文件,为大学体育基础设施的建设提供足够的保障,加大对大学体育的监督力度,加大对大学生体育协会的支持与监督力度,加强对大学体育重要意义的宣传和教育,保障大学生的合法体育权利,等等。

2. 变过程干预为目标管理

政府要加大对相关大学体育目标的科学性、有效性和实现可能性研究的关注,制定符合国情、符合大学生实际情况的大学体育政策。其对大学体育要变过程干涉为目标管理,不对大学具体的体育管理过程进行干预,只对大学体育的目标实现与否进行问责。例如大学生一年一度的体质测试,就属于目标管理,而不是关心大学生何时、何地、以何种方式进行体育活动。可通过检测体质情况来督促大学生进行体育锻炼。从某种意义上来讲,政府出台细致的政策困住了大学的手脚。政府应该把具体的大学体育的形式、内容、方法等这些细节上的、涉及操作层面的内容交由大学,让其根据自己学校的实际情况做具体安排。

3. 大学体育政策目标与大学生生活目标相一致

大学体育政策制定必须重点关注大学生这一政策主体,把大学生纳入大学体育。大学体育政策的制定者与大学生之间要建立积极的合作关系,使得大学生的体育利益能够得到反映,大学生切身利益的获取与其政策遵守情况密切关联。从政策执行的视角来看,推动政策执行可靠的、稳固的社会心理基础是对政策的高度认同。然而《学校体育工作条例》和《中共中央 国务院关于加强青少年体育增强青少年体质的意见》等条例、指南、办法和意见没被很好地执行。[②] 大学生是参与者,是大学体育政策的主体,大学体育政策要关注大学生本身和大学生的生活。

大学体育政策要从体育运动本体出发,去关照大学生就业目标、交往

[①] Sandsrr, *Anthropology, Sport, and Culture*, West Port, Conn: bergin &Garvey, 1999.
[②] 杨成伟、唐炎、张赫等:《青少年体质健康政策的有效执行路径研究——基于米特-霍恩政策执行系统模型的视角》,《体育科学》2014年第8期,第56~63页。

目标、学习目标和娱乐目标。大学体育政策的制定和执行要强调大学生在参与体育运动过程中达到自我满足和自身发展。要关注大学体育政策怎样使得大学生关注的是运动本体，而政策的作用在于这些政策执行后，大学生能够在关注运动本体的同时，获得就业目标、学习目标、交往目标和娱乐目标的实现。

大学生体育政策要回到体育本源，回到体育的本体，回到体育游戏性的本体，为体育而体育。要在关注大学生体育本体的过程中，领略大学体育的本体意义，让大学生想锻炼、会锻炼、能锻炼、敢锻炼。"想锻炼"就是要培养大学生的动机、激发大学生的体育兴趣，满足大学生的体育需要。想锻炼的过程也是让大学生在锻炼中获得快乐的过程，也是大学生陶冶性情、乐观积极、学会承认和接受失败的过程，知道如何处理失败的过程。"会锻炼"就是要让学生了解体育知识、掌握体育技术、熟练比赛战术、知晓体育方法，让大学生在体育锻炼过程中学习体育知识技能、学习体育锻炼和比赛方法、学习人际交往技能。"能锻炼"指的是全面提高大学生的体育运动素养，包括体育活动和体育比赛的体能及各相关身体素质。"能锻炼"也包含国家政策要从时间、空间和硬件设施、财政支持上保证大学生体育学习和体育运动的正常进行。加拿大依托体育政策，为开展儿童青少年身体活动研究，从多方获得持续的财政支持。[①] 芬兰的《运动法案》为儿童青少年参与身体活动开展募集活动资金。[②] "能锻炼"会让大学生在学习基本运动技能的过程中，对其身体活动习惯、健康体重、心血管适能、肌肉力量耐力产生积极影响[③]。"敢锻炼"是提高大学生体育锻炼自我效能的过程，是让大学生不怕吃苦，不怕受伤，敢于尝试各种体育活动，敢于尝试各种难度动作，敢于参与各种高水平技能学习的过程。大学体育政策回到体育游戏性本体的过程也是体育被赋予价值发挥的过程。

[①] Grayce, Barnes J. D., Bonne J. C., etal., "Results from the Cnanada's 2014 Report Card on Physical Activity for Children and Youth," *J Phys Act Health*, 2014, 11 (Suppl): S26 - S32.

[②] Jarmol, Timo J., Sami K., etal., "Results from Finland's 2014 Report Card on Physical Activity for Children and Youth," *J Phys Act health*, 2014, 11 (Suppl): S51 - 57.

[③] Australian Government's Department of Healrh. Australia's Physical Activity and Sedentary Behaviour Guidelines. Woden Town Centre: Australian Government's Department of Health, 2014.

（二）大学层面

应该说，我国的大学体育取得了很大进步。开设大学体育必修课程，为数不少的大学即使大学四年级及研究生阶段也开设大学体育必修课程；大学生课外活动轰轰烈烈地开展；一年一度甚至一年两次举行学校运动会；等等。但大学生的体质仍然持续下降，50%以上的大学生仍然不进行常规体育活动。问题究竟出在哪里？笔者看来，以上这些大学校园内的体育活动都属于强迫体育的范畴。强迫是施加压力使人服从，一旦这个压力消失，人还能不能服从？大学生的课外无体育，以及不出早操不早起、不运动的事实可以给我们很好的答案。"强迫"体育能促进大学生体育精神、体育意识的内化吗？能促进大学生的体育行为自觉吗？

从行为学来讲，大学生体育锻炼行为的主体是大学生；从法学角度来讲，体育锻炼是大学生自己不可剥夺的权利，大学生有权利选择自己的行为，是大学生自己的私事，属于个人隐私范畴。大学生有权选择进行或者不进行体育锻炼，有权选择体育锻炼行为发生的时间和地点，有权选择和谁一起进行体育锻炼，有权选择体育锻炼的方式和方法。大学要做的是保障大学生体育锻炼权利的正常行使，培养大学生体育锻炼意识，科学引导大学生的体育锻炼行为。大学需要做的是为大学生能够体育锻炼提供更多的保障。大学要在培养大学生自律意识的同时，不拘泥于大学生进行体育活动的形式，不限制大学生进行体育活动的具体方式，不规定大学生进行体育活动的内容和方法，还大学生体育自由。大学生体育具有灵活性。这种灵活性不仅仅表现在具体体育项目的选择，体育教师的选择，学习同伴的选择，运动时间、运动地点、运动陪同者的选择上，更多表现在课外休闲时间上，学生可以根据自己的需要和意愿选择性地进行体育学习和身体锻炼，包括自主选择体育社团、体育俱乐部等。大学要把大学体育还给大学生自己，特别是涉及具体操作层面，要充分发挥大学生的主体性，把培养大学生自律意识与发挥大学生自主性结合起来。大学要通过构建如同大众体育公共服务体系一样的大学生体育的服务体系，本着服务、帮助的原则，保障大学生的体育权利。大学要为大学生体育提供足够的制度保障，为大学生提供相应的、坚实的体育物质基础，营造与校园文化相匹配的、积极的体育锻炼氛围，让大学生能够随时随地触摸到体育，时时刻刻真正地感受到体育，在生活和学习中始终都有体育锻炼的存在。

大学体育回归"体育"本身。大学体育兼具体育的游戏性，注重基础技能培养，培养大学生体育运动的直接兴趣。要促使大学生进行体育锻炼，一个核心内容就是培养其体育运动兴趣。而且本研究所说的兴趣是指体育运动本身的直接兴趣。这个直接兴趣，就要求政策制定者在政策制定、执行、监督过程中，体育教师在教学设计、教学执行、课外活动过程中，大学生在体育学习、体育活动过程中，回归到体育运动本身。回归到体育知识、技术、技能本身，回归到体育运动本身能够给学生带来愉快的、眩晕的、激动人心的感觉，让大学生体会到体育运动过程中身体流畅的表达，而不是只关注体育运动培养意志、培养心理品质、培养道德品质等诠释出来的意义。摆脱现代体育工具理性的狭隘，走出体育形式化、体育专业化、体育商业化、体育政治化、体育娱乐化的误区。大学生体育学习的过程，也是掌握体育新动作的过程，也是大学生接受体育教育过程中新人的形成过程。大学生学习体育新动作，只有外形和意象重合，新动作才能被掌握，只有把运动情景纳入情感空间，撩拨学生的好奇心，让大学生在体育学习中达到身不由己地被卷入教学游戏的状态，体育兴趣才能真正被激发和被保持。大学生通过体育领悟良好的、愉快的、丰富的运动经验，从而形成其参与体育运动的行为。

大学体育回归"身体"本身。尼采的"一切从身体出发""以身体为准绳"思想，梅洛-庞蒂的"世界的问题，从身体开始"的观点，福柯的"围绕在'身体和生命'的政治权力"，梅洛-庞蒂的"从意识拉向了身体"思想，都标志着"回归身体"的重要性。政策制定者在政策制定、执行、监督时，体育教师在教学设计、教学执行、体育教学反思时，大学生在体育学习、体育活动时，都要回归到青少年"身体"本身，回归到大学生身体感受本身。运动情景的情感空间的建立，使大学生依靠体育运动各种元素与身体本身产生体育共识和情感共鸣。开设健康教育课程，让大学生清晰认知身体的基本解释，进一步理解什么是思维方式的身体，什么是精神修养的身体，什么是权力展现的身体。学生学会用"身体"来认识以身体活动为主的体育锻炼和体育学习。"体认"可以提高大学生的体育表现力，提高大学生的体育自我效能。在体育锻炼和体育学习过程中，大学生在认识到"身体"是知识水平、修养水平、生活方式、道德品质的体现，是生活点滴体现的基础上，学会用"身体"本身说话，用"身体"本身思考，用"身体"去体现自己的精神修养。

1. 大学体育管理机构重心下移——突出大学生主体性

大学体育专门性管理机构设置的改革作为大学体育管理机制改革的一项基础性工作，目前，在我国普通高校，这方面的研究与实践探索仍处于起步阶段。国外大学体育部（运动部）一般都包含制定体育法规与政策机构、体育运动促进与发展机构、体育宣传与信息交流机构、大学生运动员服务机构、网络信息技术保障机构、体育市场开发与运作机构、学校体育人力资源机构、运动损伤治疗与康复机构等，而这些机构在我国大学是没有设立的。在我国大学体育实践中，多以运动项目来划分管理机构，但是运动项目越来越多，我们不可能不断增设某个运动项目或某类运动项目管理的分支部门，而且我国普通高校的体育场馆日益大型化和功能综合化，以项目设立分支部门也无法职责明确地管理场馆内的各类体育活动。

我国大学体育管理机构是以努力完成公共体育课程教学任务、不断提高体育课堂教学质量工作为中心的，忽视了大学体育全方位的有效组织与管理，导致我国大学体育不能全方位协调。而科学的大学体育管理系统是促进大学生体育生活化进程的重要保障。我们把大学体育管理系统分为管理层和实际操作层：管理层分别由分管副校长、体育运动委员会分管领导和体育学院或体育部分管领导组成；实际操作层由大学生和体育教师构成（见图3-13）。

高校管理重心下移是要求在新的教育及社会背景下，适当扩大学院和系的自主权。① 这是关于高等教育管理重心下移的解释。而大学体育管理机构重心下移是指大学体育专门性管理机构的工作重点应该位于操作层面，而不是把重点放在组织与管理层面。所谓管理机构重心下移指的是要把管理在实际操作层面的任务下移到大学生身上，充分发挥大学生的主体性。大学生体育是大学生自身的体育，在整个管理机构的构建过程中，我

---

① 王璟：《高校去行政化和管理重心下移》，《黄岗师范学院学报》2011年第4期，第130～131页。

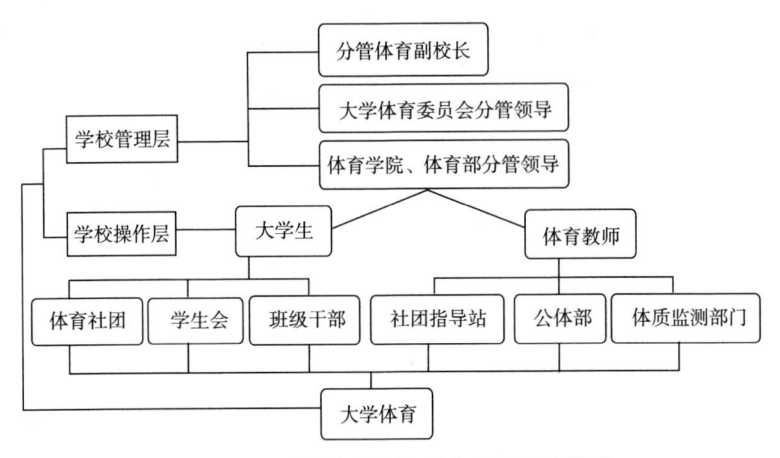

```
                    ┌─ 分管体育副校长
                    │
        ┌─学校管理层─┼─ 大学体育委员会分管领导
        │           │
        │           └─ 体育学院、体育部分管领导
        │                    │           │
        └─学校操作层── 大学生 ─┴─ 体育教师
                ┌──┬──┬──┐      ┌──┬──┐
          体育社团 学生会 班级干部 社团指导站 公体部 体质监测部门
                        │
                      大学体育
```

图 3-13 大学生体育生活化管理操作模型

们需要充分发挥大学生的主体性，管理机构当中的管理层和老师的任务是在政策的制定、引领、监管、物质和精神的支持下，形成学校出面，行为下移的管理格局，即到具体操作层面，整个管理主体应该是大学生自己。大学生体育生活化要求在大学体育管理机构的设置上充分发挥大学生的主体性。

人脑是主体性产生的生物学基础，但只有人脑，主体性是不可能产生的。人之所以有主体性产生，一是因为自然进化，二是因为人类实践活动的生成。人的主体性只有在社会实践中才能最终生成和发展。马克思指出："社会生活在本质上是实践的。凡是把理论导致神秘主义的神秘东西，都能在人的实践中以及对这个实践的理解中得到合理的解决。"[1] 人主体性发挥的过程，事实上是人体现能动性和彰显创造性的过程，更是人的认识、塑造、实现、超越自我的生命过程。体育活动本身是一项实践性活动，体育锻炼行为的主体性发挥的成效决定着体育的成效。体育尤其是竞技体育在使人异化的同时，彰显和升华人的主体性。因此，提高大学生体育锻炼行为的主体性必须拓展体育实践平台，吸引大学生积极参与实践。体育本身对于大学生主体性的发挥作用具体表现如下。

第一，体育文化提升大学生在社会关系中的自主性，促进人积极自由的生存状态的生成，使之成为"有个性的人"。人是一切社会关系的总和，

---

[1]《马克思恩格斯选集》第1卷，人民出版社，1995，第60页。

考察人的自主性的过程也是考察人社会关系的过程，而这种社会关系即是人的劳动关系以及由劳动过程延伸出来的关系。① 而大学生面对这个多元的、快速发展的世界，在决定大学生的主体性的社会交往关系的形成中，大学生表现得比以往任何时候都要"更自为、自主"②。体育尤其是竞技体育更能够使人的主体性得到彰显和升华。

第二，体育为触发大学生的能动性提供方法和途径。体育对自身身体、智力、心理无限潜能的探索和挖掘，开启了大学生的"生命体"潜能，使之成为"有力量的人"。

第三，体育为驱动大学生的创造性提供准备。体育在休闲娱乐、人际交往等社会活动领域和人文精神、创造精神的精神生产领域内促发大学生的创造性思维。引导大学生挣脱封闭的、惰性的、保守的日常生活对自身个性发展的束缚，帮助大学生形成创造性的思维方式。

高校应该把大学生体育事务交由大学生自己来管理，把整个大学体育的管理机构下沉到体育社团、下沉到学生会、下沉到体质检测部门、下沉到班委会或者宿舍，最后下沉到每一个大学生。例如，甚至可以几个人就组成一个有自己特殊名称的体育社团。体育社团是大学生自发形成的组织，要求他们发挥主体性，进行自我教育、自我管理和自我服务。体育社团活动具有自主性、尊重学生个性、满足个人发展追求。体育管理下沉到学生层面，教师或者管理层要监督、调控、引领体育社团的发展方向，帮助解决大学生解决不了的各种管理上、技术上、理论上的难题。高校应该根据大学生的特点，让他们通过多种渠道更多地实践和体验，接受渲染和熏陶，感悟体育文化所蕴含的精神，在潜移默化中形成体育文化认同，强化体育价值观。

2. 大学体育与学校文化相配合

校园文化是师生在校园这一特定环境中创造的一种与社会时代密切相关的、具有校园特色的人文氛围、校园精神和生存环境。③ 校园文化是学校最具特色的标志，最具凝聚力、向心力和生命力，包括高校的历史传

---

① 《马克思恩格斯选集》第1卷，人民出版社，1995，第56页。
② 《马克思恩格斯全集》第3卷，人民出版社，1980，第87页。
③ 王冰：《高校校园文化的内涵及其建构特征》，《中国成人教育》2008年第2期，第47~48页。

统、精神氛围、理想追求和人文气象。而在高校的各项工作中，文化建设处于被忽略的地位。虽然，现今高校中，大部分的教师和研究人员关注的是一个点，他们将精力、时间放在自己的教学活动或研究领域中。对于学校这样一个整体，往往并不太重视。[①] 但是各个学校都因为各自学校的特点，而呈现出不同的校园主体文化。工科学校、文科院校、医科院校、综合院校的校园文化不一样。各个学校都有明显的特色，应该要多方位地去加强和突出自己的特色。

斯蒂芬·利考克认为："对大学生真正有价值的是他的生活环境。"由于校园文化氛围具有教育、导向、辐射的功能，高校体育氛围潜移默化地影响着大学生的体育文化素养、体育价值观、体育锻炼习惯的形成等。由体育文化、运动环境及体育人文因素等构成体育氛围在无形之中有意无意地影响着大学生的体育价值观和体育行为。良好的体育氛围对大学生终生体育意识的形成以及体育能力的提高有促进作用，有利于提高教学质量。营造校园和谐体育氛围是学校体育工作的一个重要内容，同时也是实现学校体育教育目标的一个重要组成部分。许昌在研究中写道："校园体育氛围包括体育锻炼氛围、体育交往氛围、体育组织与管理氛围三个部分。校园体育氛围直接或者间接地影响大学生生活满意感，影响的总体效应系数为0.278。处于较好的校园体育氛围中，学生会更多参与体育锻炼。而更多的体育锻炼可以改善和提升学生的人际关系，且学生对自身身体状况更加满意，进而提高他们对学校生活的满意感。"因而，营造良好校园体育氛围既是学校体育工作的一个重要内容，也是学校体育工作的一个重要目标。

第一，加强学校体育文化培养与宣传。

大学要形成和宣传学校优势竞赛项目。而现实，付皆和全世民调查的结果却不尽如人意。"100%的教师表示自己学校有高水平运动队，然而却只有3.4%的学生认为学校存在优势竞赛项目，96.6%的被调查学生认为学校没有优势竞赛项目或者表示不清楚。"[②] 这说明学生根本不了解或者不关心自

[①] 秦明：《大学文化建设的主体是教师——杨跃教授谈大学文化建设》，http://www.xde6.net/view-21479.html。

[②] 付皆、全世民：《福州大学城高校校园体育氛围现状调查研究》，《宜春学院学报》2010年第4期，第158~160页。

己学校的优势竞赛项目,或者学生学校根本没有优势竞赛项目,这就制约了高校体育氛围的提升。而学校优势竞赛项目的宣传对学生进行体育锻炼有激励、指导和示范作用。高校优势竞赛项目是创设优良学校体育氛围中不可或缺的因素。高校优势项目能够起到调动学生参与体育运动积极性的作用。因此,大学要长期坚持多渠道地宣传自己学校的优势竞赛项目。

大学要宣传自己学校体育灵魂人物。学校体育灵魂人物是学校体育的一面旗帜。高校可以通过多种方法和途径在校园里培养大学生体育骨干,充分宣传自己学校大学生运动员的比赛和训练情况,表现大学生运动员的品质、性格和精神面貌,通过个别显示一般,通过平凡突出伟大,感染并教育大学生。体育人物报道是指大学相关部门对大学内涌现出的成绩突出或最具有代表性的大学生体育人物进行重点集中的宣传,着重以大学生运动员的体育精神面貌来感染、激励大学生。大学生体育人物宣传具有贴近性,大学生运动员的事迹是与普通大学生的学习和生活紧密联系的。他们更贴近大学生生活、贴近大学生学习,大学体育人物更平实化,就在普通大学生的身边,大学体育人物的精神更能感染大学生。大学生运动员,一旦成为校园内的公众人物,他们在校园内外、运动场内外的一举一动和一言一行,都会对大学生产生影响。对大学生运动员的宣传要在内容上和形式上与大学生的学习和生活联系在一起,不但能够有效地引导广大大学生学习运动员们顽强拼搏、积极向上的精神,而且能够起到激发大学生进行体育锻炼的效果。

大学要加强各种体育信息宣传。调查发现,学校对体育宣传重视程度不高。学校举办关于体育知识讲座的数量少、频率非常低,学校对于比赛成绩突出的项目和运动员没有进行很好的宣传,学校广播和宣传栏关于体育信息的内容很少。而学校宣传体育对学校优良传统与风气的形成有着潜移默化的影响。各种体育信息可以促进大学生对体育的关注,可以一定程度上提高大学生对体育的认知。因此,高校要多渠道开展体育信息宣传工作,如学校要举办体育知识讲座,学校要对在体育方面表现突出的学生进行表彰或宣传。

第二,加强校内和校际体育竞赛。

高校在校与校之间要经常开展体育教学合作、校际体育赛会、体育知识交流研讨。一方面,可以组织校内外教师、教练和运动员就体育技术、训练方法和体育理论知识进行交流；另一方面，可以举行校内或校际体育比赛。这些比赛追求奥林匹克"更快、更高、更强"的精神，而从促发大学生参与性的角度出发，这些比赛更应该是一些技术成分不高、参赛门槛低、每个大学生都能参与的趣味性、娱乐性高的项目，体育项目的设置应该更加人性化、更贴近普通大学生的参与条件。充满人文关怀的体育赛事，有助于提高大学生体育比赛的参与率，充分调动学生体育参与的积极性。学校经常举办这样的赛事有助于形成良好的校园体育文化氛围。

学校的体育传统是一种具有心理制约作用的行为风尚。良好的学校体育风气能够以其巨大的感染力和心理约束力规范与调整全校师生的体育价值观和体育行为，有助于引导大学生形成积极的体育态度，养成良好的体育参与习惯。学校体育传统对大学生体育行为的影响力远远大于规章制度和组织纪律的强制力。因此，大学要形成和发展自己学校的体育传统，例如，剑桥大学和牛津大学一年一度的校际比赛，影响深远。大学体育传统的发扬光大，不仅促进大学校园体育文化建设，也是对学生体育锻炼行为的促发，是大学凝聚力的体现和提升。

第三，加强体育社团建设。

大学体育社团对于大学校园文化的建设、对于大学体育的发展、对于大学生的发展具有非常重要的作用。这观点已经得到大家的一致认可。"体育社团发展对大学生的终身体育意识的形成具有非常重要的意义与功能。"[①]作为校园体育文化的重要组成部分，体育社团展示了它的体育育人和培训人的功能。它是高校开展各种体育活动的重要组织形式、高校体育运动队的后备资源、培养学生干部的摇篮，还是系际、校际交流的中介与桥梁、体育文化传播的媒介。孙汉超认为，"学校行政是提升大学体育社团作用的重要保证和关键，比赛活动是活跃学校气氛和发展社团的重要方面"[②]。因此，校园体育文化建设离不开大学体育社团建立和发展，也可以说每个大学体育社团建设状况是大学校园文化和大学生精神面貌的重要体现。

但是大学体育社团建设与发展的现实是不容乐观的。马新东等人在研究中发现，"社团本身的发展缺乏规划，社团资料保存不完善，工作缺乏

---

① 何维民：《高校体育社团的文化载体效用及其发展》，《武汉体育学院学报》2004年第5期，第39~41页。
② 孙汉超等：《体育管理学》，人民体育出版社，1995。

延续性，体育社团发展不稳定。体育社团在学校的地位没有得到应有的重视，高校体育主管部门对体育社团投入的经费不够，社团挂靠机构和指导教师对社团缺乏有力、有效的指导，社团功能得不到充分的发挥。教师们对协会的工作的重视达不到一定的高度。[1] 学校体育社团应该具备的活跃学校体育气氛、培养学生人际交流、传播体育文化及培养学校体育人才等方面的作用并没有充分地发挥出来"。[2] 麦可思对2012届本科毕业生的调查也发现，男生参加过体育社团的比例为30%，女生参加过体育社团的人数占比仅仅是18%。[3]

鉴于上述存在的问题，必须把加大体育社团及俱乐部建设作为大学体育工作的重点工作来抓。只有大学体育社团得到了良好的发展，校园体育文化才能上一个台阶，才能为大学生体育生活化做好准备。大学的具体做法应该是：强化主管单位的职能，完善交流平台建设，加大资金投入，注重培养社团骨干，加大社团指导力度。

总之，无论是大学体育软环境，还是大学体育硬环境都必须与大学自身的主体文化相契合，这样才能形成或者强化大学自身主体的、特色的文化，而主体特色文化的形成也能促进该大学体育生活化的发展。

3. 科学建设和管理大学体育设施

西方经济发达国家体育场馆的管理是非常科学的。德国大学的运动训练场馆和体育活动场所，可以用以下词语来形容：设备齐全整洁、使用率极高、数量多、质量高、设施优良、环境好、功能多、使用便捷、宽敞明亮、管理严格、空闲的时间极少、管理科学规范。这得益于德国大学体育场馆管理和维修的一体化。这些都是各个学校几代人通过多方集资筹建的。绝大多数学校对学生、教职工和社区居民开放。在校学生可免费使用，本校教职工按年交少量费用，社区居民要交不少费用。美国体育场馆的建设也严格结合本校的特点，甚至考虑到在校学生的性别结构。注重体育场馆设施的绿色环保也是美国大学体育场馆的一大趋势。墨西哥众多的

---

[1] 马新东、高前进、周越等：《对当前我国大学体育社团功能的调查和研究》，《北京体育大学学报》2006年第2期，第227~228，233页。
[2] 周小敏：《大学体育社团发展困扰及评价因素研究》，《北京体育大学学报》2008年第2期，第157~158页。
[3] 《中国2012届大学毕业生社会需求与培养质量调查》。

大学体育馆设施齐全，注重实用性、绿化和美化。体育馆多为综合性的结构，体育场馆设备可以随时变换格局，灵活机动性和利用率都很高。场馆设计非常便于保养维护和清洁打扫。每天7：00～21：30对学生免费开放。工作人员在活动结束后方可更换场地设备和打扫卫生，他们不得要求在规定活动时间内的活动人员离开。

无论是与发达国家相比较，还是从大学生的实际需要出发，目前，我国高校的体育场馆建设仍然存在许多问题。表现为：规划布局缺乏整体性、长远性和系统性，建设缺乏明确的发展方向，没有充分考虑民族文化、经济环境、自然环境、大学生身心健康发展和社会发展的需要。文世平等研究认为："大学体育场馆建设与发展趋势为项目大众化、类型多样化、功能综合化和效益产业化；大学体育场馆建设要以整体性、兼容性、超前性和创新性为原则。"[1]

第一，积极鼓励多渠道投资大学体育场馆建设。

目前，我国体育场馆建设的投资主体虽然已经有多元化的端倪，但是仍然以政府投资为主，民间投资非常少。整体上我国体育场馆建设的投资主体依旧单一化，大学体育场馆建设更是如此，[2] 基本上都是大学出资建设的。因此，建议大学决策部门通过多种政策鼓励民间投资或者资助建设大学体育场馆（包括设施和器材）。这样一方面可以缓解当前大学沉重的财政压力，解决大学体育场馆建设中资金不足的问题；另一方面，有利于实现场馆效益的最大化，促进大学体育场馆的建设，满足大学生体育锻炼活动场馆和器材方面的需要。

第二，加强我国高校体育场馆的建设工作。

我国高校体育场馆供给整体是不足的。在我国的1700余所各类高校中，高校体育场馆数量仅占全国体育场馆总数的3.4%。[3] 同时，在我国现有5543座大型体育场馆中，属于高校的体育场馆为1000座，约是全国

---

[1] 文世平、廖小林、王若虹：《大学体育场馆建设与发展趋势的研究》，《武汉体育学院学报》2003年第5期，第157～158页。

[2] 陈元欣、李溯：《我国大型体育赛事场馆设施投融资现状及其市场化改革》，《上海体育学院学报》2009年第4期，第12～15页。

[3] 《第五次全国体育场地普查数据公报》，http://wen-ku.baidu.com/view/d71cf4315a8102d276a22f79.html。

的 1/5。① 加强我国高校体育场馆的建设工作，不仅可以满足大学体育教学、训练的需要，也可以提高高校知名度，甚至增加高校收入。大学体育场馆既可以满足大学生锻炼身体和大学内部、大学间各种比赛的需求，也可以满足各种大型国际、国内比赛的场馆需求。对大学生体育锻炼行为也有一个间接的促发作用。大学体育场馆的建设可以改善高校的体育环境，有利于丰富校园文化生活和传承高校体育文化，为大学生提供高质量的体育活动场所和体育服务、为大学生体育锻炼行为发生提供文化氛围和物质基础。

第三，科学管理大学体育场馆设施。

相对来说，我国大学体育场馆的管理现状不尽如人意，表现如下：①大学体育场馆建设在学校内的具体位置不便于学生参加体育活动，特别是大学的体育馆，被建在离大学生生活区比较偏远的地方，不便于大学生进馆锻炼。因此，要根据本校大学生的实际锻炼需要来建设和规划大学的体育场馆和设施。②大学生使用大学体育馆的效率不高，其中的原因是多方面的，比如体育场馆的开放时间问题、高水平运动队长期占用体育馆的问题、体育场馆的收费问题。这些都导致普通大学生使用体育馆的频次较少。鉴于此，体育场馆的管理要以"大学生"为中心，满足大学生多种项目的需要。开放时间要紧密结合大学生的锻炼时间，满足大学生随时到体育馆健身的需要。要以"服务"大学生的宗旨为出发点，尽量少收费，甚至免费向大学生开放，或者可以在入学的学费里收取一定的费用，在整个学习过程中不再单次收费等。总之，要以服务大学生为出发点来管理大学体育场馆设施。

（三）个体层面

大学生体育生活化作为大学生主体活动的过程与结果，是大学生主体需要发展演变的过程与结果，也是大学生体育锻炼行为自觉的过程与结果，还是大学生主体体育自觉的结果。因而，大学生主体性的合理发挥是大学生体育生活化推进的必要条件。简言之，对于大学生个体来说，大学生要主动地将体育生活化的理念内化为体育自觉，并外化为体育生活和体

---

① 刘晶、陈元欣：《高校体育场馆供给现状、特点及其发展趋势》，《武汉体育学院学报》2010年第10期，第24~28页。

育行为。本研究对"大学生自身需要做些什么才能够实现体育行为自觉"进行了调查,设计了如下6个选项:"A. 加强对体育知识认知;B. 了解体育诸多价值;C. 认识不良生活方式的危害;D. 合理调整自己的各种需要;E. 加强体育技能的掌握;F. 加强对体育文化的认同。"还设计了开放式的问题"如果您怎样,您就会坚持体育锻炼?"调查结果如表3-10所示。

表3-10 大学生体育行为自觉调查

单位:%

分类	A	B	C	D	E	F
频数	55	60	71	66	55	47

调查说明,大学生通过自己的体育行为实现体育自觉,尤其是生活方式,71%的学生认为生活方式在某种程度上就代表一个人的体育生活方式。这为我们进一步为大学生体育行为引导提供了信心与路径支持。大学生体育生活化的价值是为了要让"大学生的全面发展和大学生有尊严的生命质量",本书拟从以下四个方面为大学生的体育生活化路径提出建议:一是大学生体育生涯规划要与主体需要相结合,二是大学生体育生活要与自己的身心评价和发展相结合,三是大学生体育要与生活质量评估相结合,四是大学体育要与人际交往相结合。前两条可以看作"全面发展"的维度,后两条可以作为"有尊严的生命质量"维度。

1. 大学生体育生涯规划要与主体需要相结合

大学生在入学的时候,在自主进行大学生涯规划的时候,就要把大学体育作为规划的一个重要组成部分,即规划好自己的大学体育生活。规划大致包括大学体育在自己生活中的呈现方式、具体体育内容、体育方法、体育时间的多少,等等。其中,规划可以用学期学年划分阶段,也可以用某项体育爱好和体育素质的提高程度来衡量,也可以把两者结合起来进行。

例如,在大学一年级,大学生以自身的某种体育爱好为切入点,投入锻炼,熟悉学校的体育设施和体育组织,加入大学的相关体育团体,形成体育锻炼意识;在大学二年级,大学生可以争取提高相关的运动技能,设定一些可以达到的运动目标,通过提高运动成绩来获取体育锻炼的娱乐感和成就感，形成体育习惯；大学三年级时，充分发挥大学体育在提升生命质量方面的作用，发挥体育在大学交往中的作用，发挥辅助其他素质提高的作用；大学四年级时，处理好体育运动与就业、考研之间的关系，用体育素质辅助就业等目标的实现。上述仅是一个理论性的设想，在这里本书并不想提出一个适用于所有大学生的具体的大学生体育生活规划。因为规划得越具体越有指导性，反而会引起大学生体育与"生活"的脱离。如上所述，大学生的体育生活从本质上来说是一种主体性的体育需要。因此建议大学生在做合理的大学体育规划的同时，要合理发展自己的主体需要。

首先，大学生的体育生活要着眼未来的长远需要，注重长效机制。重视短期需要可能是有利的，也可能是有害的。为了考试、考核、考证，为了求学、求职等功利性的行为，为了眼前的视觉愉悦，而不进行长期的、科学的体育锻炼活动，就会导致体能的日益下降、精神的日益匮乏，最终会付出沉重代价。这也是老年人体育锻炼行为发生频率远远高于、好于大学生的原因。不进行科学体育锻炼的大学生的身体资源已经遭到了破坏，到年老补救为时已晚，多少学者英年早逝，就是鲜活的例子。另外，各种新的生理、心理疾病的产生，基因的突变等，都与人长期不进行科学体育锻炼而导致体能下降息息相关。这些都会影响子孙后代的质量状况，影响整个人类的未来。因此，大学生必须从长远的角度来衡量眼前的利益，追求短期利益应以保全长远利益为前提，满足短期利益不能损害长远利益，要为长远需求的满足打下坚实基础。

其次，大学生的体育生活全面结合自己的物质、精神需要。"自觉从事对象性活动的主体从事实践活动，终归是为了得到相关利益，满足主体自身的需要。"[1] 主体自身需要指的是主体对其共存和发展的客观要求及其主观反映，按内容可分为物质需要和精神需要，还能分为生存需要和发展需要。[2] 大学生要整体协调发展、自由而全面发展，物质需要、精神需要都要均衡。只为满足物质需要，就会丧失自我、迷失心智，沦为具有人形的工具，变为另一层意义上的物；只为满足精神需要，没有物质基础，无法在世间生存。因此两种需要缺一不可，需要齐头并进，共同发展。梁

---

[1] 陶德麟、汪信砚：《马克思主义哲学的当代论域》，人民出版社，2005，第140页。
[2] 陶德麟、汪信砚：《马克思主义哲学的当代论域》，人民出版社，2005，第141页。

利民指出："人的逐级递升的生活需要驱使着人们从事体育活动及生活创造活动，也是人们对体育生活化进行选择的最重要的心理动力。"[①] 大学生体育锻炼行为与大学生的需要相关，与大学生可得利益相关，大学生体育生活化的进程与他们的体育需求息息相关。大学生体育生活化进程只是体育生活化进程的一方面的体现，而体育生活化的进程是体育能够满足人的怎样的需要的问题。因为需要即是人的本性。因此，大学生体育生活化的历程即是他们主体需要的主要方面演变的过程。

总之，大学生只有结合自己的长期和短期需要、精神和物质需要，才能够在大学生涯规划中，科学合理地规划自己的体育生活，才能把大学体育融入自己的生活，最终使自己的体育生活获得圆满。

2. 大学生体育生活要与其身心评价和发展相结合

大学生不仅要把大学体育与自己身体状况和发展结合起来，也要把大学体育与自己心理水平状况和发展结合起来，因为科学进行体育活动能够促进身心健康。在这个结合的过程中，大学生要做到的是提高自己的自我效能感。自我效能感的高低不仅促发和维持体育行为，而且会延伸其他行为。每个大学生在对自己一次次不停地评价的过程中，会逐渐形成、提高自我效能感。

班杜拉（Bandura，1977）认为，自我效能感是指个体对自己在特定情境中从事某种行为并成功取得预期效果的能力的确信或信念。[②] 大量的研究表明，自我效能感在解释和预测体育锻炼方面具有重要作用。李哲、赵宝椿研究得出："自我效能感能够影响锻炼行为的目标选择、锻炼行为的坚持性和锻炼行为的绩效结果。"[③] 马乃欣研究证实："可以通过制定合理的目标体系、优化教材内容、提高教师教学的效能感、全面提高学生的体能、为学生提供成功体验、引导学生形成正确归因方法、指导学生学会观察、加强替代性强化、经常鼓励并及时反馈、引导学生重视纵向自我评

---

① 梁利民：《需要是体育生活化运行的内在动力》，《上海体育学院学报》2000 年第 2 期，第 19~22 页。
② Bandura, A., *Self-efficacy: the Exercise of Control*, New York: W. H. Freeman and Company, 1997.
③ 李哲、赵宝椿：《自我效能感与体育锻炼行为相关研究述评》，《赣南师范学院学报》2013 年第 6 期，第 94~97 页。

价体育活动等等措施来提高自我效能感",[1] 从而激发大学生的体育锻炼行为。国外许多研究也得到了同样的结论。McAuley 等人（1994）的研究表明，运动自我效能感在不同的运动阶段发挥不同的作用，挖掘以自我效能感为基础的各种策略应该更能促进锻炼行为的坚持性。[2] 因此，本文认为，通过提高大学生体育自我效能，可以促发大学生的体育锻炼行为的发生。

自我效能感含有认知、动机和情感三方面功能，自我效能感水平高低决定大学生进行体育活动的内部动机水平。大学生自我效能感的提高有利于形成正确的自我认知评价，从而培养学生终身体育意识。大学生在对自己体育知识、体育技术、体育能力的综合评定的过程中，形成了对自己的认识，也形成了、提升了对体育的认知。大学生体育生活化是建立在大学生对体育生活化的认可之上的，要认可体育生活化首先要大学生认可体育。大学生认可体育要做到如下三条。

首先，大学生需要对健康内容有一个全新的、清晰的认识。世界卫生组织指出：健康应是在精神上、身体上及社会上保持健全状态。这一健康定义，提出了新的现代健康概念，阐明了人的健康不仅包括身体和精神方面，也包括道德健康和社会适应。而科学的体育锻炼恰可以对身体健康、心理健康、道德健康和社会适应有不同程度的促进作用。大学生要认识到现代人的新健康要求，要了解体育锻炼对于新健康的意义所在。只有这样，大学生才能形成正确的、多元的体育生活化价值观。

其次，大学生要清晰地了解体育生活化的价值。体育的本质在于它对生活的意义。[3] 如前所述，体育的价值在于其对个体身体、心理、道德和社会适应四个方面的重要影响。大学需要通过各种途径和方法，使得大学生进一步明白体育生活对于大学生自身的意义。唐照华从社会角度出发，认为体育价值观是大众和社会对体育这一社会现象需要程度的观念，它决

---

[1] 马乃欣：《自我效能感主体作用机制分析及其培养对策》，《山东体育科技》2004 年第 2 期，第 54~56 页。
[2] McAuley, E. Courneya, S. Rudolph, etc., "Enhancing Exercise Adherence in Middle - aged Males and Females," *Preventative Medicine*, 1994, 23: 498-506.
[3] 卢元镇：《体育的本质属于生活》，《体育科研》2006 年第 4 期，第 1~3 页。

定着大众对体育行为的取舍。① 蒋凯等人从体育功能的角度认为，体育价值观是指大众对体育价值的根本看法和态度，体育价值观支配着人们的体育实践。② 刘一民等人对 1354 名大学生的体育态度与每周体育活动次数做了相关性分析，得出两者存在高度的相关性，因此，提出体育价值观一旦形成就会支配学生体育行为的论断。③ 李焕玉表明，体育价值观与学生的体育行为相互影响，体育价值观在一定程度上影响大学生的锻炼行为，例如体育锻炼频率、时间和强度等，大学生体育锻炼行为也影响他们的体育价值观。④ 王路艳认为："女生体育锻炼是追求完美形体，一旦发觉运动影响了形体就停止锻炼，以达到骨感美的要求。这动机容易让女生陷入夏天怕晒黑，冬天怕长胖的怪圈中。"⑤ 总之，体育价值观是指体育活动过程中反映体育的本质与功能在个体意识里的具体反映，是个体进行体育价值判断和取向的根本指导原则。大学生合理的体育生活价值观是要克服传统的强调传递体育知识和培养技术、技能的体育价值观的弊端，克服传统体育价值观强调体育工具性价值、轻视体育理想性价值的弊端，构建合乎社会现实的体育价值观，这也是体育生活化的根本要求。

3. 大学体育与大学生活质量评估相结合

根据斯坎伦的与生活质量相关的三个问题，大学生在评估自己生活质量的时候，应该建立在回答三个问题的基础之上：第一个问题是"什么样的环境能够提供好的生活条件？"大学生应该要把大学体育环境作为考察对象之一，大学的体育硬件环境和软件环境的状态都会影响到大学生在大学期间体育生活的质量。第二个问题是"一个人的大学生活成为好的大学生活的条件是什么？"大学生应该要考虑的是大学体育这个事物能不能够使得大学生的大学生活成为好生活？第三个问题是"使生活变得有价值的

---

① 唐照华：《体育价值观是体育行为的杠杆》，《成都体育学院学报》1994 年第 4 期，第 67~71 页。
② 蒋凯、李东辉：《对于学生的体育价值观与体育行为三向关系的认识》，《吉林体育学院学报》2002 年第 2 期，第 76~78 页。
③ 刘一民、孙庆祝、孙月霞：《我国大学生体育态度和体育行为的调查研究》，《体育科学》2000 年第 4 期，第 147~149 页。
④ 李焕玉：《大学生体育价值观与体育锻炼行为之间关系的研究》，《吉林体育学院学报》2009 年第 6 期，第 137~139 页。
⑤ 王路艳：《女生无体育？》，《麦可思研究》2014 年第 7 期，第 74~75 页。

是什么？"大学生要考虑的是大学体育是否能够使得自己的大学生活变得更加有意义，大学体育是不是可以真正能够使其生活质量变得更高，能否为提高生活质量提供条件和机会。而与生活息息相关的那些关乎生命、身体疼痛、心理生理健康的功能性活动的丧失，与大学体育在自己生活中地位和角色有重大联系。

众所周知，大学生的生活质量包括客观环境和主观感受，包括大学生的生理健康、社会关系、自立能力、个人信念、心理素质等，是大学生对自己生活状况的感受和理解。评估内容具有综合性，包含生物、心理、行为以及社会适应力、总体感觉等。大学生应该把大学体育作为促进生理健康的重要手段，把大学体育与自己的社会适应能力的提升联系起来，因为新健康标准就要求大学生具有一定的社会适应能力。另外，大学生只有把体育当成日常的行为，以上的功能才能够得以实现。

生活质量是依据获得有价值的功能性活动的能力来评估的。这里提及的"功能性活动"是个人状态的各个部分的代表，包括基本的功能性活动（如保持健康）及比较复杂的功能性活动（如自尊和社会整合性）等。而科学的体育锻炼能够有效地提升这些功能性活动能力，无论是基本的功能，还是复杂的功能。

大学生个体参与体育活动的状况，也是大学生个体身心发展的重要体现，甚至是学业结束后社会地位的重要反映。因此大学生在对自己的生活质量进行评估的时候，务必要把大学体育纳入考虑范围，并将其作为一个重要的衡量标准。除此之外，大学生要深刻地领悟到，大学体育在个体生活中的状态也是自己大学期间生活质量的重要体现。

关注大学生生活质量的时候，要深刻领悟体育在大学生个体生活中的状态是大学时期生活质量的重要体现。务必把体育纳入大学生日常生活，并以此来评价大学生的生活质量。从回归"体育"本身去观照大学生的"身体"本身，兼顾大学生对自己生活状况的感受和理解，并观照大学生的生活质量。从"体育"本身和"身体"本身去思考："体育"自身怎样才能使得大学生活更有意义，体育怎么才可以真正使大学生生活质量变得更高，体育怎样才能为提高大学生生活质量提供条件和机会。人是一元的，生活是连续的，体育要回归到大学生的生活中来，持续对大学生产生影响。

4. 大学体育与人际交往相结合

人际关系是人与人之间通过交往和相互作用形成的一种心理关系。大学生在大学期间，作为大学的一分子，是大学的组成部分，因此要遵守这个大学校园内的显性的规章制度，也要适应大学潜藏的人际交往的原则和方法。大学生人际交往表现在学习和校园生活中与教师、其他同学、管理人员之间的心理关系。大学校园内人际关系的不融洽，对大学生的校园生活、大学生的学业、大学生的自尊和自信等都有很大的影响。学生间、师生间的矛盾冲突越来越频繁，甚至会发生校园暴力事件，这些都迫切地需要大学生采取措施来合理发展自己的人际关系。而大学体育恰恰可以在大学生的校园人际交往方面发挥很重要的作用。

首先，因为体育的人际交往功能由来已久，早先的"乒乓外交"，现在的奥林匹克盛会，不仅仅是运动员、教练员和裁判员的聚会，更是全球各族人民的盛大聚会。体育作为面对面的交往平台，小到可以调节个体与个体之间的关系。例如高水平的运动员赛场上是对手，赛后是互相尊重的朋友；大到一个国家、一个民族，通过各级各类比赛建立友好合作关系。这些都是公认的事实。学生与学生完全可以在各项目的体育活动中培养感情，增进交往。

其次，体育是一种健康的交往方式，变革不良生活方式。网络和计算机构成的交往平台，改变了大学生的交往方式，网上社区成了大学生新的交往方式。这种生活方式使得大学生不知不觉中沦为网络的奴隶，在现实中不善于人际交往的大学生更是不能自拔。这种沉迷和不能自拔的负面效应则是：长期熬夜带来的体质严重的下降，甚至出现疾病；学习成绩的持续下降，甚至不能毕业；远离现实生活，现实人际关系更加淡漠；模仿网络上的攻击行为、发生暴力冲突等。而以健康的体育生活方式取代各种不良的生活方式，能够有效消除不良生活方式带来的不良影响。

最后，大学体育是一种面对面的交流方式。大学生参与体育活动的过程正是一个交往、沟通和互动的过程，这一个过程可以展现自我，建立自信，提高自尊，维持良好的、健康的心理状态。它提供给大学生的是真实的人与人接触的交往平台。大学生可以在这个交往平台中建立友好的同学关系，特别是集体项目，更能够提高集体的凝聚力，消除平时生活中的小矛盾，还可以结交新朋友，可以消除大学生的心理健康问题。从而，大学生能够在这面对面的交往中促进人际关系良性发展。

小　结

笔者认为，通过2014年和2016年对大学生体育锻炼现状的调查，可以得出大学生体育锻炼现状不容乐观的事实。2014年大学生体育生活化影响因素模型的构建得出：大学生自身因素最为重要，大学因素排在第二，现代社会生活化方式排在第三，最后是传统文化的影响。第二次我国大学生体育锻炼社会生态模型由自我效能、体育价值、社会支持、物质基础（设施便利性）、媒体平台和气候条件六个主因子构建的。两次结果都表明：大学生个体因素在所有研究的外在因素中对大学生体育锻炼影响权重都是比较大的。

大学生体育生活化行动路径：一是转变理念，要确立"一体两翼"的体育价值观念，要实现体育文化自觉。二是转化制度，贯彻社会体育全民终身制，学校体育复合一贯制。三是完善路径，政府要变干预为监督，变过程管理为目标管理。大学体育管理机构重心要下移——突出大学生主体性，大学体育与校园文化相配合，科学建设和管理大学体育设施设备等。大学生要把大学体育与大学生身心评价和发展相结合，把大学生涯规划与主体需要相结合，把大学体育生活与人际交往相结合，把大学体育与大学生活质量评估相结合。

第四章 结论与展望

大学生体育生活化的出现是历史的必然。自现代大学产生，大学生体育生活化就应运而生了。自其诞生，就受到一定的关注。但是很少有人对大学生体育生活化理论体系进行构建。在高等教育由大众化向普及化发展的大背景下，我国大学生体育生活化究竟是怎样的？本研究为解答这一问题，采用可行的方法，系统地、全面地回答了"大学生体育生活化是什么？""大学生体育为什么要生活化？""大学体育怎样生活化？"三个问题。

一 研究结论

（1）大学生体育生活化是体育在大学生日常生活中自觉的过程与结果，大学体育生活化要求体育以"大学生"为对象，以"生活"为中心。大学生体育生活化要求体育与生活相融，要求大学生具有体育参与的自主性，要求大学生认可体育价值的多元性，要求大学生体育参与的日常性。大学生体育生活化具有个体人本价值、社会发展价值和体育学科发展价值。大学生体育生活化可以促进人的全面发展且提升生命质量，促进社会可持续发展，帮助大学体育走出危机。

（2）体育生活化可以追溯到初民时期，经历了体育生活化萌芽、体育生活化发展、体育生活化价值的遮蔽和体育生活化回归的过程。我国大学生体育生活化的发展经历了民国时期的健身强国价值萌发阶段、1949~1965年的健身强国价值凸显阶段、1966~1976年的大学生体育生活化价值被政治化的阶段、1977~1994年大学体育以学科发展价值为主导的阶段、1994年至今的我国大学生体育生活化价值多元化趋势阶段。

（3）根据已有研究结果的梳理和大学生体育生活化基本特征，制定量表，对大学生体育生活化现状进行调查分析，得出：体育脱离大学生的学习目标、娱乐目标、就业目标和交往目标。大学生体育具有政治手段性——遗忘现实生活，大学生体育成了专业手段——片面生活目标。其原因是：一是存在理念偏差，大学生身体观、体育观和健康观都存在偏差，而且人们对原片面认知的坚守性在大学生身上也有体现。二是制度弱化，表现为对制度研究的不重视和制度执行效果不明显。三是行动异化，表现为：大学生体育工具化——剥离生活底蕴，大学生体育陷入功利主义；大学生体育娱乐化——误读生活本质。

（4）2014年通过对我国大学生体育生活化影响因素的剖析，分析其外在诱力和内在驱力，以此为基础初步构建我国大学生体育生活化影响因素模型。通过对专家的调查，再次对模型进行修正。2016年，构建、运行、修正了我国大学生体育生活化社会生态模型，得出：①社会生态模型的优越性在大学生体育生活化中得到充分检验，验证了社会生态模型的基本观点，即大学生体育生活化不仅受到大学生个体因素影响，还受大学生所处环境影响。②模型最后重新组合萃取大学生个体因素、社会因素和环境因素三个层面六个主因子和20个具体影响因素。用验证性因子分析对它们进行了权重。再次发放问卷对这一模型进行了检验。

（5）依据大学生和大学两个层面的因素，从理念、制度与行动三个层面构建我国大学生体育生活化的路径。第一，要转变理念。要从分离到融合，实现"一体两翼"。要从过程到目标，实现体育文化自觉。第二，要转化制度。社会体育要实现全民终身制。学校体育要实现融合一贯制。第三，要完善行动。大学要把大学体育管理机构中心下移——突出大学生的主体性，使大学体育与学校文化相配合，科学建设和管理大学体育场馆设施。大学体育教育要注意大学体育与大学生身心评价和发展相结合、大学生体育生涯规划与主体需要相结合、大学体育与大学生活质量评估相结合，甚至与人际交往的结合。

二 研究创新

（1）大学生体育生活化出现以来，相关的研究只是碎片式的、零星的理论性阐释。本研究在明确界定大学生体育生活化概念、内涵的基础上，对我国大学生体育生活化进行理论解读，并对大学生体育生活化价值观的嬗变、现状进行了系统的和全面的研究。

（2）采用定量研究与定性研究相结合的方法，建立了我国大学生体育生活化模型，并通过因子分析和结构方程模型，对社会生态模型进行检验，得出了大学生个体因素、社会因素、环境因素三个主因子，从中清晰地看出影响我国大学生体育生活化的因素分布状态和重要性状态。

（3）根据研究得出的影响我国大学生体育生活化的核心因素，从理念、制度和行动三个角度，从政府、大学生和大学三个层面，构建了转变理念、转化制度、完善行动的大学生体育生活化的路径。

三　主要不足

对我国大学生体育生活化的研究，高等教育界、体育学界并无太多关注。无论是其理论研究还是实证研究都还有待深入，也可以说是个新的领域。本书对我国大学生体育生活化进行了较系统的研究，但由于这是一个非常复杂的问题，它涉及多个学科领域，本书尚存在许多不完善之处。

第一，本研究调查的专家虽然分布在教育学、体育学、心理学三个领域，但是由于受到多种条件的限制，本研究只对15位教育学、体育学、心理学方面的专家进行了调查。如果再对更多的如生物学、社会学、传播学专家进行调查，可能会使影响因素的实证研究更加完善。

第二，我国大学自身情况复杂，11所大学具有较好的代表性，但是并不能代表全部。由于受到诸多客观因素的制约，还无法做出更多的调查。如果能够对更多的大学进行调查，获得更多的数据，研究可能更加完善。

四　研究展望

体育生活化是一个涉及社会发展、城市发展、大学发展、个体发展的关乎多学科的命题，有其广泛的理论来源，也可以多视角地进行研究，也可以采用多种研究方法。而且随着相关理论的不断发展，从不同的研究视角，采用不同的研究方法，都会得到不同的、新的研究成果。因此，无论是方法上，还是研究视角上都决定了本研究存在一定的局限。有些问题还有待进一步深入的研究。

第一，可以在体育生活化进程研究的基础上，对体育生活化进程与城市化进程关系做进一步深入的研究。

第二，可以结合已有的研究成果，使用科学的方法，进一步对我国大学生体育生活化评价指标体系进行研究。

第三，可以根据扎根理论，应用深度访谈的方法，对我国大学生体育生活化现状开展进一步的研究。

参考文献

1. 严春辉、陈善平：《体育教学与大学生身体素质变化的相关分析》，《首都体育学院学报》2005 年第 3 期。
2. 杨德洪、吴雪萍：《随班就读学生参与体育活动的社会生态环境模型分析》，《学生运动参与及风险管理研究》（专题报告）。
3. 康利平、管卫宏、应君：《社会生态模型视角下体力活动与环境关系的研究》，《山东林业科技》2015 年第 1 期。
4. 张洋、何玲：《中国青少年体质健康状况动态分析——基于 2000 – 2014 年四次国民体质健康监测数据中国青年研究》2016 年第 6 期。
5. 项明强：《促进青少年体育锻炼和健康幸福的路径：基于自我决定理论模型构建》，《体育科学》2013 年第 8 期。
6. 常生、陈及治：《大学生体育锻炼行为研究现状分析》，《北京体育大学学报》2004 年第 10 期。
7. 马骉、张帆、司琦：《影响青少年参与身体活动的个体因素综述——基于社会生态模型的个体生态子系统》，《浙江体育科学》2016 年第 3 期。
8. 朱为模：《从进化论、社会 – 生态学角度谈环境、步行与健康》，《体育科研》2009 年第 5 期。
9. 崔馨月：《社会生态模式在儿童青少年肥胖防治中体格指标的干预效果研究》，《北京大学学报》（医学版）2015 年第 5 期。
10. 韩会君、陈建华：《生态系统理论视域下青少年体育参与的影响因素分析》，《广州体育学院学报》2010 年第 30 期。
11. 高泳：《青少年体育参与动力影响因素研究》，《北京体育大学学报》2014 年第 2 期。
12. 章建成、张绍礼、罗炯等：《中国青少年课外体育锻炼现状及影响因素研究报告》，《体育科学》2012 年第 11 期。

13. 易军、冉清泉、付道领：《青少年体育锻炼行为及影响因素的实证分析》，《西南师范大学学报》（自然科学版）2014年第9期。
14. 司琦、苏传令、Kim Jeongsu：《青少年校内闲暇时间身体活动影响因素研究》，《首都体育学院学报》2015年第4期。
15. 王成、孙蔚、陈善平等：《大学生身体素质的发展趋势》，《北京体育大学学报》2005年第10期。
16. 陈西玲、张楠、宫贵楠等：《陕西省女大学生体育休闲锻炼行为参与机制的研究》，《西安体育学院学报》2012年第4期。
17. 陈善平、李树苗、闫振龙：《基于运动承诺视角的大学生锻炼坚持机制研究》，《体育科学》2006年第12期。
18. 苏亮：《河南省大学生课外体育锻炼现状及影响因素分析》，《中国学校卫生》2015年第10期。
19. 邱梅婷、贾绍华、陈琼霞等：《体育锻炼习惯的形成机制和影响因素研究》，《首都体育学院学报》2005年第6期。
20. 梁建秀：《影响大学生体育锻炼习惯形成因素的研究》，《体育科技文献通报》2011年第7期。
21. 汪晓鸣：《宁波市高校大学生课外体育锻炼现状与影响因素研究》，《浙江体育科学》2010年第1期。
22. 康健：《影响大学生形成体育锻炼行为习惯的因素分析》，《吉林体育学院学报》2010年第3期。
23. 张楠：《陕西省女大学生体育休闲锻炼行为的参与机制与促进策略的研究》，西安体育学院硕士学位论文，2012。
24. 谢艾姗：《大学生的休闲动机与休闲参与的相关性研究及体育健身休闲的表现——基于广西、广东两省的数据分析》，《西安体育学院学报》2010年第4期。
25. 陈开梅、董磊、杨剑等：《大学生体育价值观影响机制模型研究》，《首都体育学院学报》2012年第2期。
26. 陈安槐、陈萌生：《体育大辞典》，上海辞书出版社，2000。
27. 阳家鹏、向春玉、徐佶：《家庭体育环境影响青少年锻炼行为的模型及执行路径：整合理论视角》，《南京体育学院学报》2017年第3期。
28. 黄芳铭：《结构方程模型理论与应用》，中国税务出版社，2005。

29. 侯杰泰、温忠麟、成子娟等：《结构方程模型及其应用》，教育科学出版社，2004。

30. 金立印：《本土网站品牌资产及其形成机制——基于网站内容视角的实证研究》，《营销科学学报》2007年第3期。

31. 龙立荣：《层级回归分析及其在社会科学中的应用》，《教育研究与实验》2004年第1期。

32. 温忠麟、张雷、侯杰泰等：《中介效应检验程序及其应用》，《心理学报》2004年第5期。

33. Welk, J. J., "The Youth Physical Activity Promotion Modes: a Conceptual Brideg Between Theory and Practice," *Ques.*, 1999.

34. Bazzano, L. A., 2006. The High Cost of not Consuming Fruits and Vegetables. J. Am. Diet. Assoc. 106, 1364 – 1368. U. S. Department of Health and Human Services. Physical Activity and Health: A Report of the Surgeon General. Atlanta: U. S. Department of Health and Human Services, Centers for Disease Control and Prevention, National Center for Chronic Disease Prevention and Health Promotion; 1996.

35. American College Health Association. American College Health Association – National College Health Assessment: Reference Group Data Report, Fall 2003. Baltimore, MD: American College Health Association; 2004.

36. Haase A., Steptoe A., Sallis J. F., Wardle J., "Leisure – time Physical Activity in University Students from 23 Countries: Associations with Health Beliefs, Risk Awareness, and National Economic Development," *Prev Med.* 2004.

37. Zi Yan and Bradley J. Cardinal., Increasing Asian International College Students' Physical Activity Behavior: A Review of the Youth Physical Activity Promotion Model Spring 2013, Vol. 45, No. 1 The Health Educator.

38. Chang Shen & Jizhi Chen., "Administrative Situation Analysis of Physical Activity Behavior of College Students," *Beijing Sport University*, 2004, 27 (10).

39. "Fan Hongyue. Investigation on College Students Sports Attitude and Behavior," *Journal of Tianjin University of Sport*, 2003, (3).

40. Graham, D. J., Schneider, M. S., & Dickerson, S. S., Environmental Resources Moderate the Relationship Between Social Support and School Sports Participation among Adolescents: A Cross – sectional Analysis. International Journal of Behavioral Nutrition and Physical Activity, (2011).

41. Xiao Tao Fang, Liu Wei & Li Dongmei, " Research on Physical Activity Behavior and Influencing Factors of College Students Jiangxi Province," *Journal of Shanghai University of Sport*, 2006, 3 (6).

42. Liu Liping, Chen Shanping &Wei Xiaoai. The Comparative Study of Health and Physical Activity Behavior Lv Lishan. Study on the Effects of College Sports Environment on the Sport Behavior of College Students in Guangzhou, Guangzhou University, master's degree thesis, 2013.

43. Chen Qiaoyun & Diao Sujian., " Research on College Students' Health Concept and Health Consciousness ," *Journal of Huzhou Teachers college*, 2002, 24 (3).

44. Bray, S. R., & Born, H. A. (2004). Transition to University and Vigorous Physical Activity: Implications for Health and Psychological Well – being. Journal of American College Health, 52, 181e188. and That Engaging in Physical Activity Can Reduce Anxiety and Depression in College Students (Petruzzello & Motl, 2006).

45. Michelle Lee D'Abundo, Cara L. Sidman, Kelly A. Fiala, " Sitting Behavior and Physical Activity of College Students: Implications for Health Education and Promotion International ," *Journal of Adult Vocational Education and Technology*, 6 (3), 61 – 78, July – September 2015.

46. Milroy, Jeffrey J. Orsini, Muhsin Michael, D'Abundo, Michelle Lee, Sidman, Cara Lynn, Venezia, Diana , "Physical Activity Promotion on Campus: Empirical Evidence to Recommend Strategic Approaches to Target Female College Students ," *College Student Journal*, 2015.

47. McLeroy, K., Bibeau, D., Steckler, A., & Glanz, K., " An Ecological Perspective on Health Promotion Programs ," *Health Education Quarterly*, 1988.

48. Zhang Ge. Study on University Students'Exercise Promotion—A Case Study of Peking University. Beijing Sport University, 2011.

49. Humpel, N., Owen, N., & Leslie, E., "Environmental Factors Associated with Adults' Participation in Physical Activity: A Review," *American Journal of Preventive Medicine*, 2002.

50. Sallis, J. F., Owen, N., & Fisher, E. B. (2008). Ecological Models of Health Behavior. InK. Glanz, B. K. Rimer, & K. Viswanath (Eds.), Health Behavior and Health Education: Theory, Research, and Practice (pp. 465_ 485). San Francisco, CA: Jossey – Bass.

51. Grace J B., *Strucural Equation Modeling and Natural Systerm*. Cambridge: Cambridge University Press. 2006.

52. Hu, L. T., and P. M. Bentler., " Cutoff Criteria for Fit Indexes in Covariance Structure Analysis: Conventional Criteria Versus New Alternatives.," *Structural Equation Modeling: a Multidisciplinary Journal*, 1999.

53. Browne, M. W., and R. Cudeck. 1993. Alternative Ways of Assessing Model fit. Sage Focus Editions 154.

54. Jiang Xiao Zhen, BAI Wen Fei, XU Ling., "Investigation and Analysis on the External Factors Affecting the Cultication of Physical Training Habit of Compulsory Education Students," *Journal of Inner Mongolia Normal University* (Natural Science Edition), 2004, 33 (3).

55. Graham, D. J., Schneider, M. S., & Dickerson, S. S., "Environmental Resources Moderate the Relationship between Social Support and School Sports Participation among Adolescents: A Cross – Sectional Analysis.," *International Journal of Behavioral Nutrition and Physical Activity*, 2011.

56. Leslie, E., Owen, N., Salmon, J., Bauman, A., & Sallis, J. F., " Insufficiently Active Australian College Students: Perceived Personal, Social, and Environmental Influences," *Preventive Medicine*, 1999.

57. Wallace, L. S., & Buckworth, J. (2003), "In Exercise Stages of Change in College Students," *Journal of Sports Medicine and Physical Fitness*, 43, 209 – 212. Retrievedfrom: http: //www.minervamedica.it/en/journals/sports – med – physical – fitness/Longitudinal shifts.

58. Cardinal. B. J. , & Kosma, M. (2004) . Self – efficacy and the Stages and Processes of Change Associated with Adopting and Maintaining Muscular Fitness Promoting Behaviors. Research Quarterly for Exercise and Sport, 75, 186 – 196. Retrieved from: http://www.ncbi.nlm.nih.gov/pubmed/15209337.

59. Chang, M. (2004) . Behavioral and Sociocultural Influences on Physical Activity among Asian – American Youth. (Doctoral Dissertation, University of Michigan) . Retrieved from: http://search.proquest.com/docview/305182545? accountid = 14667.

60. Yan, Z. , & Cardinal, B. J. (in press) . Perception of Physical Activity Participation of Chinese Female Graduate Students: A Case Study. Research Quarterly for Exercise and Sport.

61. Welk, G. J. (1999) . The Youth Physical Activity Promotion Model: A Conceptual Bridge between Theory and Practice. Quest, 51, 5 – 23. Retrievedfrom: http://www.lib.umich.edu/articles/details/FETCH – eric_primary_ EJ5828275.

62. Li Yong qin, Yan Hai ping, Wang Dan, "Influence of Sports Media on College Students' Sports Activities ," *Journal of Beijing University of Physical Education*, 1998, 21 (3) .

63. Yang Na, Wang Chun Mei, "Investigation and Analysis of Female University Students'PA in Shandong Province Physical Training," *Shandong Normal University*. 2006 (1) : 23.

64. Heck, T. A. , & Kimiecik, J. C. (1993) . What is Exercise Enjoyment: A Qualitative Investigation of Adult Exercise Maintainer. Wellness Perspectives: Research, Theory, and Practice, 10, 3 – 21. Retrieved from: http://aje.oxfordjournals.org/.

65. Dunn, M. S. , & Wang, M. Q. (2003) . Effects of Physical Activity on Substance Use among College Students. American Journal of Health Studies, 18 (2/3), 126 – 132. Retrieve from: http://www.mendeley.com/research/effects – physicalactivity – substance – among – college – students/ Did your profession list in the 15 professional " red card" brand? . (2014 –

10 – 04) [2015 – 05 – 05] . http: //www. kankanews. com/IC – pet/bzdf/2014 – 10 – 14/5610558. shtml.

66. Yoh, T. , " Motivational Attitudes toward Participating in Physical Activity Among International Students Attending Colleges in the United States. ," *College Student Journal*, 2009.

67. Xu Man, " Survey and Analysis of College Students Pressure ," *Ideological education research*, 2011 (2) .

68. Huang Meirong, Ding Sanqing, " Necessity of College Students' Mixing Sports into Life in China under the Perspective of Higher Education Values," *Journal of Shenyang Sport University*, 2015, 34 (5) .

69. Chris Blanchard, PhD; Janet Fisher, PhD; Phil Sparling, PhD; Erich Nehl, MHS; Ryan Rhodes, PhD; Kerry Courneya, PhD; Frank Baker, PhD Understanding Physical Activity Behavior in African American and Caucasian College Students: An Application of the Theory of Planned Behavior JOURNAL OF AMERICAN COLLEGE HEALTH, 2008, VOL. 56.

70. Physical Activity Guidelines Advisory Committee. Physical Activity Guidelines Advisory Committee Report, 2008. Washington DC: US Department of Health and Human Services; 2008.

71. Lee I. M. Exercise and Physical Health: Cancer and Immune Function. Res Q Exerc Sport. 1995.

72. Archetti E. P. , Masculinities: Football, Polo and the Tango in Argentina. Oxford: Berg Publishers, 1999.

73. Haskell W. L. , Lee I. M. , Pate R. R. , et al. Physical Activity and Public Health: updated Recommendation for Adults from the American College of Sports Medicine and the American Heart Association. Med Sci Sports Exerc. 2007 Aug; 39 (8): 1423 – 1434.

74. Chang Shen & Jizhi Chen. , " Administrative Situation Analysis of Physical Activity Behavior of College Students ," *Beijing Sport University*, 2004, 27 (10) .

75. Liu Liping, Chen Shanping &Wei Xiaoai. The Comparative Study of Health and Physical Activity Behavior Lv Lishan. Study on the Effects of College

Sports Environment on the Sport Behavior of College Students in Guangzhou, Guangzhou University, Master's Degree Thesis, 2013.

76. Miller, Staten, Rayens, & Noland. Levels and Characteristics of Physical Activity among a College Student Cohort. American Journal of Health Education. 2005 Volume 36.

77. Zi Yan and Bradley J. Cardinal. Increasing Asian International College Students' Physical Activity Behavior: A Review of the Youth Physical Activity Promotion Model Spring 2013, Vol. 45, No. 1 The Health Educator: 35 – 45.

78. Bray, S. R., & Born, H. A. (2004). Transition to University and Vigorous Physical Activity: Implications for Health and Psychological Well – being. Journal of American College Health, 52, 181e188. and that Engaging in Physical Activity can Reduce Anxiety and Depression in College Students (Petruzzello & Motl, 2006),

79. Understanding Chinese International College and University Students' Physical Activity Behavior Zi Yan and Bradley J. Cardinal B., Alan C. Acock B.

80. Chen Qiaoyun & Diao Sujian., " Research on College Students´ Health Concept and Health Consciousness ," *Journal of huzhou teachers college*, 2002, 24 (3).

81. Trost S. G., Owen N., Bauman A. E., Sallis J. F., Brown W. Correlates of adults' participation in physical activity: review and update. Med Sci Sports Exerc. 2002; 34 (12).

82. Bauman A. E., Reis R. S., Sallis J. F., Wells J. C., Loos R. J., Martin B. W., Correlates of Physical Activity: Why are Some People Physically Active and Others not? The Lancet. 2012.

83. Cleland V. J., Ball K., King A. C., Crawford D. Do the Individual, Social, and Environmental Correlates of Physical Activity Differ between Urban and Rural Women? Environ Behav. 2012; 44 (3): 350 – 73.

84. Factors Across Home, Work, and School Domains Influence Nutrition and Physical Activity Behaviors of Nontraditional College Students Lisa M. Quintiliani, Hillary. Bishop, Mary L. Greaneyc, Jessica A. Whiteley.

85. Individual, Social Environmental, and Physical Environmental Influences on Physical Activity Among Black and White Adults: A Structural Equation Analysis, Lorna Haughton McNeill, 2006 by The Society of Behavioral Medicine. Volume 31, Number 1, 2006 Influences on Physical Activity 36 – 44.

86. Tao Zhang & Melinda Solmon, Integrating self – determination Theory with the Social Ecological Model to Understand Students' Physical Activity Behaviors. International Review of Sport and Exercise Psychology, 2013 Vol. 6, No. 1, 54_ 76, http: //dx. doi. org/10. 1080/1750984X. 2012. 723727.

87. Bronfenbrenner, Urie. Toward an Experimental Ecology of Human Development. American Psychologist: 1977, 32 (7), 513 – 531.

88. Sallis, Owen. Ecological Models. In K. Glanz, F. M. Lewis, & B. K. Rimer (Eds.), Health Behavior and Health Education 1997: 403 – 424.

89. Sallis, Prochaska, Taylor, " A Review of Correlates of Physical Activity of Children and Adolescents. Official," *Journal of the American College of Sports Medicin.* 2000: 963 – 975.

90. McLeroy, Bibeau and Steckler. An Ecological Perspective on Health Promotion Programs. Health Education Quarterly, 1988 (15), 351 – 377.

91. Humpel, N., Owen, N., & Leslie, E., "Environmental Factors Associated with Adults' Participation in Physical Activity: A Review," *American Journal of Preventive Medicine*, 22, 188_ 199.

92. Hillesdon M., Thorogood M., White I., et al., " Advising People to Take more Exercise is Ineffective: A Randomized Controlled Trial of Physical Activity Promotion in Primary Care ," *International Journal of Epidemiology*, 2002, 31 (4).

93. Simons – Morton D. B., Simons – Morton B. G., Parcel G. S., Bunker J. F., "Influencing Personal and Environmental Conditions for Community Health: a Multilevel Intervention Model ," *Community Health*, 1988, 11.

94. McLeroy, Bibeau and Steckler. An Ecological Perspective on Health Promotion Programs. Health Education Quarterly, 1988 (15), 351 – 377.

95. Haichun Sun, Cheryl A. Vamos, Sara S. B. Flory, " Correlates of Long –

term Physical Activity Adherence in Women," *Journal of sport and health science*. 2016 (3): 1 - 9.

96. Tao Zhang & Melinda Solmon, "Integrating Self - determination Theory with the Social Ecological Model to Understand Students' physical Activity Behaviors.," *International Review of Sport and Exercise Psychology*, 2013, 6 (1): 54 - 76, http://dx. doi. org/10. 1080/1750984X. 2012. 723727.

97. Sallis J, Owen N, Glanz K, etal. *Ecological Models of Health Behavior and Health Education*: *Theory, Research, and Practice*. San Francisco: Jossey - Bass, 1997.

98. Emmons, K. M., Behavioural and Social Science Contributions to the Health of Adults in the United States. In B. D. Smedley, & S. L. Syme (Eds.), *Promoting Health*: *Intervention Strategies from Social and Behavioural Research* (pp: 254 - 321). Washington, D. C.: National Academy Press, 2000.

99. Chang, M., Behavioral and Sociocultural Influences on Physical Activity Among Asian - American Youth. (Doctoral Dissertation, University of Michigan), 2004. Retrieved from: http://search. proquest. com/docview/305182545? accountid = 14667.

100. Welk, G. J. (1999). The Youth Physical Activity Promotion Model: A Conceptual Bridge between Theory and Practice. Quest, 51, 5 - 23. Retrieved from: http://www. lib. umich. edu/articles/details/FETCH - eric_ primary_ EJ5828275.

101. Dishman R., Motl R., Saunders R, et al., "Factorial Invariance and Latent Mean Structure of Questionnaires Measuring Social - cognitive among Black and White Adolescent Girls," *Preventive Medicine*, 2002, 34 (1).

102. Welk, J. J., "The Youth Physical Activity Promotion Modes: a Conceptual Brideg Between Theory and Practice," *Quest*. 1999, 51.

103. Leslie, E., Owen, N., Salmon, J., Bauman, A., & Sallis, J. F. (1999). Insufficiently Active Australian College students: Perceived Personal, Social, and Environmental Influences. Preventive Medicine, 28,

20 - 27. doi: 10. 1006/pmed. 1998. 0375.

104. Wallace, L. S. , & Buckworth, J. , "In Exercise Stages of Change in College Students," *Journal of Sports Medicine and Physical Fitness*, 2003, 43, 209 - 212. Retrievedfrom: http: //www. minervamedica. it/en/journals/sports - med - physical - fitness/Longitudinal shifts.

105. Sallis J. , Prochaska J. , Taylor W. , "A Review of Correlates of Physical Activity of Children and Adolescents," *Medicine and Science in Sports and Exercise*, 2000, 32 (5) .

106. Zhang Ge. Study on University Students'Exercise Promotion—A Case Study of Peking university. Beijing Sport University, 2011.

107. Welk, J. J. , " The youth physical activity promotion modes: a conceptual brideg between theory and practice," *Quest.* 1999, 51: 5 - 23.

108. Jiang Xiao Zhen, BAI Wen Fei, XU Ling, "Investigation and Analysis on the External Factors Affecting the Cultication of Physical Training Habit of Compulsory Education Students," *Journal of Inner Mongolia Normal University* (Natural Science Edition), 2004, 33 (3) .

109. Wallace, L. S. , & Buckworth, J. , "In Exercise Stages of Change in College students," *Journal of Sports Medicine and Physical Fitness*, 2003, 43. Retrievedfrom: http: //www. minervamedica. it/en/journals/sports - med - physical - fitness/Longitudinal shifts.

110. Baron R. M, Kenny D. A. , "The Moderator - mediator Variable Distinction in Social Psychological Research: Conceptual, Strategic, and Statistical consideration," *Journal of Personality and Social Psychology*, 1986 (51) .

附录 1

我国大学生体育生活化第一轮专家调查表

尊敬的专家：

您好！

我是中国矿业大学管理学院的一名博士研究生，首先感谢您为本研究提供宝贵意见！本研究在已有关于学校体育生活化、大学体育教育生活化、大学生体育生活化研究的基础上，拟定符合本研究的研究旨趣的大学生体育生活化定义，即大学生体育生活化是大学生体育锻炼行为在日常生活中自觉的过程与结果。

大学生体育生活化课题是在中国特有的历史和现实背景下被提出、被研究，已从过去价值理念层面，逐渐转化为客观要求和现实需要。我国大学生体育生活化具体受哪些因素影响，对本研究至关重要。为此，我们拟定出我国大学生体育生活化咨询表，寄希望于通过本次专家调查，为我国大学生体育生活化研究提供科学依据。

本次调查所有答案无对错之分，仅用于统计分析，请根据您的实际想法进行作答，您认为同意的指标就请打"√"。非常欢迎您提出自己的宝贵建议。再一次衷心感谢您的大力支持与帮助！

2014 年 2 月

一、评价大学生体育生活化主要表现在哪几个方面：（任选）

（一）物质基础　　　（　　）

（二）制度保障　　　（　　）

（三）文化氛围　　　（　　）

（四）心理基础　　　（　　）

（五）践行情况　　　（　　）

除上述内容外，您认为还表现在哪些方面，请填写：
_____

二、就您在上一题中同意的几个方面，在下列选项中选择具体指标。

（一）评价"物质基础"的指标，应采用：

1. 体育场馆器材　　（　　）

2. 体育资讯设备　　（　　）

其他_____

（1）如果选择"体育场馆器材"，以下哪些指标可以代表：

①场馆器材种类数　　　　　　　（　　）

②各类场馆总面积　　　　　　　（　　）

③体育场馆设施布局合理程度　　（　　）

其他_____

（2）如果选择"体育资讯设备"，以下哪些指标可以代表：

①体育图书杂志　　（　　）

②体育标识　　　　（　　）

③体育网页　　　　（　　）

其他_____

（二）评价"制度保障"的指标，应采用：

1. 国家体育制度　　（　　）

2. 高校体育制度　　（　　）

其他_____

（1）如果选择"国家体育制度"，以下哪些指标可以代表：

①制度明确性、具体性　　　　（　　）

②制度的认可和重视程度　　　（　　）

③制度政策执行情况　　　　　（　　）

其他_____

（2）如果选择"高校体育制度"，以下哪些指标可以代表：

①大学生体育锻炼管理实施办法　　（　　）

②体育文化节制度　　　　　　　　（　　）

③体质和心理健康预警机制　　　　（　　）

④大学校园健身日、健身周、健身月管理办法（　　）

其他_____

（三）评价"文化氛围"的指标，应采用：

1. 体育社团组织　　　（　　）

2. 体育导向机制　　　（　　）

其他_____

（1）如果选择"体育社团组织"，以下哪些指标可以代表：

①组织社团规范性　　　　（　　）

②组织社团种类数　　　　（　　）

③体育社团的规章制度　　（　　）

④大学生参与情况　　　　（　　）

其他_____

（2）如果选择"体育导向机制"，以下哪些指标可以代表：

①关于大学体育的标语、标志　　（　　）

②核心领军人物　　　　　　　　（　　）

③大学体育口号　　　　　　　　（　　）

其他_____

（四）评价"心理基础"的指标，应采用：

1. 大学生体育基础认知　　　　（　　）

2. 大学生体育价值认知　　　　（　　）

3. 大学生体育自我效能认知　　（　　）

4. 大学生体育动机　　　　　　（　　）

其他_____

（1）如果选择"大学生体育基础认知"，以下哪些指标可以代表：

①掌握体育基础知识的情况　　　（　　）

②掌握体育养生知识的情况　　　（　　）

其他_____
（2）如果选择"大学生体育价值认知"，以下哪些指标可以代表：
①对个体健身、健心价值的认知　　　（　　）
②对娱乐价值的认知　　　　　　　　（　　）
其他_____
（3）如果选择"大学生体育自我效能认知"，以下哪些指标可以代表：
①对自己体育知识掌握程度的认可度　（　　）
②对自己体育技能掌握程度的认可度　（　　）
③对自己体能的认可度　　　　　　　（　　）
其他_____
（4）评价"大学生体育动机"的指标，应采用：
①无动机　　　　　　　　　　　　　（　　）
②内部体育动机　　　　　　　　　　（　　）
③外部体育动机　　　　　　　　　　（　　）
其他_____
（五）评价"践行情况"的指标，应采用：
大学生体育锻炼行为方式（　　）
其他_____
如果选择"大学生体育锻炼行为方式"，以下哪些指标可以代表：
①锻炼行为时间　　　（　　）
②锻炼行为地点　　　（　　）
③锻炼方法　　　　　（　　）
④锻炼每次持续时间　（　　）
其他_____

我国大学生体育生活化第二轮专家调查表

尊敬的专家：

　　您好！

　　首先，再次对您能为我们作答第一轮问卷表示深深的谢意！通过第一轮专家问卷调查，我们交换各个专家的具体意见后，设计出了第二轮调查表。本轮问卷主要是为了获得各指标对相应上一级指标影响的重要程度。若您认为"物质基础"发展得好，对实现大学生体育生活化产生"重要"影响，就在相对应的"重要"一栏内打"√"；若您认为"制度保障"发展得好，对实现大学生体育生活化也将产生重要影响，就也在相对应的"重要"一栏内打"√"。衷心感谢您的大力支持与帮助！

序号	指标内容	很重要	重要	一般	不重要	很不重要
1	传统文化	( )	( )	( )	( )	( )
2	现代生活方式	( )	( )	( )	( )	( )
3	物质基础	( )	( )	( )	( )	( )
4	制度保障	( )	( )	( )	( )	( )
5	文化氛围	( )	( )	( )	( )	( )
6	心理基础	( )	( )	( )	( )	( )
7	践行情况	( )	( )	( )	( )	( )

序号	指标内容	很重要	重要	一般	不重要	很不重要
1	体育场馆器材	( )	( )	( )	( )	( )
2	体育资讯设备	( )	( )	( )	( )	( )
3	政府体育制度	( )	( )	( )	( )	( )
4	高校体育政策	( )	( )	( )	( )	( )
5	体育社团组织	( )	( )	( )	( )	( )
6	大学生体育基础认知	( )	( )	( )	( )	( )
7	大学生体育价值认知	( )	( )	( )	( )	( )
8	大学生体育自我效能认知	( )	( )	( )	( )	( )
9	大学生体育动机	( )	( )	( )	( )	( )
10	大学生行为方式	( )	( )	( )	( )	( )

序号	指标内容	很重要	重要	一般	不重要	很不重要
1	场馆器材种类数	( )	( )	( )	( )	( )
2	各类场馆总面积	( )	( )	( )	( )	( )
3	体育场馆开放时间	( )	( )	( )	( )	( )
4	体育场馆学生使用率	( )	( )	( )	( )	( )

续表

序号	指标内容	很重要	重要	一般	不重要	很不重要
5	体育图书册数	( )	( )	( )	( )	( )
6	杂志种类数	( )	( )	( )	( )	( )
7	体育标识数量	( )	( )	( )	( )	( )
8	体育网页浏览数	( )	( )	( )	( )	( )
9	制度明确性、具体性	( )	( )	( )	( )	( )
10	制度认可和重视程度	( )	( )	( )	( )	( )
11	制度政策执行情况	( )	( )	( )	( )	( )
12	大学生体育锻炼管理实施办法	( )	( )	( )	( )	( )
13	体育文化节制度	( )	( )	( )	( )	( )
14	体质和心理健康预警机制	( )	( )	( )	( )	( )
15	大学校园健身日、健身周、健身月管理办法	( )	( )	( )	( )	( )
16	组织社团活动次数	( )	( )	( )	( )	( )
17	组织社团种类数	( )	( )	( )	( )	( )
18	社团规章制度数目	( )	( )	( )	( )	( )
19	体育大学生人数	( )	( )	( )	( )	( )
20	社团活动出勤率	( )	( )	( )	( )	( )
21	体育基础知识	( )	( )	( )	( )	( )
22	体育养生知识	( )	( )	( )	( )	( )
23	健身、健心价值的认知	( )	( )	( )	( )	( )
24	娱乐价值的认知	( )	( )	( )	( )	( )
25	社会价值的认知	( )	( )	( )	( )	( )
26	自己体育知识掌握程度的认可度	( )	( )	( )	( )	( )
27	自己体能的认可度	( )	( )	( )	( )	( )
28	自己体育技能掌握程度的认可度	( )	( )	( )	( )	( )
29	无动机	( )	( )	( )	( )	( )
30	内部体育动机	( )	( )	( )	( )	( )
31	外部体育动机	( )	( )	( )	( )	( )

续表

序号	指标内容	很重要	重要	一般	不重要	很不重要
32	每天体育锻炼的时间	( )	( )	( )	( )	( )
33	每次锻炼持续时间	( )	( )	( )	( )	( )
34	体育锻炼方法	( )	( )	( )	( )	( )
35	每周锻炼次数	( )	( )	( )	( )	( )
36	每年锻炼次数	( )	( )	( )	( )	( )

其他_____

附录 2

我国大学生体育生活化调查问卷

亲爱的同学：

您好！

感谢您抽时间来完成这份问卷！本问卷只为了解大学生体育生活化情况，调查结果仅供学术研究，绝不挪为他用。所有问题无标准答案或正确答案，根据您的情况如实填答即可。如果出现 2 个或多个时，请按主次选择，将答案依您认为的重要程度依次填入。再次感谢您的支持与配合！

一、基本情况

1. 您所就读专业。（　　）
A. 文科　　　B. 理科　　　C. 工科　　　D. 医科　　　E. 农科
2. 您的性别。（　　）A. 男　　B. 女
3. 您的年级。（　　）
A. 一年级　　B. 二年级　　C. 三年级　　D. 四年级
4. 目前您认为您的健康状况如何？（　　）
A. 非常好　　B. 良好　　C. 普通　　D. 不好
E. 非常不好

二、锻炼现状

1. 您对体育锻炼的兴趣。（　　）
A. 很感兴趣　B. 感兴趣　　C. 无所谓　　D. 不感兴趣
E. 很不感兴趣

2. 您能够坚持参加体育活动。（   ）

A. 非常正确   B. 正确   C. 一般   D. 不正确

E. 非常不正确

3. 您坚持体育活动已有多长时间？（   ）

A. 3 个月以内   B. 3 个月至 6 个月   C. 6 个月至 1 年

D. 1 年至 5 年   E. 5 年以上

4. 除了体育课，您每周体育锻炼的次数是多少？（   ）

A. 0 次   B. 1～2 次   C. 3～5 次   D. 5～7 次

E. 7 次以上

5. 您参与体育锻炼完全出于您自己的意愿和喜好。（   ）

A. 非常正确   B. 正确   C. 一般   D. 不正确   E. 非常不正确

6. 您进行体育锻炼的项目、时间和场所都是您自己选择的。（   ）

A. 非常正确   B. 正确   C. 一般   D. 不正确   E. 非常不正确

7. 体育锻炼是您日常生活的一部分。（   ）

A. 非常正确   B. 正确   C. 一般   D. 不正确   E. 非常不正确

8. 体育价值是多种多样。（   ）

A. 非常正确   B. 正确   C. 一般   D. 不正确   E. 非常不正确

9. 体育价值在您身上得到了印证。（   ）

A. 非常正确   B. 正确   C. 一般   D. 不正确   E. 非常不正确

10. 您认为缺乏充足的体育锻炼会影响今后的学习、工作、生活。（   ）

A. 非常正确   B. 正确   C. 一般   D. 不正确   E. 非常不正确

11. 您对自己目前的体育锻炼状况很满意。（   ）

A. 非常正确   B. 正确   C. 一般   D. 不正确   E. 非常不正确

12. 您目前有自己制订的锻炼计划。（   ）

A. 非常正确   B. 正确   C. 一般   D. 不正确   E. 非常不正确

13. 您实行了您自己制订的锻炼计划。（   ）

A. 尝试过，但终止了   B. 能按照计划实行   C. 基本执行了

D. 完全没实行   E. 从未有过计划

14. 您愿意再次制订锻炼计划，并决心执行。（   ）

A. 非常正确   B. 正确   C. 一般   D. 不正确   E. 非常不正确

三、影响锻炼的因素

1. 您同学或者好友对您进行身体锻炼非常支持。（　　）

   A. 非常正确　B. 正确　C. 一般　D. 不正确　E. 非常不正确

2. 您觉得进行身体锻炼很有趣。（　　）

   A. 非常正确　B. 正确　C. 一般　D. 不正确　E. 非常不正确

3. 您学校体育场馆设施不需要多长时间就能够到达。（　　）

   A. 非常不正确　B. 不正确　C. 一般　D. 正确　E. 非常正确

4. 您觉得进行体育锻炼能促进您的心理成长。（　　）

   A. 非常正确　B. 正确　C. 一般　D. 不正确　E. 非常不正确

5. 您去学校体育场馆。（　　）

   A. 频繁　B. 经常　C. 有时　D. 偶尔　E. 从不

6. 您班主任或辅导员非常支持您进行身体锻炼。（　　）

   A. 非常正确　B. 正确　C. 一般　D. 不正确　E. 非常不正确

7. 空气质量不好，您就不会进行身体锻炼。（　　）

   A. 非常正确　B. 正确　C. 一般　D. 不正确　E. 非常不正确

8. 学校网站、广播台、校园标语等关于身体锻炼的宣传促进您进行身体锻炼。（　　）

   A. 非常正确　B. 正确　C. 一般　D. 不正确　E. 非常不正确

9. 您觉得自己比较擅长某一体育项目。（　　）

   A. 非常正确　B. 正确　C. 一般　D. 不正确　E. 非常不正确

10. 您对自己目前的身体锻炼状况很满意。（　　）

    A. 非常不正确　B. 不正确　C. 一般　D. 正确　E. 非常正确

11. 您觉得进行身体锻炼非常快乐。（　　）

    A. 非常不正确　B. 不正确　C. 一般　D. 正确　E. 非常正确

12. 您同学和好友自己经常进行身体锻炼。（　　）

    A. 非常不正确　B. 不正确　C. 一般　D. 正确　E. 非常正确

13. 您觉得自己掌握较多的身体锻炼知识。（　　）

    A. 非常不正确　B. 不正确　C. 一般　D. 正确　E. 非常正确

14. 您学校体育场馆设施包括室内体育馆、室外体育场、游泳池/馆、网球场等。（　　）

    A. 非常不正确　B. 不正确　C. 一般　D. 正确　E. 非常正确

15. 与同学和好友在一起时,您同学或好友经常与您一起进行身体锻炼。(　　)
   A. 非常不正确　B. 不正确　C. 一般　D. 正确　E. 非常正确
16. 您认为缺乏充足的身体锻炼会影响今后的学习工作生活。(　　)
   A. 非常不正确　B. 不正确　C. 一般　D. 正确　E. 非常正确
17. 您班主任或辅导员自己经常进行身体锻炼。(　　)
   A. 非常不正确　B. 不正确　C. 一般　D. 正确　E. 非常正确
18. 社会媒体关于身体锻炼的宣传影响着您进行身体锻炼。(　　)
   A. 非常不正确　B. 不正确　C. 一般　D. 正确　E. 非常正确
19. 您觉得进行体育锻炼能促进您的身体发育。(　　)
   A. 非常不正确　B. 不正确　C. 一般　D. 正确　E. 非常正确
20. 天气太冷或者太热您就不会进行身体锻炼。(　　)
   A. 非常不正确　B. 不正确　C. 一般　D. 正确　E. 非常正确
21. 您觉得进行身体锻炼能促进您与其他人的交往。(　　)
   A. 非常不正确　B. 不正确　C. 一般　D. 正确　E. 非常正确
22. 您所在地区的地理气候条件对您进行体育锻炼有所影响。(　　)
   A. 非常不正确　B. 不正确　C. 一般　D. 正确　E. 非常正确
23. 您觉得自己的体育技能水平高于大多数同学的水平。(　　)
   A. 非常不正确　B. 不正确　C. 一般　D. 正确　E. 非常正确
24. 学校体育场馆、场地设施能够满足您进行身体锻炼的需要。(　　)
   A. 非常不正确　B. 不正确　C. 一般　D. 正确　E. 非常正确
25. 在大风、雨雪等天气状况下您就不会进行体育锻炼。(　　)
   A. 非常不正确　B. 不正确　C. 一般　D. 正确　E. 非常正确
26. 微信、微博、QQ等社交网络平台关于身体锻炼的宣传促进您进行身体锻炼。(　　)
   A. 非常不正确　B. 不正确　C. 一般　D. 正确　E. 非常正确
   您认为其他影响体育生活化的因素＿＿＿＿＿＿＿＿＿＿＿＿＿＿＿

四、如果要坚持体育锻炼,您有哪些要求
1. 您认为要实现大学生体育锻炼行为自觉,大学应该做到(　　)。
   A. 出台相关政策　B. 建设好场馆设施　C. 配备健全的体育器材

D. 配备优秀体育教师　E. 成立管理部门　F. 创造良好体育氛围

如果大学_____，您就会坚持体育锻炼。

2. 您认为要实现大学生体育自觉，大学生应该做到（　　）。

A. 加强对体育的认知　B. 了解体育价值

C. 认识不良生活方式的危害　D. 合理调整自己的各种需要

如果您_____，您就会坚持体育锻炼。

问卷到此结束，再次感谢您的参与配合，祝您拥有强健的体魄！

附录3

尊敬的专家：

您好！

根据研究的需要，计划采用此调查问卷，配合我国大学生体育生活化量表等共同发放。请您对问卷的内容做适当的增减，给出您的宝贵意见，并对问卷的内容、结构和总体效度做一评价，在您确定的水平对应的框内打"√"，谢谢您的指导！

问卷效度评价表

指标 \ 选项	非常有效	有效	一般	无效	非常无效
内容效度					
结构效度					
总体效度					

后 记

本书回答了什么是大学生体育生活化、大学生体育为什么要生活化、大学生体育如何生活化三个问题，厘清了大学体育内部的现实矛盾和矛盾产生的根源，阐明了大学生体育生活化对于大学体育走出困境的意义和价值，阐述了"一体两翼"的大学体育价值格局的必然和必需。为大学体育的发展指明了方向，明确了面对这一"必然"，政府、高校、大学生个人实现体育在大学生日常生活中的"自觉"所应该承担的责任和具体行为路径。

前后10年，本研究成果得以出版，是我对大学生体育生活化理论的构建与践行，寄予了我对大学生体育生活化中要求的体育在大学生日常生活中自觉的期盼和期望。希望体育能够不拘泥于形式地融入大学生的日常生活。希望通过本书的出版唤起更多的部门和学者来关注和研究体育生活化，让"体育"这一人类文化特征的价值和意义真正在人类的历史进程中体现和发挥。

本研究在价值层面仍需进一步挖掘，需要强化大学生的特征和新时代的特征；在机制层面还需进一步构建大学生体育生活化评价体系，需进一步编制"大学生体育生活化影响因素调查问卷"，需要加强数据选取的科学性；在路径层面还需更具哲理性和可操作性。

感谢国家社会科学基金对本书出版的资助。感谢悉心指导我学业的博士生导师——丁三青教授。特别感谢罗承选教授、邹放鸣教授、张万红教授、徐海波博士、胡仁东教授、周敏教授、王新宇教授，感谢他们给予我的指导和帮助。

感谢颜军教授、程志理教授、王加林教授、方新普教授、杨剑教授、翟一飞博士、朱凤书博士、蔡先锋老师、孙海燕老师。感谢他们在我求学过程中给予的指导、建议、帮助和鼓励。感谢张阳博士、徐碧鸿博士、张铭钟博士、韩锦标博士、朱涵博士、张宗海教授、王秀丽教授、郭莉博士、刘林博士、何云峰教授、张清华博士、王希鹏博士、张元博士、陈振斌博士……在中国矿业大学求学的岁月，感谢他们的鼓励和帮助！感谢白克义书记、王朝军教授、翟丰教授、许彩明教授、张玉超教授及宋春景、李立杰、金曼、王飞、马英虎等老师给予我的帮助。感谢体育学院其他领导和同事给予的帮助。

感谢我的爷爷奶奶，感谢我的父亲母亲，感谢我的公公和婆婆，感谢我的先生施鹏，感谢我8岁的女儿施一然，我的每一点进步都离不开他们默默的付出！感谢所有帮助、鼓励、陪伴我走过这一段岁月的人！感谢社会科学文献出版社的任文武和王玉霞为本书出版所做的工作！

书中不当之处，敬请指导。

黄美蓉
2019年2月14日于中国矿业大学文昌校区

图书在版编目(CIP)数据

大学生体育生活化研究/黄美蓉著.--北京：社会科学文献出版社，2020.4
 ISBN 978-7-5201-5161-0

Ⅰ.①大… Ⅱ.①黄… Ⅲ.①大学生-体育运动-研究 Ⅳ.①G807.4

中国版本图书馆 CIP 数据核字（2019）第 142406 号

·国家社科基金后期资助项目·

大学生体育生活化研究

著　者 / 黄美蓉
出 版 人 / 谢寿光
组稿编辑 / 任文武
责任编辑 / 王玉霞
文稿编辑 / 王　悦

出　　版 / 社会科学文献出版社·城市和绿色发展分社（010）59367143
　　　　　　地址：北京市北三环中路甲29号院华龙大厦　邮编：100029
　　　　　　网址：www.ssap.com.cn
发　　行 / 市场营销中心（010）59367081　59367083
印　　装 / 三河市龙林印务有限公司

规　　格 / 开　本：787mm×1092mm　1/16
　　　　　　印　张：16.75　字　数：273千字
版　　次 / 2020年4月第1版　2020年4月第1次印刷
书　　号 / ISBN 978-7-5201-5161-0
定　　价 / 88.00元

本书如有印装质量问题，请与读者服务中心（010-59367028）联系

▲ 版权所有 翻印必究